2 ZERO HUNGER

End hunger, achieve food security and improved nutrition
and promote sustainable agrlculture

消除饥饿，实现粮食安全，改善营养和促进可持续农业

中国社会科学院创新工程学术出版资助项目

THE GLOBAL GOALS
For Sustainable Development
2030年可持续发展议程研究书系

主　　编：蔡　昉
副 主 编：潘家华　谢寿光
执行主编：陈　迎

中国农业可持续发展

基于粮食安全、消除饥饿和改善营养

AGRICULTURAL SUSTAINABLE
DEVELOPMENT IN CHINA
Food Security, Hunger Elimination and
Nutrition Improvement

郜亮亮　马翠萍　曾俊霞　王　宾　李　越　著

社会科学文献出版社
SOCIAL SCIENCES ACADEMIC PRESS (CHINA)

总　序

　　可持续发展的思想是人类社会发展的产物，它体现着对人类自身进步与自然环境关系的反思。这种反思反映了人类对自身以前走过的发展道路的怀疑和扬弃，也反映了人类对今后选择的发展道路和发展目标的憧憬和向往。

　　2015 年 9 月 26~28 日在美国纽约召开的联合国可持续发展峰会，正式通过了《改变我们的世界：2030 年可持续发展议程》，该议程包含一套涉及 17 个领域 169 个具体问题的可持续发展目标（SDGs），用于替代 2000 年通过的千年发展目标（MDGs），是指导未来 15 年全球可持续发展的纲领性文件。习近平主席出席了峰会，全面论述了构建以合作共赢为核心的新型国际关系，打造人类命运共同体的新理念，倡议国际社会加强合作，共同落实 2015 年后发展议程，同时也代表中国郑重承诺以落实 2015 年后发展议程为己任，团结协作，推动全球发展事业不断向前。

　　2016 年是实施该议程的开局之年，联合国及各国政府都积极行动起来，促进可持续发展目标的落实。2016 年 7 月召开的可持续发展高级别政治论坛（HLPF）通过部长声明，重申论坛要发挥在强化、整合、落实和审评可持续发展目标中的重要作用。中国是 22 个就落实 2030 年可持续发展议程情况进行国别自愿陈述的国家之一。当前，中国经济正处于重要转型期，要以创新、协调、绿色、开放、共享五大发展理念为指导，牢固树立"绿水青山就是金山银山"和"改善生态环境就是发展生产力"的发展观念，统筹推进经济建设、政治建设、文化建设、社会建设和生态文明建设，加快落实可持续发展议程。同时，还要继续大力推进"一带一路"建设，不断深化南南合作，为其他发展中国家落实可持续发展议程提供力所能及的帮助。作为 2016 年二十国集团（G20）主席国，中国将落实 2030 年可持续发展议程作为今年 G20 峰会的重要议题，积极推动 G20 将发展问题置于全球宏观政策协调框架的突出位置。

围绕落实可持续发展目标，客观评估中国已经取得的成绩和未来需要做出的努力，将可持续发展目标纳入国家和地方社会经济发展规划，是当前亟待研究的重大理论和实践问题。中国社会科学院一定要发挥好思想库、智囊团的作用，努力担负起历史赋予的光荣使命。为此，中国社会科学院高度重视 2030 年可持续发展议程的相关课题研究，组织专门力量，邀请院内外知名专家学者共同参与撰写"2030 年可持续发展议程研究书系"（共 18 册）。该研究书系遵照习近平主席"立足中国、借鉴国外，挖掘历史、把握当代，关怀人类、面向未来"，加快构建中国特色哲学社会科学的总思路和总要求，力求秉持全球视野与中国经验并重原则，以中国视角，审视全球可持续发展的进程、格局和走向，分析总结中国可持续发展的绩效、经验和面临的挑战，为进一步推进中国乃至全球可持续发展建言献策。

我期待该书系的出版为促进全球和中国可持续发展事业发挥积极的作用。

王伟光

2016 年 8 月 12 日

摘　要

联合国自诞生之日起就把促进发展作为主要使命之一，几十年来，为全球的发展事业付出了巨大努力，做出了重要贡献。2000年，世界各国首脑聚会纽约签署《联合国千年宣言》，在此次会议上，世界各国领导人就消除贫困、饥饿、疾病、文盲、环境恶化和对妇女的歧视等问题，商定了一套有时限的目标和指标。这些目标和指标被置于全球议程的核心，统称为千年发展目标（Millennium Development Goals，MDGs）。2015年是千年发展目标计划的收官之年，也是新的可持续发展目标的启动之年。2015年9月25日，联合国可持续发展峰会在纽约总部召开。联合国193个成员在峰会上正式通过17个可持续发展目标。联合国可持续发展目标（Sustainable Development Goals，SDGs）是一系列新的发展目标，旨在2015～2030年以综合方式彻底解决社会、经济和环境三个维度的发展问题，转向可持续发展道路。

不管是千年发展目标，还是2030年可持续发展目标都高度关注"消除贫困和饥饿"目标。在千年发展目标中，消除贫困和饥饿是首要目标。尽管2030年可持续发展目标的核心精神是可持续发展，但依然高度关注贫困和饥饿问题。过去15年，中国全力落实千年发展目标，取得了举世瞩目的成就，已经实现或基本实现了13项巨大目标。例如，1990～2011年，中国贫困人口减少了

4.39 亿，占同期全球贫困人口减少总数的 2/3。联合国前秘书长潘基文曾多次表示，没有中国的出色表现，全球落实千年发展目标无法取得今天的成就。再如，2004 年以来，中国粮食连续增产，用占世界不足 10% 的耕地，养活了占世界近 20% 的人口。中国实现自身发展的同时，积极开展南南合作，先后为 120 多个发展中国家落实千年发展目标提供了力所能及的帮助。既然千年发展目标已经收官，2030 年可持续发展目标已经开启，那么有必要对以往中国执行千年发展目标的情况、重要经验和做法进行研究和总结，这不但有助于中国更好地落实 2030 年可持续发展目标，也可以为其他国家的发展提供相关经验。

本书将以千年发展目标的首要目标（消除极端贫困和饥饿）的第三个子目标"1990～2015 年，将饥饿人口的比例减半"和2030 年可持续发展目标的第二个目标"消除饥饿，实现粮食安全，改善营养和促进可持续农业"为研究对象，对中国在实现该目标时的发展情况、基本经验和做法，以及未来面临的挑战和落实的思路展开深入研究。

本书第一章对中国在"消除饥饿，实现粮食安全，改善营养和促进可持续农业"方面的基本成就、重要经验和主要举措进行了高度总结性的介绍。后续章节将对每个目标相关方面进行具体介绍，并以力图寻找中国实现千年发展目标的缘由为主线梳理相关内容。第二章介绍中国消除饥饿的基本情况，包括取得的进展和做出的贡献。第三章详细介绍中国改善营养方面取得的成就、经验及面临的挑战。第四章介绍中国保障粮食安全的相关实践。粮食生产是消除贫困和饥饿最基本的支撑，梳理中国保障粮食安全的实践有助于理解中国在实现千年发展目标方面取得的成就。

第五章则深入探究中国保障粮食安全的经验。首先利用计量模型
探究中国粮食生产的效率特征，其次总结提炼中国保障粮食安全
的主要举措，最后提出中国粮食安全面临的危机与挑战。第六章
详细介绍中国特色农业现代化的实践探索。本章从农业生产基本
条件、农村要素市场、新型农业经营体系、农业发展方式和农业
科技等方面阐释中国农业现代化的实践探索。第七章介绍中国农
产品市场及贸易政策。好的农产品市场将推动粮食从过剩地区流
向稀缺地区，从而保证粮食可供量。

ABSTRACT

The United Nations has treated development as one of the major missions after its birth, and has made great contributions to global development through hard efforts for decades. In 2000, world leaders gathered in New York and signed the United Nations Millennium Declaration. During this meeting, world leaders agreed on a set of time – bound goals and targets to eradicate poverty, hunger, disease, illiteracy, environmental degradation and discrimination against women. These goals and targets are placed at the heart of the global agenda and are referred to as the Millennium Development Goals (MDGs). The year of 2015 is the final year of the implementation of MDGs and also the start of the new Sustainable Development Goals (SDGs). On September 25th 2015, the United Nations Sustainable Development Summit was held at the New York and 193 member states formally adopted the SDGs. The SDGs is a new set of 17 development goals aimed at addressing the development of social, economic and environmental dimensions in an integrated manner from 2015 to 2030. The SDGs aims to turn the world into a path of sustainable development.

Both the MDGs and the 2030 SDGs pay great attention to eradicate poverty and hunger. In the MDGs, the eradication of poverty and hunger is the primary objective. While the core spirit of the 2030 SDGs is sustainable, the issue of poverty and hunger remains highly concerned. Over the past 15 years, China has made great efforts to implement the MDGs and has obtained remarkable achievements of 13 aspects. For example, from 1990 to 2011, the number of people under poverty line in China fell by 439 million, accounting for two – thirds of the world's total poverty reductions in the same period. Former UN Secretary – General Ban Ki – moon has repeatedly said that the global implementation of the MDGs cannot make such achievement as today without China's outstanding performances. Another example is that China's grain production has been increased continuously since 2004. With less than 10% of world's arable land, China has succeeded to feed 20% of world population. While China is achieving its own development goals, China also actively engage in South – South cooperation to provide help to more than 120 development countries to implement the MDGs. Since the implementation of the MDGs have been closed and the 2030 Agenda for Sustainable Development have just been started, it is necessary to study and summarize the basic situation, experiences and practices of the implementation of the MDGs in China. This will not only help China to better achieve the 2030 SDGs, but also provide relevant experiences for the development of other countries.

Focusing on China, the book studies the basic situation, experiences, practices and challenges of the implementation of the target 1C (halve, between 1990 and 2015, the proportion of people who suffer from hunger) of the goal 1 (to eradicate extreme poverty and hunger) of the MDGs and the goal 2 (End hunger, achieve food security and improved nutrition and promote sustainable agriculture) of the 2030 SDGs.

The first chapter introduces China's basic achievements, experiences and future initiatives in "end hunger, achieve food security and improved nutrition and promote sustainable agriculture". The follow – up chapters detail each target – related aspect and try to sort out relevant contents by examining the mechanism of China's achievement of the MDGs. Chapter 2 describes the progress and contributions of eradicating poverty and hunger in China. Chapter 3 is about the achievements, experiences and challenges of improving nutrition in China. Chapter 4 introduces the practice of achiving food security in China. Food production is the basic method to eliminate poverty and hunger. To summary China's practice of ensuring food security helps to understand China's achievements in achieving the MDGs. Chapter 5 examines the grain productivity behind food security in China. First, we use an econometric model to explore the characteristics of the grain productivity. Then we summarize the important measures of ensuring China's food security. Chapter 6 introduces the practice of agricultural modernization with Chinese characteristics from agricultural resources, rural factor market, new agricultural management system, agricultural development mode and agricultural science and technology. Chapter 7 focuses China's agricultural trade policy. After all, good agricultural markets will drive food from surplus areas to scarce areas, thus ensuring food availability.

目 录
|CONTENTS|

第一章 中国落实千年发展目标的总体情况

第一节 从 MDGs 到 SDGs：目标的延续和升级

一 千年发展目标与 2030 年可持续发展目标概况

（一）联合国千年发展目标

联合国自诞生之日起就把促进发展作为主要使命之一，几十年来，为全球的发展事业付出了巨大努力，做出了重要贡献。2000 年，世界各国首脑聚会纽约，会议上 189 个国家签署《联合国千年宣言》（以下简称《千年宣言》）。《千年宣言》展现了国际社会对新世纪的憧憬。《千年宣言》指出要以共同的价值观念将世界凝聚在一起，下定决心，为实现和平，为全体人民，不分男女老幼，均能过上体面的生活而努力奋斗。在此次会议上，世界各国领导人就消除贫困、饥饿、疾病、文盲、环境恶化和对妇女的歧视等问题，商定了一套有时限的目标和指标。这些目标和指标被置于全球议程的核心，统称为千年发展目标（Millennium Development Goals，MDGs）。

联合国千年发展目标包括八个方面（具体指标见表 1-1），即消除极端贫困和饥饿，普及初等教育，促进两性平等和赋予妇女权利，降低儿童死亡率，改善孕产妇保健，与艾滋病毒/艾滋病、疟疾和其他疾病做斗争，确保环境的可持续性，建立全球发展伙伴关系。随后为了便于操作，又为八项目标确立各项具体目标及用于监测国家和全球层面进展的各项指标，监测期为 1990~2015年的 25 年。所有目标完成的时间是 2015 年——这是一幅由全世界所有国家和主要发展机构共同展现的蓝图。从那时起，千年发展目标成为国际社会最全面、权威、系统的发展目标体系。

表 1-1　联合国千年发展目标（MDGs）

总目标	具体目标
目标 1：消除极端贫困和饥饿	目标 1A：1990~2015 年，将日收入不足 1.25 美元的人口比例减半； 目标 1B：让包括妇女和青年人都享有充分的生产就业和体面工作； 目标 1C：1990~2015 年，将饥饿人口的比例减半
目标 2：普及初等教育	目标 2A：2015 年前确保所有儿童，无论男女，都能完成全部初等教育课程
目标 3：促进两性平等和赋予妇女权利	目标 3A：争取到 2005 年在中、小学教育中消除两性差距，最迟于 2015 年在各级教育中消除此种差距
目标 4：降低儿童死亡率	目标 4A：1990~2015 年将 5 岁以下儿童死亡率降低 2/3
目标 5：改善孕产妇保健	目标 5A：1990~2015 年，将孕产妇死亡率降低 3/4； 目标 5B：到 2015 年使人人享有生殖健康服务
目标 6：与艾滋病毒/艾滋病、疟疾和其他疾病做斗争	目标 6A：到 2015 年，遏制并开始扭转艾滋病毒和艾滋病的蔓延； 目标 6B：到 2010 年，实现为所有需要者提供艾滋病毒/艾滋病的治疗； 目标 6C：到 2015 年，遏制并开始扭转疟疾和其他主要疾病的发病率

续表

总目标	具体目标
目标7：确保环境的可持续性	目标7A：将可持续发展原则纳入政策和计划，扭转环境资源损失趋势； 目标7B：降低生物多样性丧失，到2010年显著降低生物多样性丧失的速度； 目标7C：到2015年将无法持续获得安全饮用水和基本环境卫生设施的人口比例降低一半； 目标7D：到2020年，明显改善约1亿棚户区居民的居住条件
目标8：建立全球发展伙伴关系	目标8A：进一步发展开放的、遵循规则的、可预测的、非歧视性的贸易和金融体制（包括在国家和国际两级致力于善政、发展和减轻贫穷）； 目标8B：满足最不发达国家的特殊需要（包括对最不发达国家出口免征关税、不实行配额，加强重债穷国的减债方案，注销官方双边债务，向致力于减贫的国家提供更为慷慨的官方发展援助）； 目标8C：满足内陆国家和小岛屿发展中国家的特殊需要； 目标8D：通过国家和国际措施全面处理发展中国家的债务问题，以便使债务可以长期持续承受； 目标8E：与发展中国家合作，拟订和实施为青年创造体面的生产性就业机会的战略； 目标8F：与制药公司合作，在发展中国家提供负担得起的基本药物； 目标8G：与私营部门合作，普及新技术，特别是信息和通讯的利益

（二）2030年可持续发展目标

2015年是千年发展目标计划的收官之年，也是新的可持续发展目标的启动之年。2015年9月25日，在联合国成立70周年之际，联合国可持续发展峰会在纽约总部召开。联合国193个成员在峰会上正式通过 17 个可持续发展目标。联合国 2030 年可持续发展目标（Sustainable Development Goals，SDGs）是一系列新的发展目标，旨在 2015~2030 年以综合方式彻底解决社会、经济和环境三个维度的发展问题，转向可持续发展道路。

联合国 2030 年可持续发展目标包括 17 个目标（见表 1-2），169 个具体目标。这些目标寻求巩固发展千年发展目标，完成千年发展目标尚未完成的事业。它们要让所有人享有人权，实现性别平等，增强所有妇女和女童的权能。它们是一个整体，不可分割，并兼顾了可持续发展的经济、社会和环境三个方面。这些目标和具体目标将促使人们在今后 15 年内，在那些对人类和地球至关重要的领域中采取行动。

表 1-2   联合国 2030 年可持续发展目标（SDGs）

序　号	内　容
目标 1	在全世界消除一切形式的贫穷
目标 2	消除饥饿，实现粮食安全，改善营养和促进可持续农业
目标 3	让不同年龄段的所有人都过上健康的生活，促进他们的福祉
目标 4	提供包容和公平的优质教育，让全民终身享有学习机会
目标 5	实现性别平等，增强所有妇女和女童的权能
目标 6	为所有人提供水和环境卫生并对其进行可持续管理
目标 7	每个人都能获得价廉、可靠和可持续的现代化能源
目标 8	促进持久、包容性的可持续经济增长，促进充分的生产性就业，促进人人有体面工作
目标 9	建设有韧性的基础设施，促进包容性的可持续工业化，推动创新
目标 10	减少国家内部和国家之间的不平等
目标 11	建设包容、安全、有韧性的可持续城市和人类住区
目标 12	采用可持续的消费和生产模式

续表

序　号	内　　容
目标 13	采取紧急行动应对气候变化及其影响
目标 14	养护和可持续利用海洋和海洋资源以促进可持续发展
目标 15	保护、恢复和促进可持续利用陆地生态系统，可持续地管理森林，防治荒漠化，制止和扭转土地退化，阻止生物多样性的丧失
目标 16	创建和平、包容的社会以促进可持续发展，让所有人都能诉诸司法，在各级建立有效、可问责和包容的机构
目标 17	加强执行手段，恢复可持续发展全球伙伴关系的活力

　　2030 年可持续发展目标是千年发展目标的继承、拓展和升级。SDGs 接过 MDGs 的"接力棒"，对指导今后 15 年的全球发展合作，具有十分深远的历史意义。继承是指发展议程将继续聚焦消除贫困等发展问题，解决发展中国家人民关心的基本生存问题。升级是指发展议程更突出可持续的理念，强调要平衡推进经济、社会、环境三大领域发展。发展议程还将建立更加广泛、有力的发展伙伴关系，在坚持以南北合作为主渠道的前提下，为国际发展合作注入更多动力，向发展中国家提供更多帮助。促进全球发展符合发达国家和发展中国家的共同利益。[①] 从 MDGs 到 SDGs，表明国际社会认为，以减贫为中心的发展议程本身是种消极增长模式，而要实现更大的发展需要以可持续发展为核心的积极增长模式。[②]

---

① 《聚焦联合国 2015 年后发展议程》，新华网，http://news.xinhuanet.com/world/2015-06/03/c_127871985.htm，2015 年 6 月 3 日。

② 张春：《千年发展目标与 2015 年后的议程》，北京周报网，http://www.beijingreview.com.cn/2009news/tegao/2015-01/07/content_662928.htm，2015 年 1 月 7 日。

二　目标2"消除饥饿，实现粮食安全，改善营养和促进可持续农业"的形成及变迁

不管是千年发展目标，还是2030年可持续发展目标都高度关注消除贫困和饥饿。在千年发展目标中，消除极端贫困和饥饿是首要目标。该目标的第三个子目标是"1990~2015年，将饥饿人口的比例减半"。实际上，2000年的MDGs就是一个以减贫为核心的发展目标，是当时各国旨在将全球贫困水平在2015年之前降低一半（以1990年的水平为标准）的行动计划。15年间，全球落实千年发展目标取得积极进展。国际社会已经实现或基本实现减贫、提供安全饮用水、男女平等接受初级教育、抗击疟疾、改善贫民窟居住条件5项指标。值得一提的是，全球提前5年实现了"将日收入不足1.25美元的人口比例减半"目标，对广大发展中国家意义重大。[①]

尽管2030年可持续发展目标的核心精神是可持续发展，但依然高度关注贫困和饥饿问题。一方面，SDGs中将消除贫困列为首要目标——目标1"在全世界消除一切形式的贫穷"；另一方面，在对MDGs的"消除饥饿目标"继承的基础上，进一步拓展升级为SDGs目标2"消除饥饿，实现粮食安全，改善营养和促进可持续农业"。这种目标升级似乎表明，SDGs不再单纯追求消除饥饿的结果，而是更加重视消除饥饿的手段和在保障基础上加以努力，毕竟实现粮食安全、农业可持续发展才是消除饥饿的基础和保障。同时，还要进一步追求营养目标。

---

① 《聚焦联合国2015年后发展议程》，新华网，http://news.xinhuanet.com/world/2015-06/03/c_127871985.htm，2015年6月3日。

　　2000～2015 年，中国全力落实千年发展目标，取得了举世瞩目的成就，已经实现或基本实现了 13 项重要目标。例如，1990～2011 年，中国贫困人口减少了 4.39 亿，占同期全球贫困人口减少总数的 2/3。联合国前秘书长潘基文曾多次表示，没有中国的出色表现，全球落实千年发展目标无法取得今天的成就。再如，2004 年以来，中国粮食连续增产，用占世界不足 10% 的耕地，养活了占世界近 20% 的人口。另外，中国大力推进卫生、教育等民生工程，2000 年以来累计解决了 4.67 亿农村居民的饮水安全问题，男女小学学龄儿童净入学率均稳定维持在 99% 以上。中国实现自身发展的同时，积极开展南南合作，先后为 120 多个发展中国家落实千年发展目标提供了力所能及的帮助。[①] 既然千年发展目标已经收官，2030 年可持续发展目标已经开启，那么有必要对以往中国执行千年发展目标基本成就、重要经验和主要举措进行研究和总结，这不但有助于中国更好地落实 2030 年可持续发展目标，也能为其他国家发展提供相关经验。

　　本书以千年发展目标的首要目标（消除极端贫困和饥饿）的第三个子目标"1990～2015 年，将饥饿人口的比例减半"和 2030 年可持续发展目标的第二个目标"消除饥饿，实现粮食安全，改善营养和促进可持续农业"为研究对象，对中国在该目标的基本成就、重要经验和主要举措，以及未来面临的挑战和落实思路展开深入研究。

---

① 中国外交部：《中国实施千年发展目标报告（2000—2015 年）》，中国发展门户网，http：//cn. chinagate. cn/reports/2015 - 07/28/content _ 36164105. htm，2015 年 7 月 28 日。

第二节 中国在"消除饥饿，实现粮食安全，改善营养和促进可持续农业"上的基本成就

一 中国提前完成消除饥饿目标

（一）中国消除饥饿目标的实现情况

千年发展目标要求"1990～2015 年，将饥饿人口的比例减半"，消除饥饿是一个最基本的目标要求。国际上通常用食物不足人口比例和 5 岁以下儿童体重不足发生率来刻画饥饿目标的实现程度。

1. 食物不足人口数显著下降

中国已经提前实现将饥饿人口比例减半的目标，达不到最低食物能量消费量的人口比例从 1990 年的 17% 减至 2002 年的 7%。[①] 更具体的，根据联合国粮农组织数据，1990～2016 年，中国食物不足人口数量及其占总人口比重持续快速下降（见图 1 - 1）。1990～1992 年，有 2.89 亿人属于食物不足人口，几乎占总人口的 1/4（23.9%）。千年发展目标提出的 2000 年前后，食物不足人口数快速下降到 2.112 亿人，占比下降到 16%。2010～2012 年，食物不足人口数降到 1.632 亿人，占总人口的 11.7%，占比减半目标已经完成。2014～2016 年，占比进一步下降到 9.3%，约有 1.34 亿人依然面临食物不足问题。

---

① 《中国实施千年发展目标进展情况报告》，联合国网站，http://www.un.org/chinese/millenniumgoals/china08/preface.html。

图 1 - 1　1990 ~ 2016 年中国食物不足人口数量及占比

注：食物不足人口占总人口比重对应右侧坐标。

资料来源：联合国粮农组织、农发基金和世粮署《世界粮食不安全状况：实现 2015 年饥饿相关国际目标：进展不一》，罗马：联合国粮农组织，2015。

2. 5 岁以下儿童低体重率

从 5 岁以下儿童低体重率看，中国也取得了显著成果。1990 年，中国 5 岁以下儿童低体重率为 12.6%，近乎 1/5 的儿童存在低体重问题，到 2000 年，该比率显著下降到 7.4%，几乎下降了一半，到 2010 年下降到 3.4%，最后下降到 2015 年的 1.5%（见图 1 - 2）。如以低体重率减少一半为目标的话，中国提前实现。

（二）中国在世界消除饥饿目标中的贡献

从最基本的食物不足人口占比方面看，在世界消除饥饿目标中，中国做出了突出贡献。

第一，与各大洲相比，中国贡献突出。如图 1 - 3 所示，以 1990 ~ 2016 年食物不足人口占比下降比例来看，中国下降了 60.9%，只低于东南亚的 68.5% 和拉丁美洲及加勒比地区的 62.7%，

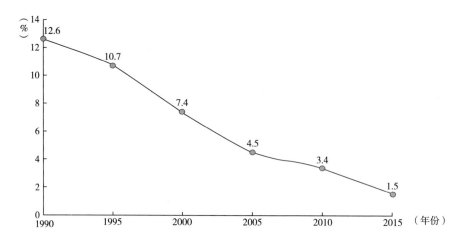

图 1 - 2　1990 ~ 2015 年中国 5 岁以下儿童低体重率

资料来源：中国疾病预防控制中心食物与营养检测系统。

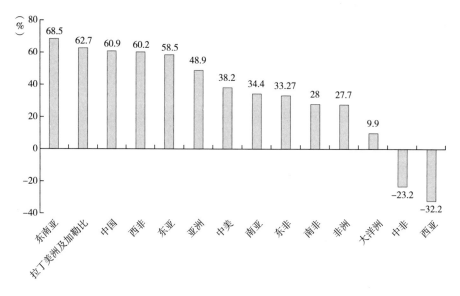

图 1 - 3　1990 ~ 2016 年中国及世界地区食物不足人口
占总人口的下降比例

资料来源：联合国粮农组织、农发基金和世粮署《世界粮食不安全状况：实现 2015 年饥饿相关国际目标：进展不一》，罗马：联合国粮农组织，2015。

高于世界其他地区，高于亚洲的 48.9% 和东亚的 58.5% 的平均水平。大洋洲在此期间食物不足人口占比仅下降了 9.9%，中非和西亚不减反增，分别增加 23.2% 和 32.2%。

第二，不同经济发展水平区域间相比，中国的贡献更加突出。如图 1-4 所示，1990~2016 年，中国是所有区域中食物不足人口占比下降比例最大的国家，达到 60.9%，高出世界平均水平近 20 个百分点，比发展中区域平均水平高出约 16 个百分点，约是低收入经济体下降比例的 2 倍。

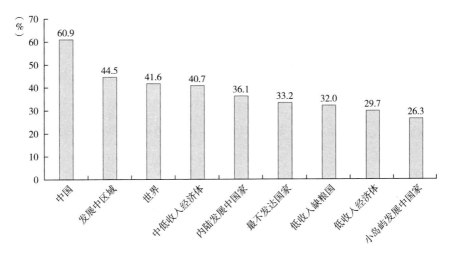

图 1-4 1990~2016 年中国及世界相关区域食物不足人口
占总人口的下降比例

资料来源：联合国粮农组织、农发基金和世粮署《世界粮食不安全状况：实现 2015 年饥饿相关国际目标：进展不一》，罗马：联合国粮农组织，2015。

二 中国营养状况改善成绩显著

（一）中国营养不良人口数量显著下降

根据联合国粮农组织的统计数据，1990~2014 年，中国营养不良人口显著下降（见图 1-5）。1990~1992 年，中国有 2.889 亿营养不良人口，占当时总人口的 23.9%，近乎 1/4 人口营养不良，

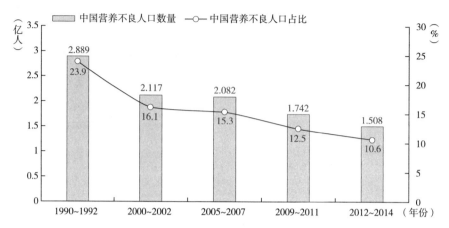

图 1 - 5　1990 ~ 2014 年中国营养不良人口数量及占比

注：营养不良人口占总人口比重对应右侧坐标。

资料来源：联合国粮农组织、农发基金和世粮署《世界粮食不安全状况：实现 2015 年饥饿相关国际目标：进展不一》，罗马：联合国粮农组织，2015。

2000 ~ 2002 年，营养不良人口占比下降到 16.1%，最后下降到 2012 ~ 2014 年的 10.6%，营养不良人口数量及占比都减少了约一半，取得了较大成就。尽管营养状况明显改善，但是中国仍是位于印度之后全球第二大营养不足国家（营养不足人口占全球人口的 19%）。

（二）中国居民膳食结构逐渐改善

中国改善营养的另一个成绩是居民的膳食结构也在逐步优化。谷物类和根茎类食物消费量下降，而动物性食物，尤其是牲畜肉、奶类和蛋类食物平均每天的摄入量呈上升趋势。例如，2000 ~ 2014 年，粮食占饮食摄入量的比重由 2000 年的 63% 下降到 2014 年的 46%；肉类则由 4% 增加到 8%，增加了一倍；蔬菜及食用菌占比由 28% 增加到 32%（见图 1 - 6、图 1 - 7）。

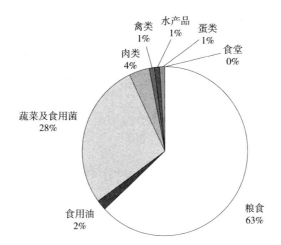

图 1 - 6　2000 年中国居民膳食结构
资料来源：2001 年《中国统计年鉴》。

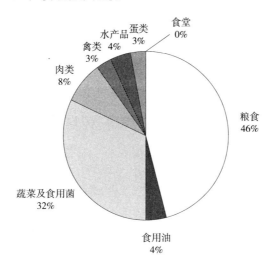

图 1 - 7　2014 年中国居民膳食结构
资料来源：2015 年《中国统计年鉴》。

（三）其他方面的改善

1990 年以来，中国不同年龄组成人和儿童的体重都呈增长趋势。例如，与 2002 年相比，2013 年中国城市和农村 2 ~ 5 岁儿童在各阶段的体重都有所增长，农村儿童体重增长幅度要高于城市。

中国成年男性的平均体重也由 2002 年的 62.7 千克增加到 2012 年的 66.2 千克。但需要引起注意的是肥胖问题。

另一个重要的营养指标是 5 岁以下儿童生长迟缓率，在这方面中国取得明显改善。1990 年，5 岁以下儿童生长迟缓率为 32.3%，2015 年，快速下降至 9.4%，下降 23 个百分点。

其他如贫血、糖尿病、孕产妇及婴幼儿营养不良等问题均有所改善。

三　中国粮食安全保障水平显著提高

不管是消除饥饿还是贫困，充足的粮食产量是最基本的保证。改革开放 30 多年以来，中国用世界不足 10% 的耕地解决了世界 20% 左右人口的吃饭问题，为世界粮食安全做出了巨大贡献。一方面，联合国制定千年发展目标以来，中国粮食产量逐年增加，由 1991 年的 43529 万吨一路增加到 2015 年的 62144 万吨（见图 1 - 8），其间从 2004 年到 2015 年实现了粮食"十二连增"。2015 年，全国

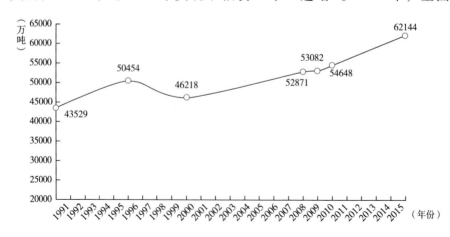

图 1 - 8　1991 ~ 2015 年中国粮食产量

资料来源：历年《中国统计年鉴》。

粮食播种面积为 11334.05 万公顷（约 170010.75 万亩），比 2014 年增加 61.79 万公顷（约 926.85 万亩），增长了 0.5%。从人均粮食占有量角度看，粮食安全保障水平也逐步提高，从 1978 年人均粮食占有量的 319 公斤，增加到 2014 年的 445 公斤（见图 1-9）。中国粮食自给率在近几年均保持在 95% 以上，这表明粮食安全有基本保障。另一方面，在粮食综合生产能力稳步提高的同时，食物供给也日益丰富。例如，1991~2015 年，谷物、油料、甘蔗、茶叶和水果的产量基本呈现不同程度的波动增长趋势（见表 1-3），基本可以满足人民群众生产生活需要，粮食安全保障水平显著提高。

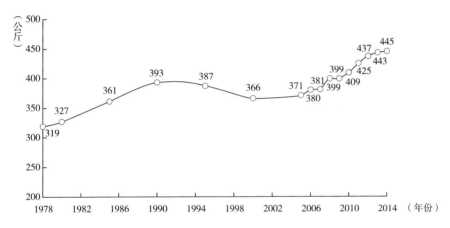

图 1-9 1978~2014 年中国人均粮食占有量

资料来源：历年《中国统计年鉴》。

表 1-3 1991~2015 年中国主要农产品产量

单位：万吨

农产品类型	1991 年	1996 年	2000 年	2010 年	2015 年
粮食	43529	50453.5	46217.5	54647.7	62143.9
谷物	39566.3	45127.1	40522.4	49637.1	57228.1
稻谷	18381	19510.3	18790.8	19576.1	20822.5
小麦	9595	11056.9	9963.6	11518.1	13018.5

续表

农产品类型	1991 年	1996 年	2000 年	2010 年	2015 年
玉米	9877	12747.1	10600.0	17724.5	22463.2
豆类	1247.1	1790.3	2010.0	1896.5	1589.8
薯类	2716	3536.0	3685.2	3114.1	3326.1
油料	1638.3	2210.6	2954.8	3230.1	3537
花生	630.3	1013.8	1443.7	1564.4	1644
油菜籽	743.6	920.1	1138.1	1308.2	1493.1
芝麻	43.5	57.5	81.1	58.7	64
棉花	567.5	420.3	441.7	596.1	560.3
麻类	88.4	79.5	52.9	31.7	21.1
黄红麻	51.3	36.5	12.6	6.9	5.3
甘蔗	6789.8	6687.6	6828.0	11078.9	11696.8
甜菜	1628.9	1672.6	807.3	929.6	803.2
烟叶	303.1	323.4	255.2	300.4	283.2
烤烟	267	294.6	223.8	273.1	260.6
蚕茧	58.4	50.8	54.8	87.3	90.1
桑蚕茧	55.1	47.1	50.1	80	82.4
茶叶	54.2	59.3	68.3	147.5	224.9
水果	2176.1	4652.8	6225.1	21401.4	27375

资料来源：历年《中国统计年鉴》。

四 中国农业可持续发展具有坚实基础

（一）农业生产基本条件不断改善

中国农业不仅具有很好的生产条件，而且在不断改善。第一，灌溉条件快速发展。如表 1－4 所示，全国农田灌区有效灌溉面积从 2000 年的 2449.3 万公顷快速增长到 2010 年的 2941.5 万公顷，再稳步增长到 2014 年的 3021.6 万公顷。农用排灌柴油机由 2000

年的 688.1 万台增加到 2014 年的 936.1 万台。第二，水利设施不断完善。水库建设加快，从 2000 年的 85120 座增加到 2014 年的 97735 座。灌区数由 2000 年底的 5683 处增加到 2014 年底的 7706 处。而且，利用节水灌溉技术进行灌溉的面积不断增加。第三，抵御自然风险能力不断增强。水土流失治理面积从 2000 年的 8096 万公顷增加到 2014 年的 11161 万公顷。堤防保护面积也从 2000 年的 3960 万公顷增加到 2014 年的 4279.4 万公顷。第四，农业机械总动力由 2000 年的 52573.6 万千瓦增加到 2014 年的 108056.6 万千瓦，将近翻了一番。

表 1 - 4 2000 ~ 2014 年中国农业生产条件情况

指 标	2000 年	2010 年	2014 年
农业机械总动力（万千瓦）	52573.6	92780.5	108056.6
农用排灌柴油机（万台）	688.1	946.3	936.1
耕地灌溉面积（万公顷）	5382	6034.8	6454
水库（座）	85120	87873	97735
年底灌区数（处）	5683	5795	7706
灌区有效灌溉面积（万公顷）	2449.3	2941.5	3021.6
节水灌溉面积（万公顷）	1638.9	2731.4	2901.9
除涝面积（万公顷）	2098.9	2169.2	2236.9
水土流失治理面积（万公顷）	8096	10680	11161
堤防保护面积（万公顷）	3960	4683.1	4279.4
农村用电量（亿千瓦时）	2421.3	6632.3	8884.4

资料来源：历年《中国统计年鉴》。

国家财政在农林水事务上的支出不断增加，这是我国农业生产基本条件不断改善的坚实基础。如图 1 - 10 所示，国家财政在农业上的支出不断增加，从 2008 年的 2278.9 亿元增加到 2012 年的

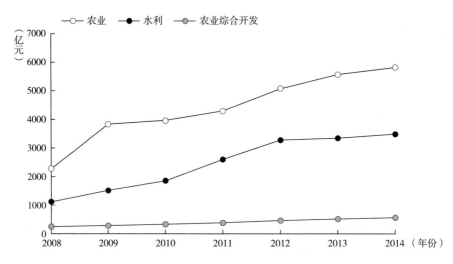

图1-10　国家财政用于农林水事务各项支出

资料来源：历年《中国统计年鉴》。

5077.4亿元，4年时间翻了一番，2014年进一步增加到5816.6亿元，比2012年增加了15%。国家财政用于水利的支出也在不断增加，从2008年的1122.7亿元一路快速增加到2014年的3478.7亿元，增加了2倍。农业综合开发是提升农业基础设施的重要举措，国家财政用于农业综合开发的支出从2008年的251.6亿元增加到2014年的560.7亿元，增加了1.2倍。

（二）农村要素市场更加完善

要素市场的发展水平决定了资源配置效率。总体来看，中国农村要素市场取得了快速发展，为农业可持续发展的效率提供了重要保障。

1. 农村耕地流转市场

中国农村耕地流转市场快速发展。1996年，仅有2.6%的耕地发生流转，到2004年耕地流转面积占比已增加到10.5%，比1996年增加了3倍，随后一路稳步增加，到2015年已有1/3的耕地发生流转（见图1－11）。中国耕地流转市场的发展提高了土地配置效率，为农业规模经营创造了条件。

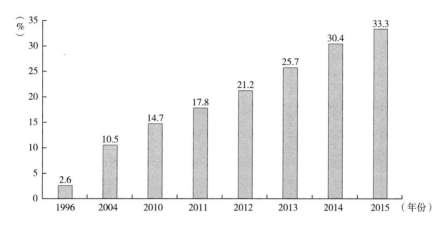

图1－11　1996～2015年中国耕地流转面积占比

资料来源：笔者调查及农业部数据。

2. 农村劳动力市场

中国农村劳动力市场也在不断发展。第一，1978～2014年，中国农村就业人员经历了先增加后减少的发展态势，但最终还是从1978年的3.06亿人增加到2014年的3.8亿人，1995～1998年四年基本稳定在4.9亿人的最高水平。但农村就业人员占农村总人口的比例一直保持稳定增长，从1978年的38.78%快速增加到1990年的56.70%，随后平稳小幅增至2014年的61.33%（见图1－12）。这表明中国农村劳动力市场在不断发展，对劳动力资源的利用和农业规模经营起到了重要作用。第二，劳动力市场发展在提高劳动生产效率的同时必然带来农民收入的增加，2000年，中国农村居民收入构成中工资性收入占比为31%（见图1－13），不足1/3；到2014年，工资性收入占比达40%（见图1－14），增加了9个百分点。

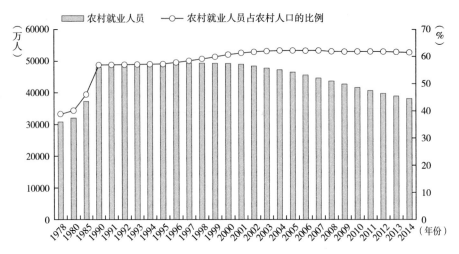

图 1 – 12　农村就业人员及其占农村人口的比例

注：农村就业人员占农村人口的比例对应右侧坐标。

资料来源：历年《中国统计年鉴》。

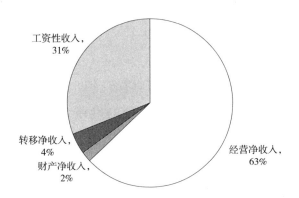

图 1 – 13　2000 年中国农村居民收入构成

资料来源：2001 年《中国统计年鉴》。

3. 农村金融市场

中国农村金融市场在稳步发展。2003 年农村信用社改革试点启动以来，在党中央、国务院的正确领导下，新一轮农村金融改革稳步推进，财税、货币信贷、监管政策相结合的正向激励扶持政策体系逐步形成，农村金融服务体系逐步健全，农村金融服务

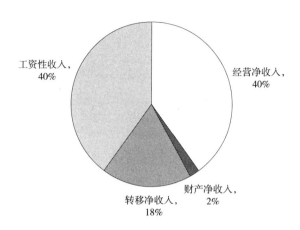

图 1-14　2014 年中国农村居民收入构成

资料来源：2015 年《中国统计年鉴》。

创新不断涌现，农村金融基础设施建设加快推进，农村金融服务水平有效改善。

第一，金融机构涉农贷款稳定增长。截至 2014 年末，涉农贷款（本外币）余额为 23.6 万亿元，占各项贷款的比重为 28.1%（见图 1-15），同比增长 13%，按可比口径较全年各项贷款增速高出 0.7 个百分点，其中农户贷款余额为 5.4 万亿元，同比增长 19%，比各项贷款平均增速高出 6.7 个百分点。按照可比口径，2007 年创立涉农贷款统计以来，涉农贷款累计增长 285.9%，为支持粮食生产、农业发展和农民纯收入增长发挥了重要作用。

第二，农村金融体系不断完善，有效扩大了服务覆盖面并提高了渗透率。通过多年持续努力，中国正在形成银行业金融机构、非银行业金融机构和其他微型金融组织共同组成的多层次、广覆盖、适度竞争的农村金融服务体系，政策性金融、商业性金融和合作性金融功能互补、相互协作，推动农村金融服务的便利性、可得性持续增强。此外，随着互联网技术的深入普及，通过互联

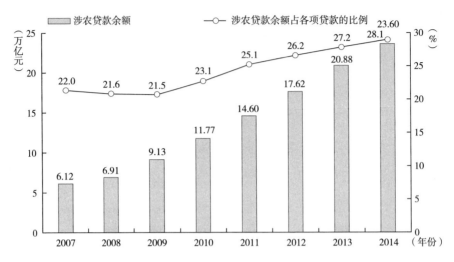

图 1-15 全部金融机构涉农贷款余额及其占比

注：涉农贷款余额占各项贷款的比例对应右侧坐标；各项贷款为全部金融机构本外币各项贷款总和。

资料来源：中国人民银行《中国农村金融服务报告（2014）》，中国金融出版社，2014。

网渠道和电子化手段开展金融业务的互联网金融发展迅猛，众筹融资、网络销售金融产品、手机银行、移动支付等互联网金融业态也在快速涌现，部分互联网金融组织还在支持"三农"领域开展了有益探索。

第三，推动偏远农村地区基础金融服务全覆盖工作持续推进，乡镇基础金融服务有效提高。截至 2014 年底，全国金融机构空白乡镇从启动时（2009 年 10 月）的 2945 个减少到 1570 个；实现乡镇金融机构和乡镇基础金融服务双覆盖的省份（含计划单列市）从 2009 年 10 月的 9 个增加到 25 个。2014 年，银监会又启动实施了基础金融服务"村村通"工程，印发《关于推进基础金融服务"村村通"的指导意见》，引导和鼓励银行业金融机构用 3~5 年时间总体实现基础金融服务行政村全覆盖。通过设立标准化网点、开展简易便民定时定点服务、布设自助服务终端等多种服务形式，金融服务已覆盖 52 万个行政村。根据中国人民银行（2014）的研究数据，截至 2014 年末，全国已组建的新型农村金融机构将 92.9% 以上的贷款投向了"三农"和小微企业。全国已有 1045 个县（市）核准设立村镇银行，县域覆盖率达 54.57%。

（三）新型现代农业经营体系正在形成

随着经济的迅速发展，"谁来种地"成为农业发展的根本问题。实行家庭联产承包责任制以来形成的散户经营的各种弊端逐渐显现出来，为此，中国正在培育多元化的、更适合当前实际的农业经营体系，既包括农业生产主体，也包括服务主体。第一，种粮大户和家庭农场是重要的经营主体。据农业部统计数据，目前家庭农场总量达 87.7 万家，其经营的耕地面积是 1.76 亿亩，占整个承包面积的 13.14%。第二，农村合作社是具有联系农民、服务农民功能的经营主体。全国目前有农村合作社 153 万家，50% 经营种植业，经营养殖业的占比为 25%。根据农业部统计，现在已有超过 1 亿农户参加了合作社，约占 2.6 亿农户的 40%。第三，产业化的龙头企业是很重要的经营主体，它们在高端农产品生产方面具有引领作用，是农业走向产业化、现代化的重要力量。截至 2015 年，各种级别的龙头企业达 12 万多家，其中国家级的龙头企业为 1245 家，这些国家级龙头企业都有自己的研发中心，具有很强的科技引领作用。[1]

---

[1]　张红宇：《发挥好新型经营主体和适度规模经营的引领作用》，中国农业新闻网，http://www.farmer.com.cn/wszb06/nzh/rrr/201602/t20160227_1184200.htm，2016 年 2 月 27 日。

（四）农业发展方式更加现代

在"创新、协调、绿色、开发、共享"发展理念的指引下，中国农业发展方式正在逐步改变，走产出高效、产品安全、资源节约、环境友好的农业现代化道路。例如，农业资源利用水平稳步提高。严格控制耕地占用和水资源开发利用，推广实施了一批资源保护及高效利用新技术、新产品、新项目，水土资源利用效率不断提高。农田灌溉用水量占总用水量比重由 2002 年的 61.4% 下降到 2013 年的 55%，有效利用系数由 0.44 提高到 2013 年的 0.52。在地少水缺的条件下，资源利用水平的提高，为保证粮食等主要农产品有效供给做出了重要贡献。再如，农业生态保护建设力度不断加大。国家先后启动实施水土保持、退耕还林还草、退牧还草、防沙治沙、石漠化治理、草原生态保护补助奖励等一批重大工程和补助政策，加强农田、森林、草原、海洋生态系统保护与建设，强化外来物种入侵预防控制，全国农业生态恶化趋势初步得到遏制，局部地区出现好转。2013 年全国森林覆盖率达 21.6%，全国草原综合植被盖度达 54.2%。积极推进农村危房改造、游牧民定居、农村环境连片整治、标准化规模养殖、秸秆综合利用、农村沼气和农村饮水安全工程建设，加强生态村镇、美丽乡村创建和农村传统文化保护，发展休闲农业，农村人居环境逐步得到改善。根据农业部等（2015）的数据，截至 2014 年底，改造农村危房 1565 万户，定居游牧民 24.6 万户；5.9 万个村庄开展了环境整治，直接受益人口约 1.1 亿人。

（五）农业科技支撑作用明显

中国非常重视科技对农业的支撑作用。第一，农业技术人员持续不断增加。1995 年，全国公有经济企事业单位有农业专业技术人员 53.6 万人，然后稳定增加到 2013 年的 73.3 万人，增加了 37%。而且，在这些单位所有的专业技术人员中，农业技术人员的占比也呈增加趋势，从 1995 年的 1.98% 增加到 2013 年的 2.42%（见图 1-16）。第二，从农林牧渔业重大应用技术成果角度看，农业科技发展迅速。2000 年，全国拥有 4147 项农林牧渔业重大应用技术成果，2005 年增加到 5123 项，2013 年增加到 7311 项（见图 1-17）。

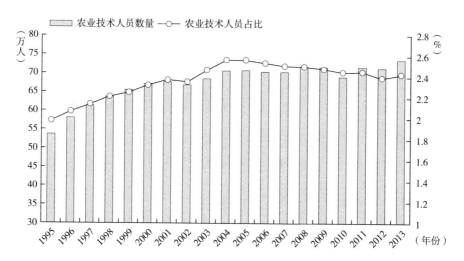

图 1-16　1995～2013 年中国公有经济企事业单位
农业专业技术人员数量及其占比

注：农业技术人员占比是指农业技术人员占所有专业技术人员的比重；农业技术人员占比对应右侧坐标。

资料来源：历年《中国科技统计年鉴》。

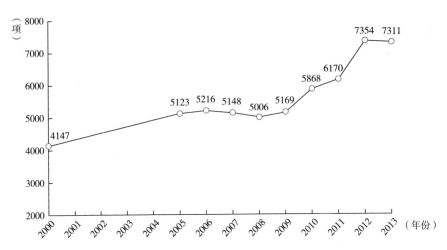

图 1 - 17　2000 ~ 2013 年中国农林牧渔业重大应用技术成果
资料来源：历年《中国科技统计年鉴》。

（六）农产品市场快速发展

农产品贸易市场的范围、数量及交易效率都对农业生产及经营者的收益形成重要影响。中国在农产品市场发展方面成效显著，对农业可持续发展起到重要的支撑作用。第一，国内农产品市场建设成效显著，发生了从"量"到"质"的改变。以亿元以上农产品综合市场为例，交易市场数量和摊位数都发生了不同程度的下降，从 2003 年的 820 个和 488108 个，分别下降到 2014 年的 683 个和 423859 个（见图 1 - 18），分别下降了 16.7% 和 13.2%；但这种数量的下降伴随着营业面积从 2003 年的 1415.9 万平方米增加到 2014 年的 2295.3 万平方米，增加了 62.1%；交易市场总成交额的增加更加明显，从 2003 年的 3007.1 亿元增加到 2014 年的 9332 亿元（见图 1 - 19），增加了 210%；2010 ~ 2014 年，批发和零售市场发展迅速。此外，2003 ~ 2014 年，各类专业市场也有不同程度的发展，例如，生产资料市场方面的农业生产用具市场和农用生产资料市场的营业面积和成交额有不同程度的增加，农产品市场方面的粮油、肉禽蛋等市场也有不同程度的发展（见表 1 - 5）。第二，利用国际市场水平显著提高。例如，1980 ~ 2014 年，中国食品及主要供食用活动物的进出口金额呈明显增长态势（见图 1 - 20）。

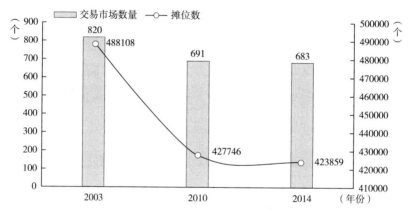

图 1 - 18 2003 ~ 2014 年中国亿元以上农产品综合市场数量
注：交易市场数量对应左侧坐标轴；摊位数对应右侧坐标轴。
资料来源：历年《中国统计年鉴》。

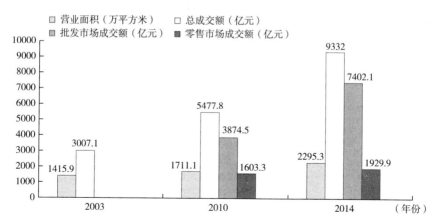

图 1 - 19 2003 ~ 2014 年中国亿元以上农产品综合市场基本情况
注：批发市场与零售市场成交额合计为总成交额；2003 年没有这两个指标。
资料来源：历年《中国统计年鉴》。

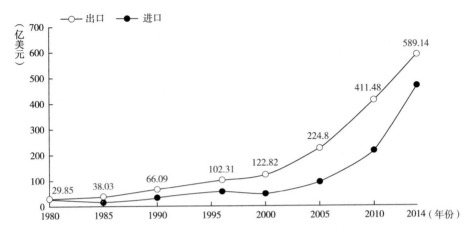

图 1 - 20　1980～2014 年中国食品及主要供食用
活动物的进出口情况

资料来源：历年《中国统计年鉴》。

表 1 - 5　2003～2014 年中国国内农产品市场发展情况

年份	市场名称	市场数量（个）	摊位数（个）	营业面积（万平方米）	成交额（亿元）	批发市场成交额（亿元）	零售市场成交额（亿元）
2003	综合市场	1591	1315771	4430.9	8069.4		
	农产品综合市场	820	488108	1415.9	3007.1		
	专业市场	1664	825039	6534.0	13399.4		
	农业生产资料市场	8	3729	18.1	33.0		
	粮油市场	42	6323	75.8	188.9		
	干鲜果品市场	65	20076	182.0	278.1		
	水产品市场	64	27170	139.6	443.8		
	蔬菜市场	152	104099	511.3	656.6		
	肉禽蛋市场	32	3490	42.8	99.1		
	土畜产品市场	23	14886	51.2	86.0		

续表

年份	市场名称	市场数量（个）	摊位数（个）	营业面积（万平方米）	成交额（亿元）	批发市场成交额（亿元）	零售市场成交额（亿元）
2010	综合市场	1341	1167981	5740.2	14794.2	11349.3	3444.9
	农产品综合市场	691	427746	1711.1	5477.8	3874.5	1603.3
	专业市场	3599	2025384	19092.1	57909.3	49605.6	8303.7
	生产资料市场	754	265613	6082.1	23867.6	23043.8	823.7
	农业生产用具市场	17	4855	146.0	148.0	148.0	
	农用生产资料市场	32	6188	93.7	153.4	152.0	1.4
	农产品市场	981	536794	4063.7	10593.2	9990.9	602.4
	粮油市场	109	31978	455.1	1467.7	1417.7	50.0
	肉禽蛋市场	124	38070	311.3	813.5	682.8	130.7
	水产品市场	150	88346	378.2	2096.6	1958.1	138.5
	蔬菜市场	295	220055	1586.9	3062.7	3010.1	52.6
	干鲜果品市场	147	76665	579.7	1682.2	1662.7	19.5
	棉麻土畜、烟叶市场	23	11672	335.8	450.2	449.1	1.2
	其他农产品市场	133	70008	417.3	1020.2	810.3	209.8
2014	综合市场	1376	1279354	7455.2	22348.7	18145.6	4203.1
	农产品综合市场	683	423859	2295.3	9332	7402.1	1929.9
	专业市场	3647	2255403	22112.7	77961.2	68178.1	9783.1
	生产资料市场	693	293442	6861.2	30386.4	30243.6	142.8
	农业生产用具市场	20	5744	148.7	211.5	211.5	
	农用生产资料市场	30	6303	109	175.9	175.9	
	农产品市场	999	565365	4275.4	15507.8	14653.5	854.4
	粮油市场	105	33430	369.9	1753.7	1690.1	63.7
	肉禽蛋市场	126	44873	295.8	1328.3	1151.2	177
	水产品市场	145	98509	482.6	3157.2	3025.2	132
	蔬菜市场	304	212648	1551.7	3771.6	3656.4	115.2
	干鲜果品市场	136	68118	577.7	2484.5	2479	5.5
	棉麻土畜、烟叶市场	21	14725	398.9	665.4	664.2	1.2
	其他农产品市场	162	93062	598.9	2347.1	1987.4	359.7

注：批发市场和零售市场成交额合计为总成交额；2003年没有这两个指标。

资料来源：历年《中国统计年鉴》。

第三节　中国在"消除饥饿，实现粮食安全，改善营养和促进可持续农业"上的重要经验

联合国 2000 年确定的千年发展目标得到世界各国的普遍认同和积极响应。每个致力于实现千年发展目标的国家都有自己的政策和实践，中国在这方面的做法颇为引人注目，积累了丰富的发展经验。

一　政府高度重视

自从千年发展目标确定以后，中国政府高度重视，积极推进各方面工作，这为相关目标的快速实现奠定了坚实基础。

第一，中国政府将千年发展目标有机地融入本国发展战略目标中。实际上，中国始终将发展作为第一要务，提出了全面建成小康社会的奋斗目标。这与千年发展目标的基本方向是一致的。中国将实现千年发展目标的努力有机地融入全面建成小康社会的进程中，并在实践中形成了各种发展战略。另外，作为拥有世界 1/5 人口的发展中大国，中国将自己的事做好，就是对世界稳定与发展、对实现千年发展目标最大的贡献。

第二，2000~2015 年，中国政府不断对千年发展目标的落实情况进行回顾和总结。15 年间，中国政府分别于 2003 年、2005 年、2008 年、2010 年和 2013 年五次对目标落实进展情况进行回顾和总结，五次出版了《中国实施千年发展目标进展情况报告》，始终保证千年发展目标沿着正确方向发展落实；最后于 2015 年出版了《中国实施千年发展目标报告（2000—2015 年）》，这是

中国第六份对千年发展目标的总结报告，该报告总体回顾和总结了千年发展目标的落实情况，并将经验用于指导接下来的可持续发展目标。

第三，中国政府继续高度重视 2015 年提出的可持续发展目标的发展及落实情况。习近平主席 2015 年 9 月在联合国发展峰会上做出庄严承诺，表示中方愿同国际社会一道，为实现《2030 年可持续发展议程》做出努力。2016 年 3 月 15 日，外交部部长王毅主持召开落实 2030 年可持续发展议程部际协调机制首次会议，研究和部署中国落实《2030 年可持续发展议程》相关工作。王毅指出，《2030 年可持续发展议程》是继千年发展目标之后，全球推进可持续发展的纲领性文件。中国作为世界公认的执行千年发展目标最好的国家，要在国际上率先落实议程，树立建设性形象，继续做国际发展事业的领跑者。2016 年 4 月，中国发布《落实 2030 年可持续发展议程中方立场文件》，7 月参加了联合国首轮国别自愿陈述。作为 2016 年二十国集团主席国，中方推动二十国集团制定《二十国集团落实 2030 年可持续发展议程行动计划》，得到国际社会的高度评价。2016 年，中国利用主办 G20 杭州峰会的契机，将包容和联动式发展列为峰会的 4 个重点议题之一，重点讨论落实《2030 年可持续发展议程》等问题，首次将发展问题全面纳入领导人级别的全球宏观经济政策协调框架中，并摆在突出位置。2016 年 9 月 19 日，李克强总理在纽约联合国总部主持召开"可持续发展目标：共同努力改造我们的世界——中国主张"座谈会，并宣布发布《中国落实 2030 年可持续发展议程国别方案》。该方案在阐明中国落实《2030 年可持续发展议程》面临的机遇与挑战的基础上，提出了落实目标的指导思想、总体原则、总体路径和具体方案。2016 年 12 月 3 日，为推动落实联合国《2030 年可持续发展议程》，充分发挥科技创新对可持续发展的支撑引领作用，国务院印发《中国落实 2030 年可持续发展议程创新示范区建设方案》，围绕落实《2030 年可持续发展议程》，瞄准未来 15 年全球在减贫、健康、教育、环保等方面的发展目标，以可持续发展理念为引领，以创新为第一动力，促进经济社会协调发展。

二 以发展经济为解决一切问题的核心

中国把发展经济作为解决所有问题的核心，这也是在"消除饥饿，实现粮食安全，改善营养和促进可持续农业"目标上取得成功的重要经验。中国政府和人民围绕世情国情，不断深化对发展内涵的认识，提出了科学发展观以及全面建成小康社会的伟大奋斗目标，牢固树立创新、协调、绿色、开放、共享的新型发展理念，形成了经济建设、政治建设、文化建设、社会建设、生态文明建设五位一体的建设中国特色社会主义的总布局。在这样的发展思路下，中国经济取得了快速发展，GDP 从 1978 年的 3678.7 亿元，增加到 1999 年的 89366.5 亿元，增加了 23 倍；2000 年 GDP 为 99066.1 亿元，2015 年增加到 682635.1 亿元，15 年间增加了 5.9 倍，这是消除饥饿，实现粮食安全，改善营养和促进可持续农业的最基本和最重要的原因。

三 以规划引领、政策法规保障发展

中国政府在发展经济、推进社会发展以及具体落实"消除饥饿，实现粮食安全，改善营养和促进可持续农业"目标方面都高度重视规划的引领和政策法规的保障作用。①

第一，制定并实施中长期国家发展战略规划，将千年发展目标全面融入其中。中国政府根据不同时期经济社会发展的需要，以五年为周期制定国民经济与社会发展规划纲要，调动各种资源推动规划的落实。例如，《中华人民共和国国民经济和社会发展第十三个五年规划纲要》（简称"十三五"规划）提出的发展理念明确强调"坚持可持续发展"；该规划在第十一篇"构建全方位开放新格局"第五十三章"积极承担国际责任和义务"中明确提出"积极落实2030年可持续发展议程"；该规划第四篇"推进农业现代化"第十八章以一节内容要求"促进农业可持续发展"。

第二，针对消除贫困制定了各种具体规划。1994年3月，制定和发布《国家八七扶贫攻坚计划（1994—2000年）》、2001年制定《中国农村扶贫开发纲要（2001—2010年）》、2011年制定《中国农村扶贫开发纲要（2011—2020年）》，这些规划纲要对整个消除贫困工作起到了纲领性指导作用。

第三，针对消除饥饿和改善营养出台了各种规划纲要。2001年和2011年，国务院分别颁布了《中国儿童发展纲要（2001—2010年）》和《中国儿童发展纲要（2011—2020年）》，从儿童健康、教育、法律保护和环境等领域提出了儿童发展的主要目标和策略措施。2014年12月，国务院发布了《国家贫困地区儿童发展规划（2014—2020年）》，针对集中连片特殊困难地区儿童的健康和教育进行了战略改进规划。2011年11月，《国务院办公厅关于实施农村义务教育学生营养改善计划的意见》就进一步改善农村

---

① 本节只列出与本书紧密相关的和主要的规划法规。

学生营养状况，提高农村学生健康水平提出重要意见。2014 年国务院发布《中国食物与营养发展纲要（2014—2020 年）》，确定了 2020 年食物消费量目标、营养素摄入量目标和营养性疾病控制目标。2016 年，中共中央、国务院印发了《"健康中国 2030"规划纲要》，对全民健康制定了全方位的规划战略。

第四，针对农业可持续发展制定了各种规划纲要。中国政府历来将"三农"工作作为全党工作的重中之重，习近平多次强调该项工作对于中国未来发展全局具有重要的战略意义。截至 2016 年，中央一号文件连续 13 年聚焦"三农"，从各方面推进农业现代化和可持续发展。2012 年 1 月和 2016 年，国务院分别印发了《全国现代农业发展规划（2011—2015 年）》和《全国农业现代化规划（2016—2020 年）》，对农业现代化的发展目标、基本举措都给出了明确规划。2008 年，国务院出台《国家粮食安全中长期规划纲要（2008—2020 年）》，在总结近 10 年中国在粮食安全方面取得的主要成就和分析今后一个时期面临的挑战的基础上，提出了 2008～2020 年保障粮食安全的指导思想、目标、主要任务及相应的政策措施，是之后一个时期中国粮食宏观调控工作的重要依据。2015 年，农业部等八部委联合颁布《全国农业可持续发展规划（2015—2030 年）》，指出到 2020 年，农业可持续发展取得初步成效，经济、社会、生态效益明显。农业发展方式转变取得积极进展，农业综合生产能力稳步提升，农业结构更加优化，农产品质量安全水平不断提高，农业资源保护水平与利用效率显著提高，农业环境突出问题治理取得阶段性成效；到 2030 年，农业可持续发展取得显著成效。供给保障有力、资源利用高效、产地环境良好、生态系统稳定、农民生活富裕、田园风光优美的农业可持续发展新格局基本确立。

四　正确发挥市场机制作用

中国政府非常重视市场机制对资源的配置作用。中国社会主义市场经济体制促使劳动、知识、技术、管理、资本等各方面的活力竞相迸发，推动中国经济保持快速健康增长，为成功落实千年发展目标提供了保障。十八届三中全会更是明确提出使市场在资源配置中起决定性作用。在"消除饥饿，实现粮食安全，改善营养和促进可持续农业"目标方面，通过土地确权登记颁证稳定农村土地产权，促进土地流转市场的快速发展，通过户籍制度改革促进劳动力市场的进一步整合完善，通过农村金融体制改革、农村资产抵押贷款等方式激活农村金融市场，这些要素市场的快速发展为农民增收、农业可持续发展提供了必要保障。

五　注重试点先行、循序推广

中国在改革发展过程中，包括在实现"消除饥饿，实现粮食安全，改善营养和促进可持续农业"目标的过程中，非常注重试点先行、循序推广的发展策略。改革一项制度时，首先积极开展试点示范，然后循序渐进地向全国推广。先行先试、稳步推广是中国推进改革开放进程中摸索出的一项重要制度创新。中国政府根据实现千年发展目标和2030年可持续发展目标的需要，在经济、社会、环境保护等领域组织开展一系列试点示范工作，比如，设立中国（上海）自由贸易试验区，在全国范围内设立可持续发展试验区，组织开展42个国家低碳省份和低碳城市试点等，逐步形成可复制、可推广的经验，服务全国发展。与可持续农业发展紧密相连的改革，如确权登记颁证、三权转让、土地经营权抵押贷款等都采取先试点后推广的发展策略。再如，《全国农业可持续发展规划（2015—2030年）》也强调要通过示范区建设为形成可复制、可推广的农业可持续发展典型模式提供经验——选择不同农业发展基础、资源禀赋、环境承载能力的区域，建设东北黑土地保护、西北旱作区农牧业可持续发展、黄淮海地下水超采综合治理、长江中下游耕地重金属污染综合治理、西南华南石漠化治理、西北农牧交错带草食畜牧业发展、青藏高原草地生态畜牧业发展、水产养殖区渔业资源生态修复、畜禽污染治理、农业废弃物循环利用等10个类型的农业可持续发展试验示范区。与SDGs紧密相连的一个示范工程是2016年12月13日提出的"中国落实2030年可持续发展议程创新示范区建设方案"，该方案认为科技创新对社会事业发展的支撑引领作用不断增强，有必要在"十三五"期间，创建10个左右国家可持续发展议程创新示范区，形成若干可持续发展创新示范的现实样板和典型模式，对国内其他地区可持续发展发挥示范带动作用，对外为其他国家落实《2030年可持续发展议程》提供中国经验。

六 注重对外发展合作和经验交流

中国政府在实现千年发展目标的过程中另一个重要经验是加强对外发展合作，促进发展经验相互借鉴。中国政府始终秉持开放、共赢的姿态落实千年发展目标。15年来，通过加强与国外政府机构、国际组织、企业、研究咨询机构、民间社会团体等组织深层次、宽领域、多方式的交流与合作，共享各方的经验与教训，共同推动实现千年发展目标。

第四节　中国进一步落实"消除饥饿，实现粮食安全，改善营养和促进可持续农业"的主要举措①

一　2030 年可持续目标下的挑战和机遇

作为全球最大的发展中国家，中国在落实《2030 年可持续发展议程》的过程中，既面临难得的机遇，也面临艰巨的挑战。

从国际层面看，和平与发展仍然是时代的主题，各国相互联系、相互依存日益加深，休戚与共的人类命运共同体意识不断增强。世界新一轮科技革命和产业变革孕育的兴起，一大批引领性、颠覆性新技术、新工具、新材料的涌现，有力推动着新经济成长和传统产业升级。南北合作和南南合作进入新阶段，以中国等新兴市场国家为代表的发展中国家整体实力不断增强，对国际事务的影响力显著提升，全面参与全球治理和国际发展合作面临新机遇。

与此同时，国际关系更加复杂，地缘政治因素日益凸显，难民危机、恐怖主义、公共卫生等非传统安全挑战频发，为国际社会落实可持续发展议程投下阴影。国际金融危机深层次影响仍在发酵，世界经济复苏缓慢，缺乏有力的新增长点。世界贸易组织主导的多边贸易自由化进程严重受阻，各种形式的贸易投资保护主义进一步抬头。全球治理体系仍需完善，发展中国家的代表性

---

① 本部分内容主要参考：《中国落实 2030 年可持续发展议程国别方案》，2016；《落实 2030 年可持续发展议程中方立场文件》，2016；《中国落实 2030 年可持续发展议程创新示范区建设方案》，2016。

和话语权有待进一步提升。

从国内层面看，中国政治稳定，国家治理能力不断提升。"十三五"规划明确提出以人民为中心的发展思想和创新、协调、绿色、开放、共享的发展理念，为中国落实《2030 年可持续发展议程》、推进可持续发展提供了理论指引。中国经济保持中高速增长，新型工业化、信息化、城镇化、农业现代化深入发展，为落实可持续发展议程打下扎实基础。中国着力推进供给侧结构性改革，逐步加大重点领域和关键环节市场化改革力度，深化简政放权、放管结合、优化服务改革，由此带来的改革红利以及自主创新红利将为落实可持续发展议程提供强大动力。中国政府已将《2030 年可持续发展议程》与国家中长期发展规划有效对接，建立了国内落实工作的协调机制，为落实《2030 年可持续发展议程》提供了有力的制度保障。

与此同时，中国经济进入"新常态"，面临经济增速换挡、结构调整、新旧动能转换等多重挑战，保持经济持续、稳定、健康增长仍有不小压力，在脱贫攻坚、解决城乡和区域发展不平衡、补齐生态环境短板等方面有大量工作要做。如何消除贫困、改善民生、化解社会矛盾、实现共同富裕、完善国家治理体系、提高治理能力，以及实现各地区、各层次、各领域间的协同发展仍是中国实现可持续发展议程面临的最大挑战。

二 指导思想、总体原则和路径

（一）指导思想

统筹国内国际两个大局，坚持全面建成小康社会、全面深化改革、全面依法治国、全面从严治党的战略布局，以创新、协调、绿色、开放、共享的发展理念为指导，统筹推进经济建设、政治建设、文化建设、社会建设、生态文明建设和党的建设。通过落实《2030 年可持续发展议程》，为如期全面建成小康社会、实现"两个一百年"奋斗目标和中华民族伟大复兴的中国梦提供坚实保障，为推进国际发展合作、提高全球整体发展水平注入强劲动力。

（1）坚持创新发展。实施创新驱动发展战略，不断推进理论创新、制度创新、科技创新、文化创新等各方面创新，着力提高发展的质量和效益。

（2）坚持协调发展。推进区域协同、城乡一体、物质文明与精神文明并重、经济建设与国防建设融合，新型工业化、信息化、城镇化、农业现代化同步发展，着力形成平衡发展结构，不断增强发展整体性。

（3）坚持绿色发展。坚持节约资源和保护环境的基本国策，坚定走生产发展、生活富裕、生态良好的文明发展道路，推动形成绿色低碳发展方式和生活方式，积极应对气候变化，着力改善生态环境。

（4）坚持开放发展。奉行互利共赢的开放战略，努力提高对外开放水平，发展更高层次的开放型经济，协同推进战略互信、经贸合作、人文交流，着力实现合作共赢。

（5）坚持共享发展。按照人人参与、人人尽力、人人享有的要求，注重机会公平，保障基本民生，着力增进人民福祉，使全体人民在共建共享发展中有更多获得感。

中国政府提出的创新、协调、绿色、开放、共享五大发展理念，顺应了可持续发展的时代潮流，与《2030 年可持续发展议程》

提出的人类、地球、繁荣、和平、伙伴的五大理念相融相通。这是中国立足本国国情和发展经验，是对经济社会发展普遍规律的进一步拓展和深化，将有力指导中国落实《2030年可持续发展议程》的整体进程。

（二）总体原则

中国落实《2030年可持续发展议程》将坚持以下原则。

（1）和平发展原则。秉持联合国宪章的宗旨和原则，坚持和平共处，共同构建以合作共赢为核心的新型国际关系，努力为全球的发展事业和《2030年可持续发展议程》的落实营造和平、稳定、和谐的地区和国际环境。

（2）合作共赢原则。牢固树立利益共同体意识，建立全方位的伙伴关系，支持各国政府、私营部门、民间社会和国际组织广泛参与全球发展合作，实现协同增效。坚持各国平等参与全球发展，共商发展规则，共享发展成果。

（3）全面协调原则。坚持发展为民和以人为本，优先消除贫困、保障民生，维护社会公平正义。牢固树立和贯彻可持续发展理念，协调推进经济、社会、环境三大领域发展，实现人与社会、人与自然和谐相处。

（4）包容开放原则。致力于实现包容性经济增长，构建包容性社会，推动人人共享发展成果，不让任何一个人掉队。共同构建开放型世界经济，推动国际经济治理体系改革完善，提高发展中国家的代表性和话语权，促进国际经济秩序朝着平等、公平、合作共赢的方向发展。

（5）自主自愿原则。重申各国对本国发展和落实《2030年可持续发展议程》享有充分主权。支持各国根据自身特点和本国国情制定发展战略，采取落实《2030 年可持续发展议程》的措施。尊重彼此的发展选择，相互借鉴发展经验。

（6）"共同但有区别的责任"原则。鼓励各国以落实《2030 年可持续发展议程》为共同目标，根据"共同但有区别的责任"原则，以及各国国情和能力开展落实工作，为全球落实进程做出各自的贡献。

（三）总体路径

中国政府将从战略对接、制度保障、社会动员、资源投入、风险防控、国际合作、监督评估七个方面入手，分步骤、分阶段推进落实《2030 年可持续发展议程》。

（1）战略对接。战略对接旨在将《2030 年可持续发展议程》与中国国内中长期发展规划有机结合，在落实国际议程和国内战略进程中相互促进，形成合力。

（2）制度保障。制度保障旨在为落实《2030 年可持续发展议程》提供机制体制和方针政策等方面的支撑，重点包括以下四个方面：一是推进相关制度改革，为落实《2030 年可持续发展议程》的体制保障；二是完善法制建设，为落实《2030 年可持续发展议程》提供有力的法律保障；三是科学制定政策，为落实《2030 年可持续发展议程》提供政策保障；四是明确政府职责，要求各级政府承担起主体责任。既要加强横向的跨领域、跨部门协调，又要确保政策纵向落地，形成"中央—地方—基层"的有效落实机制。

（3）社会动员。公众对《2030 年可持续发展议程》的理解、认同和参与，是持续、有效推进落实工作的关键。社会动员的重点包括以下三个方面：一是提高公众参与落实的责任意识；二是广泛使用传媒进行社会动员；三是积极推进参与性社会动员。

（4）资源投入。资源投入旨在充分利用国内外两个市场、两种资源并发挥体制、市场等方面的优势，为落实《2030年可持续发展议程》提供资源保障。资源投入的重点包括以下三个方面：一是聚焦财税体制改革、金融体制改革等，合理安排和保障落实发展议程的财政投入；二是创新合作模式，积极推动政府和社会资本合作，通过完善法律法规、实施政策优惠、优化政府服务、加强宣传指导等方式，动员和引导全社会资源投向可持续发展领域；三是加强与国际社会的交流合作，秉持开放、包容的态度，积极引入国际先进理念、技术经验和优质发展资源，服务国内可持续发展事业。

（5）风险防控。中国已经成为全球第二大经济体，但人均国民收入水平仍不高，区域、城乡发展很不平衡，仍然面临繁重的发展任务。落实《2030年可持续发展议程》将是一项长期、艰巨的任务，需要不断完善风险应对机制，加强风险防控能力建设，重点要做好以下四个方面工作：一是保持经济增长；二是全面提高人民生活水平和质量；三是着力解决好经济增长、社会进步、环境保护等三大领域平衡发展的问题；四是加强国家治理体系和治理能力现代化建设，努力形成各领域基础性制度体系，人民民主更加健全，法治政府基本建成，司法公信力明显提高。

（6）国际合作。《2030年可持续发展议程》最大程度兼顾了国际社会的共同利益，适用于所有国家。中国将与国际社会一道，不断深化国际发展合作，为落实《2030年可持续发展议程》提供保障。重点包括以下四个方面：一是承认自然、文化、国情多样性，尊重各国走独立发展道路的权利，推动各国政府、社会组织以及各利益攸关方在落实《2030 年可持续发展议程》中加强交流互鉴，取长补短，根据"共同但有区别的责任"原则推动可持续发展目标的落实；二是推动建立更加平等均衡的全球发展伙伴关系；三是进一步积极参与南南合作；四是稳妥开展三方合作。

（7）监督评估。监督评估旨在推进落实《2030 年可持续发展议程》中，准确定位各项工作的成绩、挑战和不足，优化政策选择，形成最佳实践。其重点工作包括以下三个方面：一是结合落实"十三五"规划纲要及各专门领域的工作规划开展的年度评估，同步开展《2030 年可持续发展议程》落实评估工作；二是积极参与国际和区域层面的后续评估工作；三是加强与联合国驻华系统等国际组织和机构的合作，通过举办研讨会、定期编写并发布中国落实《2030 年可持续发展议程》报告等方式，全面评估国内各项可持续发展目标的落实进展。

三 落实举措

针对 SDGs 目标 2 "消除饥饿，实现粮食安全，改善营养和促进可持续农业"，中国政府落实的举措如表 1 - 6 所示。

表 1 - 6 中国落实 SDGs 目标 2 的举措

目标 2：消除饥饿，实现粮食安全，改善营养和促进可持续农业	中国落实举措
2.1 到 2030 年，消除饥饿，确保所有人，特别是穷人和弱势群体，包括婴儿，全年都有安全、营养和充足的食物	到 2020 年，全国粮食产量稳定在 6000 亿公斤以上，面粮油、肉蛋奶、果菜茶等供应充足。主要农产品质量安全总体合格率达到 97% 以上。健全针对困难群体的动态社会保障兜底机制，确保所有人全年都有安全、营养和充足的食物

续表

目标 2：消除饥饿，实现粮食安全，改善营养和促进可持续农业	中国落实举措
2.2 到 2030 年，消除一切形式的营养不良，包括到 2025 年实现 5 岁以下儿童发育迟缓和消瘦问题相关国际目标，解决青春期少女、孕妇、哺乳期妇女和老年人的营养需求	到 2020 年，实现全国人均全年口粮消费 200 公斤、食用植物油 15 公斤。到 2020 年，5 岁以下儿童生长迟缓率控制在 7% 以下，低体重率降低在 5% 以下。实施贫困地区儿童营养改善项目，开展健康和营养知识的宣传普及和教育，为青春期少女和孕妇、哺乳期妇女、老年妇女等重点人群提供营养指导和干预
2.3 到 2030 年，实现农业生产力翻倍和小规模粮食生产者，特别是妇女、土著居民、农户、牧民和渔民的收入翻番，具体做法包括确保平等获得土地、其他生产资源和要素、知识、金融服务、市场以及增值和非农就业机会	到 2020 年，提高农业技术装备和信息化水平，提高农业生产力水平。以保障主要农产品供给、促进农民增收、实现农业可持续发展为重点，完善强农惠农富农政策。银行业金融机构加强对农户以及农业经营主体的信贷支持。到 2020 年，确保每年银行业金融机构实现涉农信贷投放持续增长，在具备条件的行政村推动实现基础金融服务"村村通"
2.4 到 2030 年，确保建立可持续粮食生产体系并执行具有抗灾能力的农作方法，以提高生产力和产量，帮助维护生态系统，加强适应气候变化、极端天气、干旱、洪涝和其他灾害的能力，逐步改善土地和土壤质量	执行《全国农业可持续发展规划（2015—2030 年）》。到 2020 年，农业可持续发展取得初步成效，经济、社会、生态效益明显。到 2030 年，农业可持续发展取得显著成效。基本确立供给保障有力、资源利用高效、产地环境良好、生态系统稳定、农民生活富裕、田园风光优美的农业可持续发展新格局。大力发展生态友好型农业，实施化肥农药使用量零增长行动。实施循环农业示范工程。创建农业可持续发展试验示范区
2.5 到 2020 年，通过在国家、区域和国际层面建立管理得当、多样化的种子和植物库，保持种子、种植作物、养殖和驯养的动物及与之相关的野生物种的基因多样性；根据国际商定原则获取及公正、公平地分享利用基因资源和相关传统知识产生的惠益	到 2020 年，建设国家种质资源收集保存和研究体系，建设海南、甘肃、四川等国家级育制种基地和 100 个区域性良种繁育基地。科学规划和建设生物资源保护库圃，建设野生动植物人工种群保育基地和基因库。力争到 2020 年，建立林木种子储备制度，种子储备能力达到 700 万公斤，种苗质量合格率稳定在 95% 以上

续表

目标 2：消除饥饿，实现粮食安全，改善营养和促进可持续农业	中国落实举措
2. a　通过加强国际合作等方式，增加对农村基础设施、农业研究和推广服务、技术开发、植物和牲畜基因库的投资，以增强发展中国家，特别是最不发达国家的农业生产能力	计划到 2022 年与联合国粮农组织合作执行 10 个左右南南合作国别项目，在"一带一路"建设农业合作框架下，与沿线国家和区域在农作物育种、畜牧、渔业、农产品加工与贸易等领域开展合作
2. b　根据多哈发展回合授权，纠正和防止世界农业市场上的贸易限制和扭曲，包括同时取消一切形式的农业出口补贴和具有相同作用的所有出口措施	维护多边贸易体制，积极推动多哈回合谈判，反对贸易保护主义，防止限制和扭曲农业国际贸易。到 2020 年，逐步扩大"绿箱"补贴规模和范围，调整改进"黄箱"政策
2. c　采取措施，确保粮食商品市场及其衍生工具正常发挥作用，确保及时获取包括粮食储备量在内的市场信息，限制粮价剧烈波动	到 2020 年，坚持市场化改革取向和保护农民利益并重，完善农产品市场调控制度和市场体系，防范粮价剧烈波动。提升科学储粮水平，进一步提高粮食流通效率，保障国内粮食数量、质量安全

第二章 中国消除饥饿的
基本情况

"饥饿是贫困和人类损失最极端的表现。在一个富足的世界上，饥饿不仅仅是一种道德上的耻辱，它还侵害了最基本的人权：获得充足食物的权利。饥饿带来了高昂的经济成本，严重地危害个人的生产力、国家的增长和自然资源的可持续利用。"（联合国粮农组织，2003）

消除饥饿一直是各国发展的基本目标。2000 年提出的千年发展目标是过去 15 年全世界的总体发展框架，8 个千年发展目标中的首个目标就是"消除极端贫困和饥饿"。2015 年联合国提出的 17 个可持续发展目标中，目标 1 "在全世界消除一切形式的贫穷"又与目标 2 "消除饥饿，实现粮食安全，改善营养和促进可持续农业"相辅相成。目标 2 的分目标是：到 2030 年，消除饥饿，确保所有人，特别是穷人和弱势群体，包括婴儿，全年都有安全、营养和充足的食物。

如第一章所言，中国提前完成了消除饥饿目标。本章详细介绍全球消除饥饿基本情况和中国消除饥饿进展。

第一节　全球消除饥饿基本情况

一　饥饿的含义

饥饿与长期食物不足同义。食物不足指至少持续一年的难以获取充足食物的状态，表现为食物摄入量不足，无法满足膳食能量需求量。

食物不足常常与营养不良、贫困紧密相连。首先，食物不足与营养不良是两个不同的维度。食物不足是营养不良的主要原因，但是膳食多样性不足也可能导致营养不足，特别是缺乏富含微量营养素食物的膳食。隐性饥饿正是由于膳食中缺乏维生素和微量元素引起的。在发展中国家，约有1/3的人口遭受隐性饥饿。根据联合国粮农组织估计，全世界有1.61亿5岁以下儿童长期营养不良（发育迟缓），约有20亿以上的人口遭受微量元素缺乏症（隐性饥饿），约有5亿人口肥胖。其次，极端贫困线是用于识别饥饿人口的一项合理指标。这是因为食物支出通常在极端贫困线收入中占50%～70%的份额。2005年起世界银行确定的极端贫困线标准从每天1美元提高至每天1.25美元（购买力平价）。1990～2015年，全球极端贫困人口从19亿人下降至8.36亿人，减少了10多亿人；中国的贫困人口从6.89亿人下降到0.56亿人。按照每天1美元的标准，中国贫困人口比例为6.3%，按照每天2美元的标准，中国贫困人口比例为18.6%。[①]

---

① 2015年《千年发展目标报告》，联合国开发计划署网站，http：//www.cn.undp.org/content/china/zh/home/library/mdg/mdg - report - 2015/，2015年7月26日。

二　全球消除饥饿取得的进展

在1996年11月举行的首届世界粮食首脑会议上，与会各国通过了《世界粮食安全罗马宣言》，宣言中把"2015年之前将营养不良的人数减少到目前人数的一半"设为目标。这一承诺也被纳入联合国于2000年9月通过的千年发展目标1C之中，即1990～2015年使总人口中食物不足人口比例减少一半。

总的来看，经过15年的努力，发展中区域已经基本实现了千年发展目标1C，但是与首届世界粮食首脑会议的目标还有很大的距离，并且世界各区域在消除饥饿进展上有巨大的差异。表2－1反映了1990～1992年和2014～2016年世界各区域在减少饥饿人口数量和降低区域比例上的进展。

第一，将食物不足人口比例减半的千年发展目标1C在发展中区域已经基本实现。全球食物不足人口比例从1990～1992年的18.6%降至2014～2016年的10.9%，发展中区域食物不足人口比例下降得更多，从1990～1992年的23.3%降至12.9%，下降幅度为45%，可以视为发展中区域已经实现将食物不足人口比例减半的联合国千年发展目标。[①] 2014～2016年，在129个受监测的国家中，72个国家已经实现将食物不足人口比例减半的联合国千年发展目标，还有9个国家有望在2020年前实现这一目标。

第二，将食物不足人口数量减半的世界粮食首脑会议目标还

[①] 根据联合国粮农组织的估算，预计2014～2016年食物不足人口比例的减幅距实现目标所需水平相差不到一个百分点。由于差距很小，加上测量误差，可以认为该项千年发展目标已经完成。

表2-1 1990~1992年和2014~2016年世界各区域饥饿人口变动状况

地区	人口比例			人口数量			区域比例	
	1990~1992年(%)	2014~2016年(%)	变动情况(%)	1990~1992年(百万人)	2014~2016年(百万人)	变动情况(%)	1990~1992年(%)	2014~2016年(%)
世界	18.6	10.9	-41.4	1010.6	794.6	-21.4	100	100
发达区域	<5.0	<5.0	-	20.0	14.7	-26.5	2.0	1.8
发展中区域	23.3	12.9	-44.6	990.7	779.9	-21.3	98.0	98.2
发展中区域内部								
南亚	23.9	15.7	-34.3	291.2	281.4	-3.4	28.8	35.4
撒哈拉以南非洲	33.2	23.2	-30.1	175.7	220.0	25.2	17.4	27.7
东亚	23.2	9.6	-58.6	295.4	145.1	-50.9	29.2	18.3
东南亚	30.6	9.6	-68.6	137.5	60.5	-56.0	13.6	7.6
拉丁美洲及加勒比	14.7	5.5	-62.6	66.1	34.3	-48.1	6.5	4.3
西亚	6.4	8.4	31.3	8.2	18.9	130.5	0.8	2.4
北非	<5.0	<5.0	-	6.0	4.3	-28.3	0.6	0.5
高加索及中亚	14.1	7.0	-50.4	9.6	5.8	-39.6	0.9	0.7
大洋洲	15.7	14.2	-9.6	1.0	1.4	40.0	0.1	0.2

资料来源:联合国粮农组织、农发基金和世界粮署《世界粮食不安全状况:实现2015年饥饿相关国际目标:进展不一》,罗马:联合国粮农组织,2015。

很难实现。2014～2016年全球约有7.95亿人遭受长期食物不足的困扰，比10年前减少1.67亿人，比1990～1992年减少2.16亿人，下降幅度为21.4%，仍远远低于世界粮食首脑会议提出的下降50%的目标。2014～2016年，在129个受监测的国家中，只有29个国家实现了将食物不足人口数量减半的世界粮食首脑会议目标，还有8个国家有望在2020年前实现这一目标。

第三，发展中区域内部各地区消除饥饿进展差异巨大。①在饥饿人口比例上，1990～2016年，东亚、东南亚、拉丁美洲及加勒比、高加索及中亚这四个地区已经实现了将饥饿人口比例减半的目标，南亚和撒哈拉以南非洲地区也将饥饿人口比例减少了30%以上，但是西亚地区饥饿人口比例却上升了31.3%。②在饥饿人口数量上，1990～2016年，东亚、东南亚和拉丁美洲及加勒比这三个地区饥饿人口数量减少得最多，北非、高加索及中亚地区饥饿人口数量也有较大下降，南亚地区饥饿人口数量有少量减少，撒哈拉以南非洲、西亚和大洋洲的饥饿人口数量增加，特别是西亚的饥饿人口数量已经翻番。③从饥饿人口数量区域分布上看，世界饥饿人口主要集中在南亚、撒哈拉以南非洲、东亚和东南亚这四个地区。1990～1992年，东亚饥饿人口占世界饥饿人口的29.2%，在这一时期各地区中比例最高，这一比例在2014～2016年下降至18.3%，现位居第三；而南亚地区饥饿人口占世界饥饿人口的比例从28.8%上升到35.4%，现位居世界第一；撒哈拉以南非洲饥饿人口占世界饥饿人口的比例从17.4%上升到27.7%，现位居世界第二；东南亚地区饥饿人口占世界饥饿人口的比例也从13.6%下降到7.6%，现位居第四。

三　全球消除饥饿的持续努力

全球消除饥饿的努力是持续不断的，主要有如下体现。第一，时任联合国秘书长潘基文 2012 年 6 月在"里约 + 20"峰会上发起了"零饥饿挑战"，包括五大目标，即全年 100% 获得充足的食物；2 岁以下儿童发育不良现象为零，孕妇和婴儿营养不良情况不再发生；所有粮食系统的可持续发展；小农，尤其是妇女的生产力和收入 100% 增长；粮食损失或浪费为零，包括实现负责任消费。第二，2015 年，"消除一切形式的营养不良"目标被郑重纳入联合国 17 个可持续发展目标中。可持续发展目标 2 提出："消除饥饿，实现粮食安全，改善营养和促进可持续农业。"消除饥饿与营养不良的分目标具体是：到 2030 年，消除饥饿，确保所有人，特别是穷人和弱势群体，包括婴儿，全年都有安全、营养和充足的食物。第三，根据联合国粮农组织等（2016）的测算，要在 2030 年实现零饥饿，从 2016 年开始，按照 2013 年的价格水平，世界平均每年需要的贫困差距转移支付约为 671.31 亿美元，约占世界 GDP 的 0.08%，其中农村平均每年需要的贫困差距转移支付约为 408.25 亿美元；平均每年需要新增投资 1977.08 亿美元，约占世界 GDP 的 0.23%，其中农村平均每年需要新增投资 1396.99 亿美元。中国平均每年需要的贫困差距转移支付约为 58.09 亿美元，约占中国 GDP 的 0.05%。

第二节　中国消除饥饿进展

中国在消除饥饿方面取得了举世瞩目的成就。2013 年，中国提前两年实现"将饥饿人口比例减半"这一联合国千年发展目标之首要目标。2014 年 6 月，中国获得联合国粮农组织颁发的实现千年发展目标成就奖。2015 年 6 月，中国因实现了将饥饿人口数量减半的目标，与安哥拉等 6 个国家一起受到联合国粮农组织的表彰，并被授予实现世界粮食首脑会议目标成就奖。

本节从食物不足人口比例、粮食不足发生率、全球饥饿指数、全球粮食安全指数等方面来介绍中国在消除饥饿上所取得的成绩。其中，食物不足人口比例（PoU）指标是联合国粮农组织统计司一项沿用已久的衡量标准，于 1963 年"第三次世界粮食普查"中初次提出，随后经过多次调整。粮食不足发生率是一个衡量食物获取方面的指标。

一 中国的食物不足人口比例

总的来说，1990～2016 年，中国的食物不足人口数量和比例大幅度下降，中国的食物不足人口比例水平已经远低于亚洲、发展中国家和世界平均水平。首先，根据联合国粮农组织数据，中国食物不足人口比例从 1990～1992 年的 2.89 亿下降到 2014～2016 年的 1.338 亿，下降了 53.7%。中国食物不足人口比例从 1990～1992 年的 23.9% 下降到 2014～2016 年的 9.3%，下降了 61.1%（见图 2-1）。无论是从食物不足人口数量，还是从食物不足人口比例来看，中国在消除饥饿方面都取得了巨大的成就。其次，从不同地区的比较来看，2010～2012 年以前中国的食物不足人口比例要高于世界平均水平，在 2010～2012 年以后中国的食物不足人口比例开始低于世界平均水平。在 1993～1995 年以前中国的食物不足人口比例要高于亚洲和发展中国家平均水平，之后中国的食

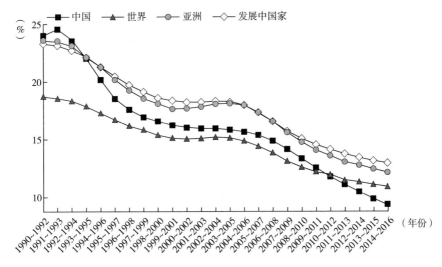

图2-1　中国与世界不同地区的食物不足人口比例

资料来源：联合国粮食与农业组织《粮食安全指数》，http：//www.fao.org/economic/ess/
ess-fs/ess-fadata/en/#.WKmtp_ n5jIV？。

物不足人口比例开始低于亚洲和发展中国家平均水平。

二　中国的粮食不足发生率

总的来说，1990~2016年，中国的粮食不足发生率下降了一半以上，中国现在的粮食不足发生率水平已经远低于亚洲和发展中国家平均水平，也低于世界平均水平（见图2-2）。中国的粮食不足发生率在1990~1992年为33.5%，1991~1993年稍微上升至34.2%，在这之后开始下降至2014~2016的15.9%。从不同地区的比较来看，2012~2014年以前中国的粮食不足发生率高于世界平均水平，在2012~2014年以后中国的粮食不足发生率开始低于世界平均水平。在1994~1996年以前中国的粮食不足发生率高于亚洲和发展中国家平均水平，在1994~1996年以后，中国的粮食不足发生率开始低于亚洲和发展中国家平均水平。

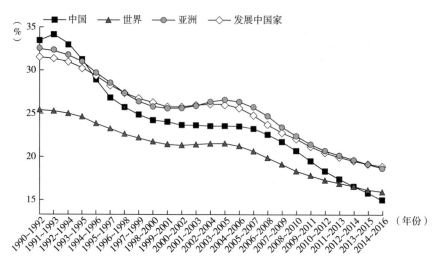

图 2 - 2 中国与世界不同地区的粮食不足发生率

资料来源：联合国粮食与农业组织《粮食安全指数》，http://www.fao.org/economic/ess/ess-fs/ess-fadata/en/#.WKmtp_ n5jIV?。

三 中国的全球饥饿指数情况

全球饥饿指数（Global Hunger Index）主要是依据人口营养不良比例、5 岁以下儿童体重不足比例，以及 5 岁以下儿童死亡率作为统计。该指数是由国际粮食政策研究所（IFPRI）于每年 10 月 14 日发布的反映当年各发展中国家相对于总人口的营养不足率、未满 5 岁儿童的低体重率、死亡率等的综合指数。该指数依据百分制对各国进行排名，最佳得分为 0 分，表明该国不存在饥饿情况，而 100 分则为最差得分。IFPRI 将饥饿指数 10 分以上归类为"严重"（serious）、20 分以上归类为"不安"（alarming）、30 分以上归类为"极其不安"（extremely alarming）等级别。全球饥饿指数由四个指标构成：营养不良人口比例、5 岁以下消瘦（按身高体重较轻）儿童比例、5 岁以下发育迟缓（低于同龄标准身高）儿童比例和 5 岁以下儿童死亡率。指数共分成五个等级：得分低于 10 分为轻度饥饿，得分 10 分（含）～20 分为中度饥饿，20 分（含）～35 分为重度饥饿，35 分（含）～50 分为警报，50 分（含）及以上为严重警报。根据国际食物政策研究所《2016 全球饥饿指数》报告，2016 年发展中国家的饥饿水平比 2000 年下降了 29%，目前南亚和撒哈拉以南非洲是饥饿水平较高的地区。

国际食物政策研究所（2016）的数据显示，2016 年中国的全球饥饿指数处于轻度饥饿水平，在 118 个发展中国家中排名第 29 位，得分为 7.7 分（见表 2 - 2），比 2008 年、2000 年、1992 年分别下降了 3.8 分、8.2 分、18.7 分，这充分说明中国饥饿状况得到了显著改善。中国饥饿指数的下降也为地区饥饿指数下降做出了巨大贡献。包括中国在内的东亚和东南亚地区全球饥饿指数为12.8 分，处于中度饥饿水平，但是如果把中国排除在外，这一指数将升高至 19.9 分，达到中度饥饿和重度饥饿级别的临界点。

表 2 - 2　中国和各地区全球饥饿指数

单位：分

年份	中国	发展中国家	撒哈拉以南非洲	南亚	东亚和东南亚	中东与北非	东欧与独联体	拉丁美洲和加勒比海地区
1992	26.4	35.3	47.9	46.4	29.4	18.3	—	17.2
2000	15.9	30.0	44.4	38.2	20.8	15.9	14.1	13.6
2008	11.5	26.2	36.3	35.3	17.0	13.8	9.3	9.6
2016	7.7	21.3	30.1	29.0	12.8	11.7	8.3	7.8

注：1992 年东欧与独联体国家数据缺失。
资料来源：国际食物政策研究所《2016 全球饥饿指数》，2016。

四　中国的全球粮食安全指数情况

中国粮食安全综合指数 2013～2016 年呈缓慢上升趋势。

根据经济学人集团发布的《2016 年全球粮食安全指数》报告，2012 ~ 2016 年中国粮食安全综合指数（Global Food Security Index）分别为 62.3 分、62.3 分、63.5 分、64.3 分、65.5 分。2016 年中国在 113 个国家中排名第 42 位。在综合指数的三个分指标中，中国的粮食承受能力（Affordability）排名第 51 位，粮食可供给量（Availability）排名第 32 位，粮食的质量与安全（Quality and Safety）排名第 40 位（见表 2 - 3）。

表 2 - 3　2016 年中国在全球粮食安全指数中的位置

项　　目	综合指数	承受能力（Affordability）	可供给量（Availability）	质量与安全（Quality and Safety）
得分	65.5	60.8	67.8	70.7
排名	42	51	32	40
绝对优势指标（得分超过 75）		粮食安全网络项目覆盖；为农民提供金融	供给充足率；农业基础设施；农业生产脆弱性；城市吸纳能力；食物浪费	营养标准；食物安全
相对优势指标（高于平均值）		食物支出在家庭总支出的比重；农产品进口贸易壁垒		微量元素可得性；蛋白质质量
相对劣势指标（低于平均值）		低于全球贫困线标准人口比例	政治不稳定风险；腐败	饮食多元化
绝对劣势指标（得分低于 10）		人均 GDP（购买力平价）	农业研发公共投资	

资料来源：The Economist Intelligence Unit，"Global Food Security Index 2016，" http：//foodsecurityindex.eiu.com/Country/Details#China。

另外，也有学者从供给、分配、消费、利用效率、保障结果、稳定性、可持续性和调控力八个方面，构建了一个中国粮食安全指标体系（张元红等，2015）。研究表明，2000～2011年，除2007年外，其他年份中国粮食安全指数均比上年有所增长；自给率、人均热量和蛋白供给等多项指标超过世界平均水平，甚至超过发达国家平均水平。中国粮食安全面临的主要问题是营养结构不合理、环境可持续性较差等。

第三节 中国消除饥饿对世界的贡献

中国消除饥饿对世界贡献巨大。一方面，中国通过自身大力消除饥饿为全球消除饥饿事业做出了巨大的贡献。据联合国粮农组织测算，自1990年以来，全球共有2.16亿人摆脱了饥饿。1990～1992年，中国饥饿人口数量为2.89亿，占人口比例为23.9%。在2013年实现千年发展目标时，中国饥饿人口数量降至1.58亿人，饥饿人口比例降至11.4%。而按照联合国粮农组织等《2015年世界粮食不安全状况》的评估，2014～2016年，中国饥饿人口数量减少到1.34亿人，占人口总数的比例为9.3%。如果在发展中区域总数中将中国和印度排除出去，食物不足相关数据的下降就会呈现比较平稳、持续的趋势。1990～2016年发展中地区食物不足人口数量减少总量中，有81%来自中国和印度的贡献，而仅中国就贡献了近2/3。因此，中国为全球反饥饿事业做出了重大贡献。另一方面，中国也与包括联合国粮农组织在内的多个国际组织合作，大力推动其他国家消除饥饿，很多国家通过"南南合作"项目，从与中国的合作中受益。中国是最早参与联合国粮农组织框架下"南南合作"的国家之一，自双方开展"南南合作"以来，中国政府已经组织实施了 20 个"南南合作"项目，共向非洲、亚洲、南太平洋、加勒比海等地区的 24 个国家派遣了 1000 多名农业专家和技术人员，约占联合国粮农组织"南南合作"项目派出总人数的 60%。此外，中国还于 2009 年 3 月与联合国粮农组织签署了《中华人民共和国政府与联合国粮食及农业组织关于信托基金的总协定》，向其捐赠了 3000 万美元信托基金，用于支持"南南合作"项目。

第三章　中国改善营养的基本情况

与千年发展目标相比，联合国 2015 年提出的可持续发展目标明确将"消除一切形式的营养不良"① 列为追求目标之一。本章将详细分析中国在实现这一目标方面的相关成就、经验和挑战。

第一节　中国改善营养的基本成就

本节首先介绍中国改善营养的总体情况；然后具体介绍能体现营养摄入和营养性疾病改善方面的膳食营养、体格发育、低体重等营养不良、贫血率和孕产妇及婴幼儿营养不良，以立体呈现中国改善营养的相关成就。

一　总体情况

2000～2015 年，中国实施千年发展目标以来，营养不良问题

---

① 一切形式的营养不良包括：儿童生长迟缓（身高低于同龄标准身高）、儿童消瘦（体重低于同身高儿童）、儿童超重（体重高于同身高儿童）、成人超重（体内脂肪过多、体重指数 BMI ≥ 25）、微量营养素缺乏症（铁、维生素 A、锌、碘、叶酸低于健康阈值）、成人肥胖症（体内脂肪过多、体重指数 BMI ≥ 30）、非传染性疾病（糖尿病、心脏病、某些癌症）。

得到了非常显著的改善，尤其是儿童营养不良问题的改善尤为突出。人均寿命延长、膳食结构改善、体格发育进步、贫血率下降、孕产妇及婴幼儿营养得以显著改善。①2015 年我国人均预期寿命已达 76.34 岁，婴儿死亡率、5 岁以下儿童死亡率、孕产妇死亡率分别下降到 8.1‰、10.7‰和 20.1/10 万，总体上优于中高收入国家的平均水平。②根据联合国妇女儿童基金会的数据，自 1987 年以来，中国 5 岁以下儿童的营养不良状况得到了极大的改善。如表 3-1 所示，千年发展目标开始之初的 2000 年，中国 5 岁以下儿童营养生长迟缓率为 17.8%，2010 年下降到 9.4%，只相当于 1987 年的 1/4。低体重率也从 1987 年的 18.7%下降到 2000 年的 7.4%，又进一步下降到 2010 年的 3.4%。③《2016 年全球营养报告》给出了各国在一些主要营养指标上的数值及排名，中国在多数指标上排名较优，如 5 岁以下儿童发育迟缓率。但一些指标仍然令人担忧，如 0~6 个月纯母乳喂养率、成人超重率、成人糖尿病率等。具体而言，如表 3-2 所示，2015 年中国 5 岁以下儿童发育迟缓率为 9.4%，在可获得数据的 132 个国家和地区中排名第 26 名，远低于另一个发展中大国印度的 38.7%，印度排名为第 114 名。中国 5 岁以下儿童消瘦率为 2.3%，排名第 28 名，和日本持平，远低于印度的 15.1%，印度排名第 120 名。中国 5 岁以下儿童超重率为 6.6%，全球排名第 69 名，远高于印度和日本，印度和日本儿童超重率都低于 2%。中国育龄妇女贫血率为 19.5%，全球排名第 42 名。0~6 个月纯母乳喂养率为 27.6%，全球排名第 95 名，比较靠后。成人超重率为 34.4%，成人糖尿病率 9.5%，世界排名均为第 104 名。成人肥胖率为 6.9%。

表 3 - 1 中国 5 岁以下儿童营养不良状况改善情况（1987~2010 年）

年份	调查样本数（人）	极度消瘦率（%）	消瘦率（%）	超重率（%）	生长迟缓率（%）	低体重率（%）	5 岁以下儿童数（千人）
1987	76130	—	4.8	—	38.3	18.7	117859.80
1990	4332	1.4	4.2	5.3	32.3	12.6	132564.40
1992	5535	1.3	3.9	7.2	38	14.2	133332.70
1995	2832	1.8	5.0	13.6	31.2	10.7	108168.50
1998	13838	0.6	2.4	5.5	19.8	6.9	84730.02
2000	16460	0.5	2.5	3.4	17.8	7.4	79847.94
2002	16564	0.8	3.0	9.2	21.8	6.8	76905.57
2005	15987	0.8	2.9	5.9	11.7	4.5	75721.60
2008	10726	0.6	2.6	5.8	9.8	3.8	78654.62
2009	10635	0.7	2.6	5.7	9.0	3.4	78404.14
2010	15399	0.7	2.3	6.6	9.4	3.4	78846.86

注：本表数据来源于中国疾控中心的国家监测点，调查省份为 25 个，调查样本量为 15399 人。

表 3 - 2 2015 年中国各项营养指标数值及在全球排名

序号	营养指标	数值（%）	排名	国家和地区数
1	5 岁以下儿童发育迟缓率	9.4	26	132
2	5 岁以下儿童消瘦率	2.3	28	130
3	5 岁以下儿童超重率	6.6	69	126
4	育龄妇女贫血率	19.5	42	185
5	0~6 个月纯母乳喂养率	27.6	95	141
6	成人超重率	34.4	104	190
7	成人肥胖率	6.9	36	190
8	成人糖尿病率	9.5	104	190

注：本表数据为笔者根据《2016 年全球营养报告》计算得出，该报告综合 UNICEF、WHO、World Bank（2015）三处数据计算而得。

二 膳食营养状况

总体而言，中国人的膳食营养摄入更趋于合理化，但一些微量元素摄入量有待提高。①1990～2014 年，中国人均粮食占有量从 393 公斤/年提高到了 445 公斤/年。在食物能量水平不断提高的同时，膳食结构也进一步优化。动物性食物，尤其是畜禽肉类、奶类、蛋类和水产品食物的摄入量呈上升趋势，而谷物类和根茎类食物消费量呈下降趋势。① ②根据《中国居民营养与慢性病状况报告（2015 年）》的数据，2012 年居民每人每天平均能量摄入量为 2172 千卡。② 城市居民能量摄入量低于全国平均水平，比 2002 年略有下降。农村居民摄入量高于全国平均水平，与 2002 年相比变化不大。③2012 年中国居民平均每标准日蛋白质摄入量为 65 克，与 2002 年相比，城乡居民蛋白质摄入量稍有下降。2012 年中国居民平均每标准日脂肪摄入量为 80 克，比 2002 年增加了 4 克。2012 年中国居民平均每标准日碳水化合物摄入量为 301 克，与 2002 年相比，城乡居民碳水化合物摄入量略有下降。④2012 年中国居民平均每标准日维生素 A 摄入量为 443.5 微克，维生素 B1 摄入量为 0.9 毫克，维生素 B2 摄入量为 0.8 毫克，与 2002 年基本持平。2012 年中国居民平均每标准日钙摄入量为 366.1 毫克，比 2002 年要低 25 毫克，不足世界卫生组织推荐的每日钙摄入量 800 毫克的一半。

---

① 《中国实施千年发展目标报告（2000—2015 年）》，联合国开发计划署网站，http：//www. cn. undp. org/content/china/zh/home/library/mdg/mdgs - report - 2015 -. html，2015 年 7 月 24 日。

② 中华人民共和国国家卫生和计划生育委员会：《中国居民营养与慢性病状况报告（2015 年）》，人民卫生出版社，2015，第 11 页。

2012 年中国居民平均每标准日铁摄入量为 21.5 毫克，与 2002 年比略有下降。2012 年中国居民平均每标准日钠摄入量为 5702.7 毫克，低于 2002 年。2012 年中国居民平均每标准日锌摄入量为 10.7 毫克，略低于 2002 年。

三　体格发育[①]

中国人的体重和身高发育都呈增长趋势，城乡大中小学生形态发育水平持续提高，并表现出生长速度加快、生长水平提高的现象。城市男女学生的发育水平明显高于农村同龄群体，但是农村学生的增长幅度大于城市，城乡差距在缩小。

第一，身高发育方面。1990 年以来，全国不同年龄组成人和儿童的身高都呈增长趋势。①2012 年，18 岁及以上成年男性和女性的平均身高分别为 167.1 厘米和 155.8 厘米，与 2002 年相比，分别增长 0.4 厘米和 0.7 厘米。②1985～2010 年中国 7～18 岁学生身高呈明显增长态势。如表 3-3 所示，1985 年城市男生平均身高为 148.73 厘米，到 2000 年增长到 152.94 厘米，到 2010 年进一步增长到 154.65 厘米；城市女生平均身高也从 1985 年的 145.2 厘米增长到 2000 年的 148.35 厘米，再到 2010 年的 149.45 厘米；同期农村男生、女生的身高都低于城市水平，但也呈现增长态势。③1990～2013 年，城乡不同年龄组的 6 岁以下儿童身高均有增长，并且增幅随年龄增长逐渐增大，农村儿童的身高增幅大于城市，城乡儿童生长差异正在逐渐缩小。

---

① 中华人民共和国国家卫生和计划生育委员会:《中国居民营养与慢性病状况报告(2015 年)》,人民卫生出版社,2015,第 17 页。

表3-3　1985～2010年中国7～18岁学生身高

年　份	城市男生（厘米）	城市女生（厘米）	农村男生（厘米）	农村女生（厘米）
1985	148.73	145.20	144.49	141.50
1995	151.72	147.40	148.03	144.32
2000	152.94	148.35	149.27	145.25
2005	153.64	148.66	150.27	145.94
2010	154.65	149.45	151.82	147.06

资料来源：梅建《青少年儿童1985～2005年体质健康发展状况和对策研究》，《中国青年研究》2007年第11期，第22页；《教育部关于2005年全国学生体质与健康调研结果公告》，教育部网站，http：//www.moe.gov.cn/srcsite/A17/moe_943/moe_947/200705/t20070522_80580.html，2007年5月22日；《教育部关于2010年全国学生体质与健康调研结果公告》，教育部网站，http://www.moe.gov.cn/srcsite/A17/moe_943/moe_947/201108/t20110829_124202.html，2011年8月29日。

　　第二，体重发育方面。1990年以来，全国不同年龄组成人和儿童的体重都呈增长趋势。①2012年中国成年男性和女性的平均体重分别为66.2千克和57.3千克，与2002年相比，分别增长3.5千克和2.9千克。②与2002年相比，2012年城市男性和女性儿童青少年体重分别增长3.6千克和2.1千克，农村男性和女性儿童青少年体重分别增长4.7千克和3.4千克。农村儿童青少年体重增长幅度要大于城市儿童青少年。③与2002年相比，2013年中国城市和农村2～5岁儿童在各阶段的体重都有所增长，农村儿童体重增长幅度要大于城市儿童。2013年中国6月龄、12月龄、23月龄男童体重分别为8.8千克、10.4千克、12.7千克，女童体重分别为8.2千克、9.9千克、11.8千克。整体来说，中国6岁以下男童的体重都要高于女童，城市儿童的体重高于农村儿童，贫困农村地区儿童的体重最低。

四　低体重等营养不良[①]

中国城乡居民，尤其是城乡学生中低体重、生长迟缓等营养不良检出率进一步下降，营养状况继续得到改善，重度营养不良基本消灭。

第一，18 岁及以上居民低体重营养不良状况。总的来看，与2002 年相比，2012 年中国 18 岁及以上居民低体重营养不良率有较大幅度下降（见图 3－1），其中农村 18 岁及以上居民低体重营养不良率的下降幅度要大于城市，女性 18 岁及以上居民低体重营养不良率下降幅度要大于男性。

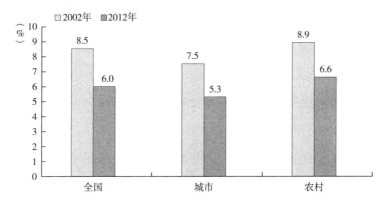

**图 3－1　2002 年和 2012 年中国城乡 18 岁及以上居民
低体重营养不良率比较**

资料来源：中华人民共和国国家卫生和计划生育委员会《中国居民营养与慢性病状况报告（2015 年）》，人民卫生出版社，2015，第 22 页。

第二，6～17 岁儿童青少年营养不良状况。[①]学生的营养状况继续得到改善，低体重及营养不良检出率进一步下降，且基本没有

[①]　中华人民共和国国家卫生和计划生育委员会:《中国居民营养与慢性病状况报告（2015 年）》，人民卫生出版社，2015，第 20 页。

重中度营养不良的状况。① 如图 3 - 2 所示，2012 年中国 6 ~ 17 岁儿童青少年生长迟缓率为 3.2%，比 2002 年降低了 3.1 个百分点。农村儿童青少年生长迟缓率从 9.1% 下降到 4.7%，下降幅度超过城市儿童青少年生长迟缓率。②2012 年中国 6 ~ 17 岁儿童青少年消瘦率为 9.0%（见图 3 -3），比 2002 年降低 4.4 个百分点。其中，男性和女性 6 ~ 17 岁儿童青少年消瘦率分别为 10.4%、7.3%，比 2002 年分别下降了 5.3 个和 3.5 个百分点。2012 年城市 6 ~ 17 岁儿童青少年消瘦率为 7.8%，比 2002 年降低 3.6 个百分点。2012 年农村 6 ~ 17 岁儿童青少年消瘦率为 10.0%，比 2002 年降低 5.1 个百分点。

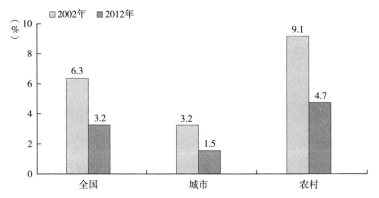

图 3 - 2　2002 年和 2012 年中国城乡 6 ~ 17 岁儿童
青少年生长迟缓率比较

资料来源：中华人民共和国国家卫生和计划生育委员会《中国居民营养与慢性病状况报告（2015 年）》，人民卫生出版社，2015，第 22 页。

第三，6 岁以下儿童营养不良状况。①生长迟缓率。1990 ~ 2015 年，特别是在 1995 年以后，中国 5 岁以下儿童生长迟缓率呈

① 《教育部关于 2010 年全国学生体质与健康调研结果公告》，教育部网站，ht-tp：//www.moe.gov.cn/srcsite/A17/moe_943/moe_947/201108/t20110829_124202.html，2011 年 8 月 29 日。

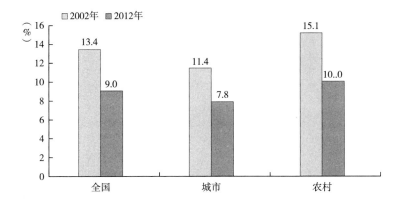

图 3-3 2002 年和 2012 年中国城乡 6~17 岁儿童青少年消瘦率比较

资料来源：中华人民共和国国家卫生和计划生育委员会《中国居民营养与慢性病状况报告（2015 年）》，人民卫生出版社，2015，第 23 页。

明显下降趋势。5 岁以下儿童生长迟缓率从 1990 年的 33.4% 下降至 2015 年的 9.4%（见图 3-4），下降幅度高达 71.9%。[①] 分月龄来看，6 岁以下儿童生长迟缓率在不同月龄阶段较 2002 年都有所

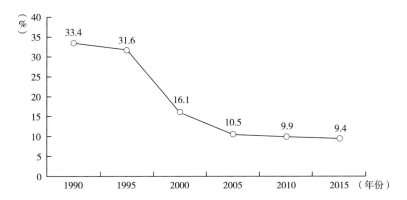

图 3-4 1990~2015 年中国 5 岁以下儿童生长迟缓率变化趋势

注：因数据来源不同，生长迟缓率的计算结果略有不同。

资料来源：《中国实施千年发展目标报告（2000—2015 年）》，其中 2015 年资料来源于《2016 年全球营养报告》。

---

① 《中国实施千年发展目标报告（2000—2015 年）》，联合国开发计划署网站，http://www.cn.undp.org/content/china/zh/home/library/mdg/mdgs - report - 2015 - .html，2015 年 7 月 24 日。

下降（见图3-5），特别是在农村地区。但是发现1岁组儿童生长迟缓率呈上升趋势，特别是在农村和贫困农村地区，这说明农村地区婴儿辅食添加不合理的现象比较突出。②低体重率。1990～2010年，中国5岁以下儿童低体重率呈下降趋势（见图3-6）。中国5岁以下儿童低体重率由1990年的13.8%下降至2010年的3.6%。卫生部（2012）资料显示，2010年，中国在5岁以下儿

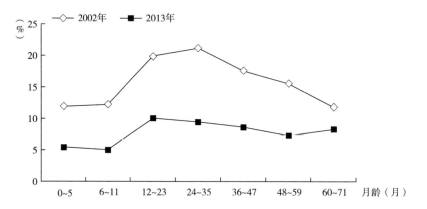

图3-5 2002年和2013年中国6岁以下儿童生长迟缓率比较

注：因数据来源不同，生长迟缓率的计算结果略有不同。

资料来源：中华人民共和国国家卫生和计划生育委员会《中国居民营养与慢性病状况报告（2015年）》，人民卫生出版社，2015，第24页。

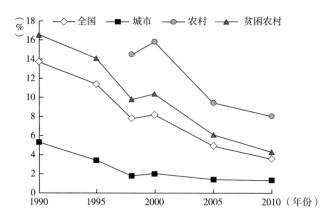

图3-6 1990～2010年中国城乡5岁以下儿童低体重率变化趋势

资料来源：卫生部《中国0～6岁儿童营养状况报告（2012）》，2012，第6页。

童低体重率这一指标上已提前实现联合国千年发展目标1。但是分区域来看，农村地区儿童低体重率和生长迟缓率为城市地区的 3 ~ 4 倍，而贫困地区农村又为一般农村的 2 倍。③消瘦率。2013 年中国 6 岁以下儿童消瘦率为 2.0%，在不同月龄阶段较 2002 年都有所下降。2013 年 6 岁以下城市儿童消瘦率为 1.5%，2013 年 6 岁以下农村儿童消瘦率为 2.4%，6 岁以下农村儿童消瘦率大幅度高于城市儿童，以贫困农村儿童消瘦率最高。④婴儿低出生体重率。2013 年中国婴儿低出生体重率为 3.3%，比 2002 年下降 0.3 个百分点，已达到发达国家水平。其中，城市和农村婴儿低出生体重率分别为 3.8% 和 2.8%，男婴和女婴低出生体重率分别为 3.1% 和 3.5%。

五 贫血患病率[①]

和营养问题密切相关的非传染性疾病主要包括贫血、糖尿病和高血压。我国儿童和成人的贫血患病率都呈大幅下降趋势。①儿童青少年贫血患病率。卫生部《中国 0 ~ 6 岁儿童营养状况报告 (2012)》显示，1992 ~ 2005 年，我国 5 岁以下儿童贫血患病率无明显下降，为 12% ~ 23%。从 2005 年的 19.3% 持续下降到 2010 年的 12.6%。其中，城市儿童贫血患病率从 11.3% 下降到 10.3%，农村儿童贫血患病率从 21.9% 下降到 13.3%。总的来看，中国 6 ~ 17 岁儿童青少年贫血患病率大幅度下降，特别是在农村地区。2012 年中国 6 ~ 11 岁儿童贫血患病率为 5.0%，12 ~ 17 岁青少年贫血患病率为 8.0%。②成人贫血患病率。中国成人贫血患病率呈大

---

① 中华人民共和国国家卫生和计划生育委员会:《中国居民营养与慢性病状况报告(2015 年)》,人民卫生出版社,2015,第 25 页。

幅下降趋势，特别是农村地区女性群体，但是女性的贫血患病率仍高于男性。2012 年中国 18～44 岁成人贫血患病率为 10.2%，比 2002 年下降了 7.9 个百分点。其中，女性贫血患病率为 15.0%，比男性贫血患病率高出 9.2 个百分点。2012 年中国 45～59 岁成人贫血患病率为 9.5%，男性、女性贫血患病率分别为 7.4%、11.6%。2012 年中国 60 岁及以上老年人贫血患病率为 12.6%，其中城市、农村贫血患病率分别为 12.5%、12.6%。与 2002 年相比，2012 年全国、城市和农村老年人贫血患病率分别下降了 16.5 个、7.1 个、19 个百分点。农村地区贫血患病率下降幅度最大。

六　孕产妇及婴幼儿营养不良

2000 年后，中国孕产妇的营养状况得到显著改善，贫血患病率下降趋势明显；通过实施孕前和孕早期有效干预措施，大大减少了新生儿出生缺陷。全国孕产妇死亡率和儿童死亡率持续显著降低。中国在 2010 年提前实现了联合国千年发展目标 4，即将 5 岁以下儿童死亡率降低 2/3，中国在减少婴儿死亡率方面的成绩要好于印度等发展中国家。

第一，孕产妇营养不良。中华人民共和国国家卫生和计划生育委员会（2015）的数据显示，2013 年孕妇贫血患病率为 17.2%，其中城市、农村分别为 17.0%、17.5%，城乡差别不大。与 2002 年相比，全国孕妇贫血患病率下降了 11.7 个百分点。2013 年全国乳母贫血患病率为 9.3%，其中城市、农村和贫困农村分别为 7.9%、10.2%、14.4%。与 2002 年相比，全国乳母贫血患病率下降了 21.4 个百分点。

第二，孕产妇死亡率和儿童死亡率。自中华人民共和国成立以来，全国孕产妇死亡率和儿童死亡率持续显著降低，妇女儿童健康状况明显改善。孕产妇死亡率已从中华人民共和国成立初期的 1500/10 万下降到 2010 年的 30.0/10 万，婴儿死亡率从中华人民共和国成立初期的 200‰下降到 2010 年的 13.1‰。

第三，全国孕产妇、婴儿及 5 岁以下儿童死亡率从 2005 年的 47.7/10 万、19.0‰和 22.5‰，分别下降到 2010 年的 30.0/10 万、13.1‰和 16.4‰。2010 年全国 5 岁以下儿童死亡率比 1990 年下降了 73%，提前实现了联合国千年发展目标 4，即将 5 岁以下儿童死亡率降低 2/3。而且，儿童死亡率的城乡差距呈缩小趋势。①

第四，中国非常成功地实现了降低国家、省级和县级 5 岁以下儿童死亡率（Wang Y.，2016）。2012 年，中国省级 5 岁以下儿童死亡率最低大约是每 1000 名活产儿中有 5 名（5‰），低于加拿大、新西兰和美国。中国省级 5 岁以下儿童死亡率最高高于孟加拉国。29 个省份实现 5 岁以下儿童死亡率的下降，下降速度是联合国千年发展目标 4 的两倍；仅两个省份在 2015 年还未实现联合国千年发展目标 4。中国 60% 以上区县 5 岁以下儿童死亡率的下降速度明显快于预期。5 岁以下儿童死亡率的快速下降不仅包括汉族（中国主要的民族），还包括少数民族。人口数量排名前 10 位的少数民族 5 岁以下儿童死亡率的年度下降率超过联合国千年发展目标 4 的 4.4%。另外，自 20 世纪 80 年代以来，中国在减少婴儿死亡率方面的成绩好于印度和其他发展中国家（见表 3-4）。

---

① 《中国实施千年发展目标报告》，联合国开发计划署网站，http://www.cn.undp.org/content/china/zh/home/library/mdg/mdg - report - 2015，2015 年 7 月 6 日。

表 3-4　中国、印度、发展中国家婴儿死亡率比较
（每 1000 出生人数）

单位：人，%

项　　目	中　国	印　度	发展中国家
20 世纪 80 年代早期	42	115	112
20 世纪 90 年代早期	32	86	72
21 世纪头 10 年早期	30	71	77
年下降率	1.5	2.1	1.6
1980～2000 年的下降率	28.6	38.3	31.3

资料来源：王丽敏、张晓波《健康不平等及其成因——中国全国儿童健康调查实证研究》，《经济学（季刊）》2003 年第 2 期。

第二节　中国改善营养的主要经验

中国在改善人民营养方面取得了较好的成就，这些实践探索积累了丰富的经验：一是政府高度重视，以政策纲要引导营养改善；二是实施具体项目，促进营养改善。

一　政府高度重视，以政策纲要引导营养改善

中国政府一直高度重视营养改善，特别是在千年发展目标和可持续发展目标框架下进行了更积极的探索。中国政府发布了一系列的中长期规划与纲要等，制定了营养及健康目标，调动各种资源推动整个国家，尤其是中西部落后地区妇女、儿童、老人等重点人群的营养改善。这些规划纲要都有明确的目标和任务，并采取强有力的措施推动规划纲要的落实，把规划的落实情况作为各级政府绩效考核的重要参考依据。

（一）《国家人权行动计划》

2012 年，中国政府发布了《国家人权行动计划（2012—2015年）》，该行动计划强调要保障儿童健康权，提出要将低出生体重发生率控制在 5% 以下；中西部城市和东部地区适龄儿童国家免疫规划疫苗接种率达到 95%，中西部农村地区达到 90%。《国家人权行动计划（2012—2015 年）》提出要实施农村义务教育学生营养改善计划，使中小学生普遍达到《国家学生体质健康标准》的基本要求，耐力、力量、速度等体能素质明显提高。该行动计划也提到要降低中小学生视力不良、龋齿、超重或者肥胖、营养不良的发生率。[①]

2016 年，中国政府发布了《国家人权行动计划（2016—2020年）》[②]，提出到 2020 年将人均预期寿命增加 1 岁。一方面，该行动计划提出保障妇女的健康权利，完善城乡生育保障制度，向孕产妇提供生育全过程的基本医疗保健服务。到 2020 年，将孕产妇死亡率降为 18/10 万。提高妇女常见病筛查率，扩大农村妇女宫颈癌、乳腺癌免费检查覆盖范围。另一方面，该行动计划提出保障儿童健康权。加强出生缺陷综合防治，建立覆盖城乡居民，涵盖孕前、孕期、新生儿各阶段的出生缺陷防治服务制度。加强儿童疾病的防治和预防伤害，到 2020 年，将婴儿死亡率、5 岁以下儿童死亡率分别控制在 7.5‰ 和 9.5‰ 以内。纳入国家免疫规划的疫苗接种率以乡（镇）为单位保持在 95% 以上。继续推行农村义务

[①]《国家人权行动计划（2012—2015 年）》，中央人民政府网站，http：//www. gov. cn/jrzg/2012 - 06/11/content_ 2158166. htm，2012 年 6 月 11 日。

[②]《国家人权行动计划（2016—2020 年）》，中央人民政府网站，http：//www. gov. cn/xinwen/2016 - 09/29/content_ 5113376. htm，2016 年 9 月 29 日。

教育学生营养改善计划。

(二)《中国儿童发展纲要》

2001 年，国务院颁布了《中国儿童发展纲要（2001—2010年)》，从儿童健康、教育、法律保护和环境四个方面提出了儿童发展的主要目标和策略措施。截至 2010 年，该纲要确定的主要目标基本实现。儿童健康、营养状况持续改善，婴儿、5 岁以下儿童死亡率分别从 2000 年的 32.2‰、39.7‰下降到 13.1‰、16.4‰，孕产妇死亡率从 2000 年的 53.0/10 万下降到 30.0/10 万，纳入国家免疫规划的疫苗接种率达到 90% 以上[①]。

2011 年，国务院颁布了《中国儿童发展纲要（2011—2020年)》，该纲要将改善孕产妇和儿童营养作为重要任务，提出了降低生长迟缓率、低体重率、贫血患病率等多个具体目标，进一步明确了改善儿童营养的策略措施。

2014 年，国家统计局对《中国儿童发展纲要（2011—2020年)》的实施情况进行了统计报告，2014 年，婴儿死亡率为8.9‰，5 岁以下儿童死亡率为 11.7‰，分别比 2010 年下降了 4.2个和 4.7 个千分点。[②] 婴儿死亡率和 5 岁以下儿童死亡率继续下降，已实现《中国儿童发展纲要（2011—2020 年)》制定的低于10‰和 13‰的目标。儿童低出生体重发生率为 2.6%，5 岁以下儿童低体重率为 1.48%，分别低于该纲要制定的目标 1.4 个和 3.5 个百分点，儿童低出生体重发生率和 5 岁以下儿童低体重率已提前实

---

① 国务院：《中国儿童发展纲要（2011—2020 年)》，2011。

② 国家统计局：《〈中国儿童发展纲要（2011—2020 年)〉实施情况统计报告》，2015。

现目标。5 岁以下儿童贫血患病率为 4.45%，低于目标 7.6 个百分点。国家免疫规划规定接种的各类疫苗接种率持续保持在较高水平，2014 年平均接种率继续保持在 99% 以上，已提前实现该纲要制定的目标。

（三）《国家贫困地区儿童发展规划》

2014 年 12 月，国务院发布了《国家贫困地区儿童发展规划（2014—2020 年）》，提出在 2020 年使集中连片特殊困难地区 680 个县的农村儿童从出生到义务教育阶段结束的发展整体水平基本达到或接近全国平均水平。在健康方面，一是要保障母婴安全，将孕产妇死亡率下降到 30/10 万，婴儿和 5 岁以下儿童死亡率分别下降到 12‰ 和 15‰；二是要保障儿童健康，将 5 岁以下儿童生长迟缓率降低到 10% 以下，低体重率降低到 5% 以下，贫血患病率降低到 12% 以下。以乡镇为单位将适龄儿童国家免疫规划疫苗接种率达到并保持在 90% 以上。中小学生体质基本达到《国家学生体质健康标准》。[①]

《国家贫困地区儿童发展规划（2014—2020 年）》提出，要通过加强出生缺陷综合防治、加强孕产妇营养补充、加强孕产妇和新生儿健康管理、加强优生优育宣传教育四项措施来保障新生儿出生健康，要通过改善婴幼儿营养状况、完善农村义务教育学生营养改善工作机制和提高儿童营养改善保障能力三项措施来实现儿童营养改善，要通过完善儿童健康检查制度、加强儿童疾病预防控制、提高儿童基本医疗保障水平、加强儿童医疗卫生服务能

---

① 国务院：《国家贫困地区儿童发展规划（2014—2020 年）》，2014。

力建设、保障学生饮水安全和学校环境卫生、加强体育和心理健康教育六项措施来加强儿童医疗卫生保健。

（四）《中国食物与营养发展纲要》[①]

2014 年，国务院发布《中国食物与营养发展纲要（2014—2020 年）》，确定了 2020 年的食物消费量目标、营养素摄入量目标和营养性疾病控制目标。①食物消费量目标。推广膳食结构多样化的健康消费模式，控制食用油和盐的消费量。到 2020 年，达到全国人均全年口粮消费 135 公斤、食用植物油 12 公斤、豆类 13 公斤、肉类 29 公斤、蛋类 16 公斤、奶类 36 公斤、水产品 18 公斤、蔬菜 140 公斤、水果 60 公斤。②营养素摄入量目标。保障充足的能量和蛋白质摄入量，控制脂肪摄入量，保持适量的维生素和矿物质摄入量。到 2020 年，全国人均每日摄入能量达到 2200～2300 千卡，其中，谷类食物供能比不低于 50%，脂肪供能比不高于 30%；人均每日蛋白质摄入量达到 78 克，其中，优质蛋白质比例占 45% 以上；维生素和矿物质等微量营养素摄入量基本达到居民健康需求。③营养性疾病控制目标。基本消除营养不良现象，控制营养性疾病增长。到 2020 年，全国 5 岁以下儿童生长迟缓率控制在 7% 以下；全人群贫血率控制在 10% 以下，其中，孕产妇贫血率控制在 17% 以下，老年人贫血率控制在 15% 以下，5 岁以下儿童贫血率控制在 12% 以下；居民超重、肥胖和血脂异常率的增长速度明显下降。

该纲要将贫困地区、农村地区、流动人群集中和新型城镇化地

---

① 国务院：《中国食物与营养发展纲要（2014—2020 年）》，2014。

区作为三大重点发展区域，孕产妇与婴幼儿、儿童青少年、老年人作为三大重点人群，制定了全面普及膳食营养和健康知识、加强食物生产与供给、加大营养监测与干预、推进食物与营养法制化管理、加快食物与营养科技创新、加强组织领导和咨询指导六大措施。

（五）《"健康中国 2030"规划纲要》

2016 年 10 月，中国政府为了推进健康中国建设、提高人民健康水平，出台了《"健康中国 2030"规划纲要》。该规划纲要认为，全民健康是建设健康中国的根本目的。《"健康中国 2030"规划纲要》立足全人群和全生命周期两个着力点，提供公平可及、系统连续的健康服务，实现更高水平的全民健康，要惠及全人群，不断完善制度、扩展服务、提高质量，使全体人民享有所需要的、有质量的、可负担的预防、治疗、康复、健康促进等健康服务，突出解决妇女儿童、老年人、残疾人、低收入人群等重点人群的健康问题；要覆盖全生命周期，针对生命不同阶段的主要健康问题及主要影响因素，确定若干优先领域，强化干预，实现从胎儿到生命终点的全程健康服务和健康保障，全面维护人民健康。

健康中国建设指标中与饥饿和营养不良有关的主要指标见表 3 - 5。

表 3 - 5　健康中国建设饥饿和营养不良主要指标

领　域	指　标	2015 年	2020 年	2030 年
健康水平	人均预期寿命（岁）	76.34	77.3	79.0
健康水平	婴儿死亡率（‰）	8.1	7.5	5.0
健康水平	5 岁以下儿童死亡率（‰）	10.7	9.5	6.0
健康水平	孕产妇死亡率（1/10 万）	20.1	18.0	12.0

7

续表

领　域	指　标	2015 年	2020 年	2030 年
健康水平	城乡居民达到《国民体质测定标准》合格以上的人数比例（%）	89.6（2014 年）	90.6	92.2
健康生活	居民健康素养水平（%）	10	20	30
健康生活	重大慢性病过早死亡率（%）	19.1（2013 年）	比 2015 年降低 10%	比 2015 年降低 30%

二　实施具体项目，促进营养改善

中国政府除了通过出台政策纲要引导改善营养实践外，还通过实施更直接、更有针对性的具体项目来推动营养改善。这些具体项目的发起主体呈多元特点，既有中国政府，也有各类研究咨询机构，甚至国际组织等，它们通过多层次、全方位的交流与合作，共同开展各类营养改善项目。

（一）政府组织：学生营养午餐、营养改善计划

2011 年 11 月，国务院办公厅公布《关于实施农村义务教育学生营养改善计划的意见》，决定启动国家试点，从 2011 年秋季学期起，在集中连片特殊困难地区启动农村（不含县城）义务教育学生营养改善计划试点工作。连片特困地区是指《中国农村扶贫开发纲要（2011—2020 年）》中确定的六盘山区、秦巴山区、武陵山区、乌蒙山区、滇桂黔石漠化区、滇西边境山区、大兴安岭南麓山区、燕山-太行山区、吕梁山区、大别山区、罗霄山区、西藏、四省藏区和新疆南疆三地州。① 试点内容包括：中央财政为试点地区农村义务

---

① 具体名单参见 http://www.gov.cn/gzdt/2012-06/14/content_2161045.htm。

教育阶段学生提供营养膳食补助，标准为每生每天3元（全年按照
学生在校时间为200天计算），所需资金全部由中央财政承担。

　　按照规定，在营养改善计划实施过程中，省级政府负责统筹
组织，市级政府负责协调指导，县级政府是学生营养改善工作的
行动主体和责任主体，负责营养改善计划的具体实施。

　　对于供餐形式，《关于实施农村义务教育学生营养改善计划的
意见》规定，以完整的午餐为主，无法提供午餐的学校可以选择
加餐或课间餐；对于供餐食品，该意见规定，必须符合有关食品
安全标准和营养要求，确保食品新鲜安全。供餐食品特别是加餐
应以提供肉、蛋、奶、蔬菜、水果等食物为主，不得以保健品、含
乳饮料等替代。

图 3 - 7　学生营养改善计划实施前（2009 年）农村学生午餐

注：图中学生来自中国西部省份，学生自带干粮上学，午间自己生火做饭，午饭以咸菜米饭
为主。

资料来源：卢迈《共同努力，保障儿童营养》，https：//wenku.baidu.com/view/4a25441503020
740be1e650e52ea551810a6c94a.html，2016 年 12 月 27 日。

　　另外，2008 年卫生部启动中西部六省份出生缺陷防治项目，
通过实施孕前和孕早期免费补服叶酸和健康教育，落实神经管缺
陷高发地区出生缺陷干预措施。2009 年该项目作为医改重大公共

图 3 - 8　学生营养改善计划实施后（2014 年）农村学生午餐

注：学生获得免费营养午餐，午餐种类丰富，干净卫生。

资料来源：卢迈《共同努力，保障儿童营养》，https：//wenku. baidu. com/view/4a25441503020
740be1e650e52ea551810a6c94a. html，2016 年 12 月 27 日。

卫生服务项目之一，扩展到全国农村地区。2009 ~ 2010 年，中央财政共投入 1.9 亿元，累计为 1318.1 万农村适龄妇女补服叶酸。[①]

（二）国内非政府组织的营养改善项目

中国发展研究基金会于 1997 年 11 月正式注册成立，是由国务院发展研究中心发起成立的非营利性法人组织，是全国性的公募基金会。该基金会开展了一系列与营养改善相关的项目，主要包括农村寄宿制学校学生营养改善项目、贫困地区儿童早期发展项目、贫困地区儿童发展规划、山村幼儿园项目等。

2007 年，中国发展研究基金会在广西都安瑶族自治县和河北崇礼县启动了"贫困地区寄宿制小学学生营养改善项目"，通过校园餐进行的营养干预使两县小学寄宿生的体质、体能和学习成绩都得到了显著提高（齐良书、赵俊超，2012）。

2009 年，中国发展研究基金会与青海乐都县委、县政府合作，共同开展"贫困地区儿童早期发展"项目，项目包括 9 ~ 24 个月儿

---

① 中华人民共和国卫生部：《中国妇幼卫生事业发展报告（2011）》，2011。

童的营养干预和 3 ~ 5 岁儿童的学前教育两部分。其中营养干预部分包括：①对孕妇免费提供孕期多种微量营养素补充（营养片），直至分娩；②对满 6 个月以上的婴儿免费提供婴幼儿辅食营养补充（营养包），直至婴儿满 24 个月；③设立"妈妈学校"，为孕妇和 6 个月以下婴儿家长定期提供营养保健知识培训。① 中国疾病预防控制中心、北京大学、华东师范大学等机构提供的检测报告显示，项目试验效果显著，以每名幼儿 6 岁以前人均 2500 元的成本，实现了相对平等的早期发展。2011 年 11 月，青海省儿童早期发展项目启动，在全省 9 个农区县和 6 个牧区县实施该项目，包括婴幼儿营养、早期教育、计划怀孕夫妇健康教育等内容（刁琳琳、赵俊超，2011）。

中国发展研究基金会根据实验项目成果起草了《关于制定"贫困地区儿童发展规划"的政策建议》，并上报中央，习近平主席于 2013 年 2 月 6 日对这一政策建议做了批示："看了这份关于农村贫困地区儿童发展规划的材料，感到所提建议颇有价值，做好这项工作意义重大，影响深远。有关方面已作有益探索，投入不大，成效明显，关键是要加大统筹协调和政策扶持力度，有效整合各方资源。教育部、卫生部、国家人口计生委等部门要在现有经验基础上，采取针对性、可操作性强的措施，抓紧实施，扎实推进，促进农村贫困地区儿童发展。"②

---

① 中国发展研究基金会：《贫困地区儿童早期发展项目》，http://www.cdrf.org.cn/plus/view.php? aid＝531#。

② 卢迈：《共同努力，保障儿童营养》，http://wenku.baidu.com/link? url＝P6oYdrQnTxmhs4Sx01Ue3L6mX7HCIMnOsfKzwubKXypPwQHqQuu9aii8MdnSYj6mazWXQwOEfT7F9lHWE8dgdI7YlQWOzpmvVTEqQqix0g6tPaa5yh0Ec－yTJh010DO2### ，2015 年 11 月 20 日。

（三）国际非政府组织的营养改善项目

农村教育行动计划（Rural Education Action Program，简称REAP）隶属斯坦福大学 Freeman Spogli Institute，是一个从事项目影响评估的组织。其目标是为中国教育、健康和营养政策制定提供决策依据。其研究团队主要由中国科学院中国农业政策研究中心、斯坦福大学 Freeman Spogli Institute 国际问题研究所、西北大学西安社会经济发展研究院、陕西师范大学教育实验经济研究院等研究机构组成。REAP 的主旨是帮助中国落后地区的学生获得优质教育，促进人力资本积累，帮助他们摆脱贫困，推动中国经济的可持续增长。

REAP 团队在中国进行了一系列与营养相关的项目。截至 2016年，REAP 团队检测了 63744 名儿童的贫血状况，发放了 200 多万粒维生素片，为 4700 多名孩子配发了眼镜，为 1000 名婴幼儿发放了营养包，为 4000 名儿童检测了肠道寄生虫。REAP 团队发表了一系列的学术论文，为政府提供了许多政策建议，其中许多建议被中国政府采纳。

第三节　中国改善营养面临的挑战

中国在改善营养上取得了巨大的成就，但是也存在一些问题，面临一些挑战。中国承受营养不良的三重负担，即饥饿/营养不足、隐性饥饿、肥胖或超重（陈志钢等，2016）。此外，高血压、糖尿病等慢性病也逐年增加。中国的营养状况在城乡、地区、民族和性别上都具有不平等的表现，尤其是在中国中西部集中连片贫困地区，有 4000 万儿童，因为教育和营养等方面的缺乏，处于高风险中。这些改善营养方面的挑战都需要中国政府积极应对。

一　中国营养改善方面存在的问题

（一）超重和肥胖问题逐步显现

超重与肥胖问题已经成为影响我国人民营养与健康的突出问题，儿童、青少年、成年人、老年人各个人群超重与肥胖问题都呈现加剧趋势。不仅城市的超重和肥胖问题日益突出，而且农村地区超重和肥胖问题也逐渐显现。①全国 18 岁及以上成人 2012 年超重率为 30.1%，肥胖率为 11.9%，比 2002 年分别增长了 7.3 个和 4.8 个百分点。从 20 世纪 80 年代中期开始，中国城市和农村 7～22 岁学生的超重率和肥胖率都呈明显上升趋势。2012 年，按照中国标准，6～17 岁儿童青少年超重率为 9.6%，肥胖率为 6.4%，比 2002 年分别增长了 5.1 个和 4.1 个百分点。城市儿童青少年的超重率和肥胖率要高于农村。根据中华人民共和国国家卫生和计划生育委员会（2015）的数据，与 2002 年相比，2012 年城市儿童青少年的超重率和肥胖率分别增长了 2.4 个和 3.1 个百分点，农村儿童青少年分别增长了 5.1 个和 3.6 个百分点。②2013 年中国 6 岁以下儿童超重率为 8.4%，城市和农村儿童超重率几乎一致，与 2002 年相比，儿童超重率增加了 1.9 个百分点，城市和农村的增幅分别为 0.7 个和 2.9 个百分点，男童和女童的增幅分别为 2.1 个和 1.7 个百分点。农村增幅要显著地大于城市，男童增幅也要大于女童。③2013 年中国 6 岁以下儿童肥胖率为

3.1%，其中城市儿童肥胖率为 3.3%，比农村儿童肥胖率高出 0.3 个百分点。男童肥胖率为 3.6%，高出女童肥胖率 1.1 个百分点。与 2002 年相比，全国 6 岁以下儿童肥胖率增加了 0.4 个百分点，城市和农村的增幅分别为 0.6 个和 0.2 个百分点，男童和女童的增幅分别为 0.6 个和 0.3 个百分点。城市增幅要大于农村，男童增幅也要大于女童。[1] ④肥胖会造成大量的经济损失。据估算，2000 年因肥胖造成的国民生产总值损失为 4%，这一数值在 2025 年将上升至 9%。[2]

（二）高血压

18 岁及以上成年居民的高血压患病率呈逐年上升趋势，随着年龄的增加，不同年龄段居民的高血压患病率均显著增加。2012 年中国 18 岁及以上居民高血压患病率为 25.2%，其中男性高血压患病率为 26.2%，高出女性高血压患病率 1.7 个百分点；城市居民高血压患病率为 26.8%，高出农村居民高血压患病率 3.3 个百分点。

从高血压知晓率上看，2012 年中国 18 岁及以上居民的高血压知晓率为 46.5%，比 2002 年提高了 16.3 个百分点。从高血压治疗率上看，2012 年中国 18 岁及以上居民的高血压治疗率为 41.1%，比 2002 年提高了 16.4 个百分点。

---

① 中华人民共和国国家卫生和计划生育委员会：《中国居民营养与慢性病状况报告（2015 年）》，人民卫生出版社，2015，第 28 页。

② International Food Policy Research Institute, *Global Nutrition Report* 2016: *From Promise to Impact: Ending Malnutrition by* 2030 （Washington, DC: International Food Policy Research Institute, 2016）.

（三）糖尿病

18 岁及以上成年居民的糖尿病患病率呈逐年上升趋势，随着年龄的增长，不同年龄段居民的糖尿病患病率显著增长。2012 年中国 18 岁及以上居民糖尿病患病率为 9.7%，其中男性糖尿病患病率为 10.2%，高出女性 1.2 个百分点；城市居民糖尿病患病率为 12.3%，高出农村居民 3.9 个百分点。与 2002 年相比，2012 年中国 18 岁及以上居民糖尿病患病率增加了 5.5 个百分点。其中，男性和女性分别增加了 6.0 个、4.7 个百分点，城市居民和农村居民分别增加了 6.4 个、6.1 个百分点。

从糖尿病知晓率上看，2012 年中国 18 岁及以上居民的糖尿病知晓率为 36.1%，城市居民为 45.2%，比农村居民高出 15.1 个百分点。从糖尿病治疗率上看，2012 年中国 18 岁及以上居民的糖尿病治疗率为 33.4%，城市居民为 41.8%，比农村居民高出 13.9 个百分点。

（四）母乳喂养

2013 年中国 6 个月内婴儿纯母乳喂养率为 20.8%，农村居民高于城市居民，农村居民和城市居民的婴儿纯母乳喂养率分别为 22.3% 和 19.6%，远低于国际平均水平。6 个月内婴儿基本纯母乳喂养率为 48.3%，农村居民高于城市居民，农村居民和城市居民的婴儿基本纯母乳喂养率分别为 54.1% 和 43.0%。中国 4 个月内婴儿的基本纯母乳喂养率从 2002 年的 71.6% 下降到 2013 年的 56.5%，下降了 15.1 个百分点。与 2002 年相比，2013 年城市居民和农村居民 4 个月内婴儿的基本纯母乳喂养率都有所下降。[1] 2015 年中国基本纯母乳喂养率仅为 27.6%，全球排名第 95名，比较靠后，亟待提高。[2]

（五）微量元素缺乏（隐性饥饿）

根据《2002 年中国居民营养与健康状况调查报告》，铁、维生素 A 等微量营养素缺乏是中国城乡居民普遍存在的问题。中国居民贫血患病率平均为 15.2%；2 岁以内婴幼儿、60 岁以上老人、育龄妇女贫血患病率分别为 24.2%、21.5% 和 20.6%。3～12 岁儿童维生素 A 缺乏率为 9.3%，其中城市儿童为 3.0%，农村儿童为 11.2%；维生素 A 边缘缺乏率为 45.1%，其中城市儿童为 29.0%，农村儿童为 49.6%。全国城乡钙摄入量仅为 391 毫克，相当于推荐摄入量的 41%。[3]

二 营养不平等有待改善

中国的营养改善虽然在整体上取得了巨大进步，但是城乡、地区、民族、性别不平等仍然存在，尤其是儿童青少年营养不平等状况亟待改善。

（一）城乡差距

城乡营养存在显著差异。[1]1990～2010 年，我国 5 岁以下儿

---

[1] 中华人民共和国国家卫生和计划生育委员会：《中国居民营养与慢性病状况报告（2015 年）》，人民卫生出版社，2015，第 16 页。

[2] International Food Policy Research Institute, *Global Nutrition Report 2016: From Promise to Impact: Ending Malnutrition by 2030* (Washington, DC: International Food Policy Research Institute, 2016).

[3] 中华人民共和国国家卫生和计划生育委员会：《中国居民营养与慢性病状况报告（2015 年）》，人民卫生出版社，2015，第 1 页。

童营养状况的城乡差异一直较为明显，农村儿童低体重率和生长迟缓率为城市儿童的 3 ~ 4 倍，而贫困地区农村儿童又为一般农村儿童的 2 倍，2010 年贫困地区尚有 20% 的 5 岁以下儿童生长迟缓；贫困地区儿童早期锌缺乏率高达 50% 以上，维生素 A 缺乏率是大城市同龄儿童的 6 倍多；贫困地区 0 ~ 6 个月婴儿纯母乳喂养率较低，仅为 24.8%，低于全国平均水平。[1] [2]2013 年全国儿童贫血率为 24.4%，而山西省和贵州省贫困地区六个县的调查显示该地区儿童贫血率平均高达 44%。2016 年 9 月，中国发展研究基金会对云南省寻甸县的儿童能力指数（eHCi）的测量显示，综合来看，云南省寻甸县 5 岁儿童的发展水平相当于上海市 3 岁儿童的发展水平。[2] [3]流动儿童和留守儿童存在不同程度的营养不良，营养状况明显落后于非留守儿童和城区儿童。2009 年农村留守儿童的生长迟缓率和低体重率均显著高于非留守儿童，约为非留守儿童的 1.5 倍；流动儿童贫血患病率明显高于城区儿童，体格发育状况明显落后于城区儿童（陈在余，2009）。

（二）地区差距

营养状况在东、中、西部的地区差距也比较明显。2006 年卫生部调查显示，中、西部地区儿童低体重率和生长迟缓率为东部地区儿童的 2 ~ 3 倍。[3] 西部贫困地区 60% 以上的 6 ~ 24 月龄婴幼儿患有贫血；西南贫困地区 12 ~ 23 月龄婴幼儿生长迟缓率高达

---

[1]　卫生部：《中国 0 ~ 6 岁儿童营养状况报告（2012）》，2012，第 8 页。

[2]　《4000 万贫困地区儿童待干预　政策须与窗口期赛跑》，财新网，http://m.china.caixin.com/m/2016 - 10 - 29/101001871.html，2016 年 10 月 29 日。

[3]　卫生部：《中国 0 ~ 6 岁儿童营养状况报告（2012）》，2012，第 14 页。

36%，是全国农村平均水平的 2 倍以上。[1] 西南、西北各省小学生营养不良检出率、大中学生低体重检出率都比沿海地区高 2 ~ 3 倍；西南地区农村学生的中度营养不良检出率，比京、津、沪三大城市平均水平高 4. 4 倍（季成叶，2002）。

（三）性别差异

饥饿、营养不良与性别不平等常常同时发生，尤其是在农村地区。农村地区女童相对男童更处于弱势地位。女童获得的营养资源往往不如男童，女童营养不良检出率、生长发育迟缓率、贫血率要高于男童（宋月萍，2011；汪三贵等，2012）。在农村家庭中，头胎为女孩的二孩家庭依然存在男孩偏好，而女孩健康状况也因男孩偏好而受到损害（宋月萍、谭琳，2008）。

2015 年，中共十八届五中全会决定全面实施一对夫妇可生育两个孩子的普遍二孩政策。普遍二孩政策的实施将使二胎家庭进一步增加，如果二胎家庭男孩偏好依然存在的话，那么二胎中男女健康性别差异依然是面临的挑战。

附营养名词术语[2]

1. 半饥饿（Semi starvation）：人体摄入能量不足生理需要量的70%。

2. 绝对饥饿（Absolute hunger）：在较长一段时间内没有任何

---

① 中国发展研究基金会：《贫困地区儿童早期发展项目》，http://www.cdrf.org.cn/plus/view.php? aid = 531#。

② 中华人民共和国卫生与计划生育委员会：《中华人民共和国卫生行业标准WS/T476—2015：营养名词术语》，2015。

食物摄入的状态。

3. 营养不良（malnutrition）：是一种不正常的营养状态。由能量、蛋白质及其他营养素不足或过剩造成的组织、形体和功能改变及相应的临床表现。

4. 原发性营养不良（Primary malnutrition）：由于食物蛋白质、能量和（或）各种营养素的摄入量不能满足身体的生理需要而引起的营养不良。

5. 继发性营养不良（second malnutrition）：是指因其他原发性疾病造成的能量、蛋白质及其他营养素不能满足身体需要而引起的营养不良。

6. Z 评分（Z score）：实测值与参考人群中位数之间的差值和参考人群标准差相比，所得比值就是 Z 评分。

7. 年龄别身高（身长）Z 评分（Height/length for age Z score；HAZ/LAZ）：儿童身高（身长）实测值与同年龄同性别参考儿童身高（身长）中位数之间的差值和参考儿童身高（身长）标准差相比，所得比值就是年龄别身高（身长）Z 评分。

8. 年龄别体重 Z 评分（Weight for age Z score；WAZ）：儿童体重实测值与同年龄同性别参考儿童体重中位数之间的差值和同年龄同性别参考儿童体重标准差相比，所得比值就是年龄别体重 Z 评分。

9. 身高（身长）别体重 Z 评分（Weight for height/length Z score；WHZ/WLZ）：儿童体重实测值与同性别同身高（身长）儿童体重中位数之间的差值和同性别同身高（身长）儿童体重标准差相比，所得比值就是身高（身长）别体重 Z 评分。

10. 体质指数、体重指数（body mass index；BMI）：一种计算身高别体重的指数。

$$BMI = 体重 （kg） ／ \left[身高 （m）\right]^{2}$$

11. 低体重（underweight）：儿童年龄别体重的 Z 评分 < －2。

12. 身高不足或生长迟缓（stunting）：儿童年龄别身高（身长）的 Z 评分 < －2。

13. 消瘦（wasting）：儿童身高（身长）别体重的 Z 评分 < －2。

14. 超重和肥胖（overweight and obesity）：由于体内脂肪的体积和（或）脂肪细胞数量的增加导致的体重增加，或体脂占体重的百分比异常增高，并在某些局部过多沉积脂肪，通常用 BMI 进行判定。

15. 营养过剩（Overnutrition）：长期过量摄入产能营养素引起的一种不健康状态。早期表现为超重，进一步发展为肥胖病。

16. 贫血（Anemia）：人体单位容积循环血液内红细胞计数、红细胞总体积或血红蛋白的总含量低于正常人群的参考值。

17. 新生儿（neonate）：孕满 28 周出生的活产婴，在日龄 0 ~ 27 天内，统称新生儿。

18. 低出生体重（Low birth weight；LBW）：新生儿在出生后 1 小时内第一次测得的体重低于 2500g。

19. 婴儿（infant）：从出生到 12 个月龄的儿童。

20. 幼儿（Young Children）：13 ~ 36 月龄的儿童。

21.5 岁以下儿童（children under 5 years of age）：从出生到未满 5 周岁（<60 月龄）之间的儿童。

《2015 年世界粮食不安全状况》报告中有关营养方面的术语解释[①]

1. 饥饿：饥饿一词与长期食物不足同义。

---

① 联合国粮农组织、农发基金和世粮署：《世界粮食不安全状况：实现 2015 年饥饿相关国际目标：进展不一》，罗马：联合国粮农组织，2015。

2. 食物不足：至少持续一年的难以获取充足食物的状态，表现为食物摄入量不足，无法满足膳食能量需求量。在本报告中，饥饿与长期食物不足同义。

3. 营养不良：由能量、蛋白质和/或其他养分缺乏、过量或不均衡造成的一种不正常生理状态。营养不良包括营养不足和营养过剩，还包括微量元素缺乏症。

4. 营养过剩：食物摄入量超过膳食养分需求量造成的结果。

5. 营养不足：由食物不足、吸收不良和/或重复感染传染病导致的养分生物利用率不高造成。它包括年龄别体重较轻、年龄别身高较低（发育迟缓）、身高别体重低至危险水平（消瘦）和维生素及矿物质缺乏（微量元素型营养不良）。

6. 营养安全：当人们能安全获得营养搭配合理的膳食，享受卫生的环境和充足的医疗服务，确保所有家庭成员都能过上健康、积极的生活时，就实现了营养安全。营养安全与粮食安全的不同之处在于，除了膳食充足度外，它还要考虑照料措施、健康和卫生条件是否充足。

7. 超重和肥胖：由于脂肪过度堆积造成身高别体重超标，通常为饮食过量的表现。超重指体重指数（BMI）大于25但小于30，肥胖指体重指数大于或等于30。

8. 低体重：对儿童而言，指低年龄别体重，对成人而言，指体重指数（BMI）低于18.5，由食物摄入不足、以往的营养不足经历或健康状况不佳等因素造成。

第四章 中国保障粮食安全的实践

国以农为本，民以食为天，粮食安全问题是一个亘古不变的议题，关系到人民生活水平的提高，关系到国家的政治安定。联合国《2030年可持续发展议程》目标 2 要求："消除饥饿，实现粮食安全，改善营养和促进可持续农业。"该目标的实现很大程度上取决于粮食安全的保障水平。本章将简要介绍中国保障粮食安全的实践探索，首先介绍保障粮食安全的重要性及战略意义，其次介绍中国粮食安全的现状。

第一节 保障粮食安全的重要性及战略意义

一 粮食安全的概念

"粮食安全"的概念最早可以追溯至 20 世纪 70 年代，1973年，全球性的粮食危机愈演愈烈，在此背景下，联合国粮食及农业组织先后于 1973 年和 1974 年召开"世界粮食大会"，重点讨论如何应对世界粮食供应的变化。"粮食安全"的概念也由此在《世界粮食安全国际约定》中首次产生，其要求"保证世界上随时供应足够的基本食品，保证稳步扩大粮食生产及减少产量和价格的波动""保证任何人在任何时候都能得到为了生存和健康所需要的足够粮食""保证世界谷物库存量最低安全水平不能低于全年谷物消费量的 18%",这一概念涵盖了数量安全、价格安全和质量安全等层次。世界粮食大会同时要求各国采取措施,保证世界谷物库存,并划定了世界谷物安全系数,即当年末最低安全系数低于17% 时,为谷物不安全,若低于 14%,则进入紧急状态。

"粮食安全"的概念由来已久,早在 1983 年,联合国粮农组织前干事爱德华·萨乌马就已经指出,粮食安全要"确保所有人在任何时候能买得到又买得起所需要的基本食品",这是对 1974年联合国的概念的进一步扩充,要求在确保生产出足够食物的基础上,更加关注消费领域的购买能力以及流通环节的公平合理性。同年 4 月,联合国粮农组织粮食安全委员会通过了"粮食安全"的概念,并得到联合国粮农组织、世界粮食理事会、联合国经济和社会理事会等国际组织及国际社会的广泛赞同与支持。

1996 年,第二次世界粮食首脑会议在罗马召开,联合国粮农组织又对"粮食安全"做出新的表述:"只有当所有人在任何时候都能够在物质上和经济上获得足够、安全和富有营养的粮食来满足其积极和健康生活的膳食需要及食物喜好时,才可谓实现了粮食安全。"同时,要求"到 2015 年,把世界上饥饿和营养不足的发生率减少一半",本次对概念的修订将"粮食安全"与"营养问题"紧密联系起来,使营养问题成为粮食安全的重要组成部分,这也反映出人类将对粮食安全的认识提高到新的高度,不再仅仅关注粮食安全的数量需求,而且更加关注对食物质量的更高标准的要求。

由现有研究不难发现,粮食安全主要包括宏观和微观两个层面,宏观层面的粮食安全主要指能满足整个国家(地区)的粮食需求，其取决于国家（地区）当年的粮食总拥有量（粮食生产量、粮食储备粮和粮食净进口量）。Sen Chakravarty（1983）首次将粮食安全的概念从宏观全局引申到微观个体。微观层面的粮食安全着重指能够满足家庭或个人的粮食获取需求，主要由家庭或个人的粮食获取能力来决定。宏观层面的粮食安全是实现微观层面粮食安全的基础，微观层面粮食安全的实现是粮食安全的最终目标，其中保障国家宏观层面粮食安全更加重要（吕新业、冀县卿，2013）。

二 保障粮食安全的重要性

一直以来，中国就将粮食安全作为固国之本，是事关国家长治久安的大事。党的十八大以来，以习近平同志为核心的党中央始终将粮食安全问题作为治国理政的头等大事，高屋建瓴地提出了新时期国家粮食安全的新战略，并形成了"饭碗论""底限论"等一系列理论创新，走出了一条具有中国特色的粮食安全之路。只有保障粮食安全，才能稳定社会秩序，才能得到最广大农民阶层的拥护与支持。保障粮食安全，是党进一步提升民生福祉，迈向社会主义现代化和全面建成小康社会的重要支撑。

（一）关乎居民生活水平的提高

粮食作为一种商品，是人类生活最基本、最重要的生活材料，具有社会"稳定器"的作用。只有保障粮食安全，保证人民有粮吃，才能真正确保百姓生活，确保安居乐业。早在中国古代，人们就对粮食安全做出了论述，孔子的"足食，足兵，民信之矣"思想，管子的"仓廪实而知礼节，衣食足而知荣辱"均在阐明粮食安全与社会发展之间的关系。西方人本主义的理论学者马斯洛认为，人在每一个时期都有一种占主导地位的需求，而最基本的、最低层次的需求是生理需求（Physiological Needs）。这里说的生理需求，就是对食物、饮水、呼吸等的需求。而人口学家马尔萨斯在其著作《人口原理》中，重点阐述了人口增长与生活资料增加之间的矛盾，认为人口按几何级数增长，而食物按算术级数增长，增长比例的不同导致人类生活状况的恶化，最终会通过饥荒、战争、瘟疫等抑制人口的增长，恢复平衡。由此可见，确保粮食安全，能够为人类最基本的生存创造条件，对于提高人类生活水平、改善居民生活质量至关重要。

保障粮食安全，最重要的是数量的充足和质量的保证。只有保证足够的粮食供给率，切实确保粮食有效供给，夯实粮食宏观调控基础，才能维护市场稳定。国家统计局发布的《关于2015年粮食产量的公告》指出，2015年，全国粮食播种面积为11334.05万公顷，同比增长0.5%；全国粮食总产量为62143.5万吨，同比增长1440.8万吨；全国单位面积粮食产量为5482.9公斤/公顷，同比增长1.8%，中国粮食产量实现了连续12年增长。同时，伴随着人们生活水平的提高，人们对于生活质量的要求也随之提高。越来越多的人开始关注饮食搭配，开始关注粮食安全质量问题，要求所供应的粮食安全、卫生，满足健康的基本需要，强化粮食质量监管。

（二）关乎农业现代化的推进

长久以来，中国都是一个农业大国，传统农业一直占据主导地位，但是伴随着社会经济的发展，国际国内形势的转变，传统农业已经不再适应经济发展新常态的需要，中国农业要保持长久稳定的发展，必然面临转型升级的问题。在当前资源环境约束日益严峻的情况下，保障粮食自给能力，确保粮食安全，才能保证农业转型升级。

2014 年，中央农村工作会议强调，推进农业现代化，要坚持把保障国家粮食安全作为首要任务。确保粮食基本自给、口粮绝对安全，要在稳定粮食生产的基础上，积极推进农业结构调整，推进农业现代化升级转型。会议同时指出："农业现代化是国家现代化的基础和支撑，目前仍是突出的'短板'，全面建成小康社会的重点难点仍在农村。"在推进农业现代化进程中，必须着眼于保障粮食安全，对于粮食种植大户给予充分的政策倾斜，进一步提高补贴标准，以保障农民的合法权益。

（三）关乎国家的长治久安

中国历史实践表明，农为邦本，农业安则天下安。农业对于一个国家的安定团结具有基石作用，只有保障粮食安全，社会生产关系才能顺应生产力的发展，推动社会前行。党的十八大以来，以习近平同志为核心的党中央始终把粮食安全作为治国理政的头等大事，提出了一系列战略思想，为国家的长治久安奠定了坚实的物质基础。中国是人口大国，2015 年，全国人口达到 13.7 亿人，占全世界总人口 73.47 亿人的 18.65%；然而，全国耕地面积为 20.25 亿亩[①]，年内减少了 99 万亩，日趋紧张的耕地资源，以及不断增长的人口数量，更加剧了粮食安全的供需矛盾，也给粮食安全敲响了警钟。

---

① 《2015 中国国土资源公报》。

保障粮食安全，就是保证人民的物质生活，有助于保证安定和谐的社会环境，能够为社会主义现代化建设提供可能。习近平总书记一再强调，保障国家粮食安全是一个永恒的课题，这也说明了粮食安全不仅在当前，而且在今后相当长的一段时间内，对于促进社会发展具有十分重要的作用。

三　保障粮食安全的战略意义

（一）是主动应对经济发展"新常态"、社会形势新变革的重大基础战略

自 2013 年以来，中国经济发展进入"新常态"，经济增长速度由高速增长转为中高速增长，经济结构不断优化升级，第三产业消费需求逐渐成为主体，经济增长从要素驱动、投资驱动转向创新驱动。2013～2016 年，中国经济面临着较大的下行压力，增长速度逐渐放缓。但是，粮食安全对实现经济发展、社会稳定和国家安全的基础性作用始终未改变，解决好 13 亿人的吃饭问题，一直以来都是党执政兴国的头等大事。只有保障粮食安全，中国社会经济发展才有稳定的局面。2013 年，在中央经济工作会议和中央农村工作会议上，习近平总书记强调只要粮食不出大问题，中国的事就稳得住。也就是说，保证了饭碗端在自己手中，才能更加立足社会经济发展全局，才能更加深刻领悟、准确把握新形势下中国社会经济发展走势。

需要注意的一点是，中国粮食产量实现了十二连增，粮食库存已经达到了高峰。但是，粮食进口量也在持续增加，2015 年，全年粮食进口量为 2400 亿斤以上。国内粮食出现了生产量、进口量、库存量"三量齐增"的情况，而过量的粮食进口也带来了更多挑战，这种由粮食安全引发的国家战略安全，将成为未来发展中不可忽视的力量。因此，要将饭碗牢牢地端在自己手里，就要加强粮食安全保障工作，只有建设好这一基础性工程，才能保证社会主义现代化建设的顺利开展。

（二）对于实现全面建设小康社会的目标，推进美丽乡村建设具有重要意义

近年来，我国粮食生产和供需形势表现出较好的局面，粮食产量逐年递增，粮食供需基本保持平衡，对社会经济发展发挥了重要作用。但是，我国作为一个农业大国的现实并未改变，农业依然是国民经济发展的薄弱环节，农业现代化依然是四个现代化建设中的短板，伴随着工业化和城镇化的加速，我国粮食安全也面临众多现实问题，如粮食增产难度加大、大豆和玉米等粮食作物进口量逐年增加、资源环境代价大、粮食安全质量存在隐患等。粮食问题解决不好，农业短板不补齐，全面建成小康社会的目标就难以实现。

此外，我国粮食生产依旧是小农生产方式，规模化种植未全面铺开。农民种粮将依旧存在于广大农村地区，农民仍是美丽乡村建设的主体。为推进美丽乡村建设，实现农村全面发展，首要任务就是不断解放和发展农村生产力，特别是稳定粮食生产，以及保障粮食质量安全。在经济发展新常态下，把粮食安全置于新农村建设的重要位置尤为关键，不断调整农业产业结构，加强农业基础设施建设，保证粮食生产安全，保持粮食的供求平衡，成为新农村建设的根本保障。

（三）有助于增强国际粮食贸易话语权和定价权，提升国际竞争力

伴随着中国国际地位的提升，增强国际话语权的呼声也日渐增长。习近平总书记多次在不同场合强调要不断提高国家文化软实力，努力提高国际话语权，构建中国特色话语体系，增强国际影响力。我国虽然已经成为粮食进口大国，但没有真正掌握粮食贸易的话语权。以大豆为例，中国每年进口的大豆占全球大豆贸易总量的 60%，成为全球最大的大豆进口国，却只能作为国际市场价格的接受者，这给中国粮食安全保障带来了很大的阻碍。

中国要发展，走出国门参与竞争，就必须把主动权掌握在自己手中。积极参与国际贸易规则的制定，提高国际竞争力，增强在国际粮食贸易中的话语权。在定价权方面，拥有国际贸易定价权的国家，往往在竞争中处于优势地位，更加容易给本国带来巨大利益。我国在参与的国际市场贸易中，没有定价权，主要由于外国跨国公司的垄断、没有国际期货定价权、国内粮食仓储体系不健全等因素。而为了稳定国内粮价和保护国内粮食安全，亟须通过获取期货定价权和加快产业链整合等措施来获取粮食进口的国际定价权（杨丽君，2012）。总之，粮食安全关系全局战略，确保粮食安全，对于进一步提升我国国际竞争力具有重要作用。

第二节　中国粮食安全的现状分析

一　中国粮食产量的阶段性划分

中华人民共和国成立以来，中国粮食产量基本上呈稳步增加

态势，表现出明显的阶段性特征，大致经历了"三起两落"的发展历程（见图4-1）。从1949~2015年的粮食产量变化情况来看，波动特征较为明显，大致可以分为以下五个阶段。

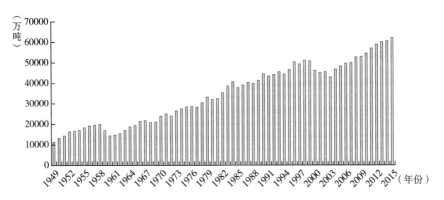

图4-1　1949~2015年中国粮食产量变化

资料来源：历年《中国统计年鉴》。

第一阶段（1949~1958年）：粮食产量的第一个增长阶段。本阶段中国粮食产量呈现递增态势，主要原因在于中华人民共和国刚刚成立，通过土地改革，农民有史以来第一次得到了土地，生产积极性较高。党中央也清醒地认识到，农业生产的恢复，特别是粮食产量的提高，必将成为整个国民经济恢复和发展的基础。1953年10月16日，中共中央发出的《关于实行粮食的计划收购与计划供应的决议》，要求实行高度集中的统购统销制度，使得国家按照农业生产计划开展生产，加之受市场因素的影响较小，粮食产量呈现线性增长趋势。粮食产量从1949年的1.13万亿吨增长到1958年的2万亿吨，涨幅为77%。

第二阶段（1959~1978年）：粮食产量出现第一次下跌阶段。本阶段前期出现了粮食产量的小幅下跌，主要原因在于经济建设中的"左"倾错误，排斥市场作用，"大跃进"及"人民公社化运动"以片面追求脱离实际的高速度、高指标为特征，农业领域提出"以粮为纲"，生产关系方面急于求成，造成国民经济比例失调，生产力遭到严重破坏。耕地面积大幅减少，粮食产量大减少。再加上三年自然灾害的影响，1961 年，全国粮食产量仅为 1.475 万亿吨，较 1958 年的 2 万亿吨减少了 26.25%，出现了明显的下滑趋势。而本阶段后期呈现持续增长趋势，1961 年起，中央提出"调整、巩固、充实、提高"的八字方针，极大扭转了国民经济的发展方向，中国社会经济逐步恢复和发展。此后，中国开始实行高度集中的计划经济，继续采取统购统销制度，虽然在 1966 年"文化大革命"阶段出现了小幅下滑，但是总体趋势较好。

第三阶段（1979～1999 年）：粮食产量的第二个增长阶段。1978 年 12 月，十一届三中全会提出实行改革开放政策，中国开始改变计划经济体制，逐步向市场经济转变。粮食流通体制开始市场化改革，先后经历了双轨制、利用双轨制和尝试走出双轨制三个阶段，市场机制对粮食资源配置的作用越来越大。特别是从 1979 年开始，全国实行家庭联产承包责任制，农民获得了相对独立的自主权，种粮积极性显著提高，粮食产量得以极大增长。而自 1992 年以来，中国又加大了农业宏观调控力度，实施了一系列的粮食扶持和农业保护措施，使得粮食产量实现了增长。1996 年，中国粮食产量首次突破 5 亿吨大关，基本解决了农村绝大部分贫困人口的温饱问题。

第四阶段（2000～2003 年）：粮食产量的第二次下跌阶段。主要原因在于粮食播种面积不断下降，2000 年，全国粮食播种面积为 1.08 亿公顷，比 1999 年的 1.13 亿公顷下跌了 500 亿公顷，降幅为 4.42%。同时，政府开始大力倡导和支持农业结构调整，减少粮食种植面积，改种经济作物。非农建设用地的激增也是粮食产量下跌的重要原因。全国粮食生产出现价格上涨，市场供给紧张的局面。袁隆平曾指出，2003 年，中国的粮食播种面积已经不足 15 亿亩，是 1949 年以来最低的粮食播种面积。而且 1997～2002 年，中国的耕地净减少了 6164 万亩，平均每年减少 1200 多万亩。①

第五阶段（2004～2015 年）：粮食产量的第三个增长阶段。中国粮食流通体制全面进入市场化阶段，国家全面放开粮食购销市场，粮食产量已连续实现十二连增，创造了世界粮食史上的奇迹。国家统计局数据显示，2015 年，中国粮食总产量达到 62143.5 万吨（12428.7 亿斤），比 2014 年增加 1440.8 万吨（288.2 亿斤），增长了 2.4%。同时，本阶段的粮食增长也受到了国家高度重视，2004～2016 年，国家连续 13 年发布以"三农"（农业、农村、农民）为主题的中央一号文件，强调了"三农"问题在中国的社会主义现代化时期"重中之重"的地位，粮食产量才出现了连增趋势。

综上所述，中国粮食产量的生产阶段性特征受国家政策和市场的影响最大。当国家政策环境良好，强调市场在资源配置中发挥重要作用时，农民的种粮积极性较高，中国粮食产量呈现增长态势，粮食供求关系比较宽松。

二 中国粮食产量的现状分析

2004～2015 年，中国粮食产量已经实现 12 年连增，这是世界

---

① 康敬锋：《袁隆平：谷贱伤农 中国粮食产量连续四年下降》，人民网，ht-tp：//www. people. com. cn/GB/shizheng/1026/2373704. html，2004 年 3 月 4 日。

历史上从未有过的奇迹。虽然国家粮食安全形势持续向好，但是，供给出现阶段性结构性过剩。尤其是自 2013 年以来，农业供给侧结构性改革不断深入，中国粮食的未来走向不再追求连续增产，而是转为以巩固和提高产能为主，更加能够满足消费者对日益增长的高质量农产品的需求。

（一）粮食作物产量

由图 4 - 2 得知，中国粮食产量进入 21 世纪以来基本呈现递增态势，仅 2003 年出现短期下滑，主要原因在于 2003 年粮食播种面积较 2002 年减少 3%，农民更多选择种植利润更高的经济作物；加之夏粮产量下降和自然灾害，导致 2003 年中国粮食产量为 43069.5 万吨，同比下降 5.77%。随后，中国粮食产量以缓慢速度增长，2015 年，粮食产量达到 62143.5 万吨，较 2003 年增长 44.3%，实现了粮食的供给保障。

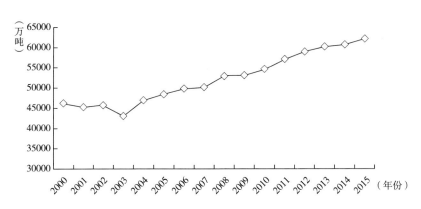

图 4 - 2　2000 ~ 2015 年中国粮食产量

资料来源：历年《中国统计年鉴》。

图 4 - 3 反映了 2000 ~ 2014 年中国主要农产品的产量，从图中不难看出，中国粮食生产以稻谷和玉米为主，小麦产量排名第三

位。其中，稻谷产量 2014 年达到 20643 万吨，较 2000 年的 18790.8 万吨上涨了 9.86%。玉米产量在 2014 年为 21567 万吨，较 2013 年有所下降。小麦产量基本保持缓慢增长趋势，2014 年，小麦产量达到 12617 万吨，较 2000 年的 9963.6 万吨增长了 26.63%。而这三种农产品占据了粮食产量的绝大部分比例，2000 年，三大主要农产品产量占粮食总产量的 85.15%；而 2014 年，该比例上升为 90.31%，上浮 5.16 个百分点。大豆产量和棉花产量每年占比均较低，2014 年，棉花产量为 616 万吨；大豆产量为 1235 万吨，占粮食总产量的 2.03%。

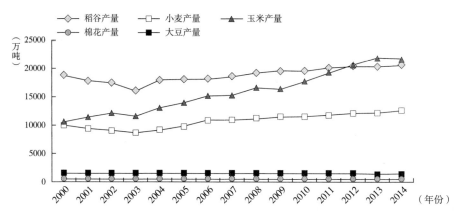

图 4 - 3　2000 ~ 2014 年中国主要农产品产量

资料来源：历年《中国统计年鉴》。

具体而言，图 4 - 4 反映了 2000 ~ 2014 年稻谷播种面积占比及产量的情况，从图中可以看出，稻谷产量在 2003 年出现短暂下滑后，呈现缓慢上升趋势。而稻谷播种面积占比在 2006 年达到 19.02% 后逐渐递减，到 2014 年，稻谷播种面积占比为 18.32%。稻谷播种面积的减少主要源于种粮成本的上升，以及南方丘陵不利于机械化生产，生产力水平提升较慢，稻谷种植利润下降。国

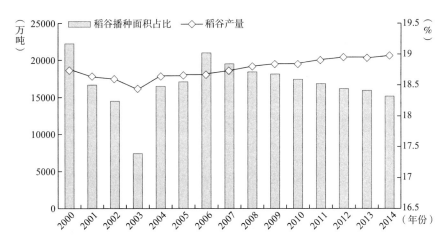

图 4 - 4　2000～2014 年中国稻谷播种面积占比及产量
资料来源：历年《中国统计年鉴》。

家发展改革委公布的数据显示，2014 年，中国稻谷种植的成本利润率仅为 17.41%。

图 4 - 5 反映了玉米播种面积占比及产量的情况，从图中可以看出，玉米产量和播种面积占比均呈现上涨态势，2014 年，玉米产量达到 21567 万吨，较 2000 年的 10600 万吨翻了一番。而在播种面积占比上，2014 年，玉米播种面积占比为 22.44%，较 2000 年的 14.75% 提高了 7.69 个百分点。这主要源于近年来推行的临储收购政策，使得玉米的比较效益明显。但是，产量的增加也造成了多年的累积叠加，部分地区出现仓容紧张的局面。连带玉米价格从 2014 年 9 月开始出现大幅下跌，从 2714 元/吨降至 2016 年 6 月的 1838 元/吨，跌幅高达 32%。

图 4 - 6 反映了小麦播种面积占比及产量的情况，从图中可以看出，2000～2003 年，小麦产量和种植面积占比均出现了小幅下滑，产量由 2000 年的 9963.6 万吨下降到 2003 年的 8648.8 万吨，种植面积占比也由 2000 年的 17.05% 下降到 2003 年的

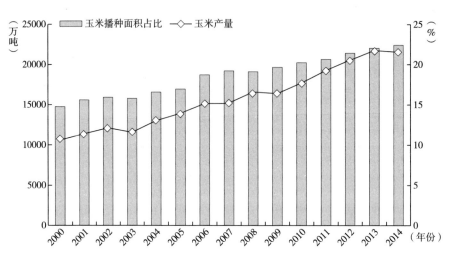

图 4 - 5 2000~2014 年中国玉米播种面积占比及产量
资料来源：历年《中国统计年鉴》。

14.43%。自 2004 年开始，小麦产量增加，播种面积占比也有所上升。2014 年，小麦产量达到 12617 万吨，较 2004 年的 9195.2 万吨，上涨了 37.21%。与此同时，小麦播种面积占比自 2009 年开始持续下滑，下降到 2014 年的 14.55%。

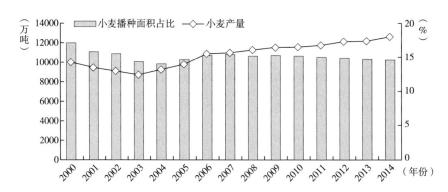

图 4 - 6 2000~2014 年中国小麦播种面积占比及产量
资料来源：历年《中国统计年鉴》。

图 4 - 7 反映了棉花播种面积占比及产量的情况，该图显示，棉花产量和棉花播种面积占比呈现波动态势。自 2008 年起，棉花

产量出现下滑，播种面积占比也有所下降。2014 年，棉花播种面积占比仅为 2.55%，与 2000 年的 2.59% 基本相当。棉花产量在 2014 年为 616 万吨，较 2013 年的 631 万吨下降 15 万吨。这一现象主要由于 2014 年棉区遭遇干旱、高温等气象灾害，长江流域棉区面积约减少 12.1%，黄河流域面积约减少 14.5%，呈现"棉花大县面积减幅大、种植大户面积减幅大"的特征。

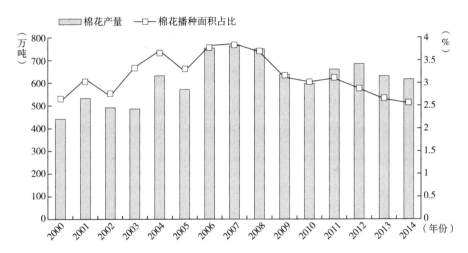

图 4 - 7　2000 ~ 2014 年中国棉花播种面积占比及产量
资料来源：历年《中国统计年鉴》。

图 4 - 8 反映了大豆播种面积占比及产量的情况，该图显示，大豆产量和播种面积占比自 2000 年以来基本呈现下降趋势。2014 年，大豆产量为 1235 万吨，较 2000 年的 1541.2 万吨减少了 20%；而播种面积占比则由 2000 年的 5.95% 下跌到 2014 年的 4.11%。素有"大豆之乡"的黑龙江省种植面积也从 2005 年的 6323 万亩下降到 2014 年的 3105 万亩，减少了一半多。这主要因为国产大豆产量低，且生产成本增加，即使算上大豆补贴，也收益甚微，甚至亏损。另外，近年来中国大豆进口量呈现逐年递增态势。2014 年，

中国大豆进口7140万吨，较2000年的1042万吨增长了近6倍，大量的进口对国内的产业影响和冲击力是很大的。

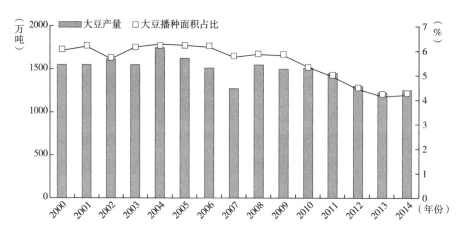

图 4 - 8　2000～2014 年中国大豆播种面积占比及产量
资料来源：历年《中国统计年鉴》。

（二）粮食进出口量

图 4 - 9 反映了 2000～2012 年中国粮食进出口量的情况，21 世纪初，中国粮食进出口总量基本保持平衡，但是自 2003 年以后，粮食进出口总量的差额出现明显增大，而且差距有明显拉大趋势。2012 年，中国粮食进口量高达 8025 万吨，较 2000 年的 1357 万吨增长了近 5 倍。在出口方面，则出现明显下跌，2012 年，粮食出口量仅为 277 万吨，而 2000 年的出口量为 1401.3 万吨。农业部副部长余欣荣指出，中国粮食进口量在 2014 年达到最高，进口总量是 1 亿吨，但这 1 亿吨中 70% 以上进口的是大豆，谷物类 2013 年的进口量仅占当年粮食总产量的 3.2%。其中，小麦进口量为 300.4 万吨，玉米进口量为 259.9 万吨，大米进口量为 257.9 万吨，大豆进口量为 7139.9 万吨，这主要因为国际市场的粮食品种价格

普遍低于国内市场。据农业部预测，到 2020 年，中国的粮食产量将上升到 5.54 亿吨，缺口也将加大到 1 亿吨以上。这表明中国既不是农业生产的大国，也不是农业生产的强国。

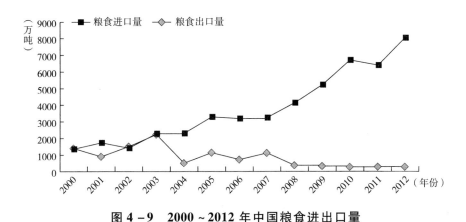

图 4 - 9　2000 ~ 2012 年中国粮食进出口量

资料来源：历年《中国农村统计年鉴》。

图 4 - 10 反映了 2001 ~ 2012 年中国主要农产品进口量情况，从图中可以明显看出，大豆进口量呈现较大涨幅，在主要农产品进口中占据了很大的比重，主要原因在于，中国种植的大豆多为

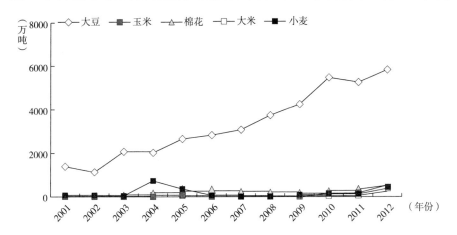

图 4 - 10　2001 ~ 2012 年中国主要农产品进口量

资料来源：历年《中国农村统计年鉴》《中国粮食年鉴》《中国统计年鉴》。

非转基因豆，适用于直接食用，而进口大豆则多为转基因豆，适于榨油。中国已经成为大豆进口大国，占到全球大豆进口总量的2/3，国内种植大豆的利润要比其他种植物低，农民种豆积极性不高。同时，受到国外转基因大豆的冲击，其价格更加便宜，中国缺乏国际大豆市场定价权等，导致中国进口大豆总量呈大幅上涨趋势。

（三）粮食自给率现状

粮食自给率是指一个国家或者地区的粮食自我供给程度，用来客观衡量一个国家或地区已有的粮食（包括食品）满足需求的程度，它是由粮食当年的实际生产数量和往年的粮食储备，以及各种食品与粮食需求总量的比重所决定的（邓大才，2003）。该比率代表某个国家或地区的粮食供给能力和粮食安全状况，一般认为，一个国家或地区的粮食自给率在100%以上，就是完全自给；95%～100%属于基本自给；90%～95%是可以接受的粮食安全水平；一旦小于90%，粮食供求的风险就会增大。《农村绿皮书：中国农村经济形势分析与预测（2014～2015）》指出，从主要粮食品种来看，现阶段中国粮食安全是完全有保障的。根据国家统计局、国家粮油信息中心和中国海关的有关数据测算，2014年主要粮食稻谷、小麦和玉米的自给率分别为98.96%、97.82%、98.82%。由此可以看出，中国粮食安全保障是没有问题的。

2004年以来，中国粮食产量出现了连增现象，但是由于需求也在增加，工业化和城镇化速度的加快扩大了人们对于粮食的需求，特别是饲料用粮和工业用粮需求的增加较快，2009～2013年中国粮食自给率均保持在95%以上（见表4-1），符合《国家粮食安全中长期规划纲要（2008～2020 年）》中规定的"粮食自给率需维持在95％以上"的目标，中国粮食安全的基础是牢固的。与此同时，我们也应该清醒地认识到，中国粮食自给率呈现每年略微下降的态势，特别是近年来大豆的进口量激增，导致了粮食自给率总体水平略有下滑。

表 4 – 1　2009～2013 年中国粮食自给率

单位:%

	2009 年	2010 年	2011 年	2012 年	2013 年
粮食自给率	99.6	99.1	99.2	97.7	97.0

资料来源:《发改委专家谈粮食自给率：中国粮食安全基础牢固》，http://www.chinanews.com/cj/2013/02－01/4542180.shtml，中国新闻网，2013 年 2 月 1 日。

（四）城乡粮食消费对比

改革开放以来，中国社会经济发展取得了巨大成就，人民生活水平不断提高，生活质量也在逐渐提升。国家统计局数据显示，2014 年，全国居民人均可支配收入为20167.1 元，其中，城镇居民人均可支配收入为29381 元，农村居民人均可支配收入为9892 元，是城镇居民的1/3 左右。虽然中国城乡差距正在逐渐缩小，但是二者之间的差异依旧存在，并且不断影响人们的生活方式和生活习惯。

表 4 – 2 反映了1990～2012 年中国城乡粮食消费对比情况，由表中数据可知，在粮食消费指标上，城乡居民的粮食消费呈下降趋势，2012 年农村居民粮食消费为 164.268 千克，比 1990 年的 262.08 千克下降了 37.32％，而城镇居民粮食消费在 2012 年为 78.76 千克，比 1990 年的 130.7 千克下降了 39.74％。食用植

物油、肉禽及制品、鲜蛋、鲜奶四项指标中，城乡居民的消费基本呈递增趋势。总体反映出，中国城乡粮食消费结构正在发生变化，城乡居民直接粮食消费持续减量，而油、肉、蛋、奶等动物性食品消费不断增加。

表 4-2　1990~2012 年中国城乡粮食消费对比情况

单位：千克

年份	粮　食		食用植物油		肉禽及制品		鲜　蛋		鲜　奶	
	城镇	农村	城镇	农村	城镇	农村	城镇	农村	城镇	农村
1990	130.70	262.080	6.40	3.54	25.16	12.59	7.25	2.41	4.63	1.10
1995	97.00	256.070	7.11	4.25	23.65	13.56	9.74	3.22	4.62	0.60
2000	82.31	250.230	8.16	5.45	25.50	18.30	11.21	4.77	9.94	1.06
2005	76.98	208.846	9.25	4.90	32.83	22.42	10.40	4.71	17.92	2.86
2010	81.53	181.440	8.84	5.52	34.72	22.15	10.00	5.12	13.98	3.55
2011	80.71	170.735	9.26	6.60	35.17	23.30	10.12	5.40	13.70	5.16
2012	78.76	164.268	9.14	6.93	35.71	23.45	10.52	5.87	13.95	5.29

资料来源：历年《中国统计年鉴》。

第五章　中国保障粮食安全的经验：
效率驱动及合理举措

上一章从粮食生产数量角度考察了中国粮食安全保障水平，本章将聚焦中国保障粮食安全的缘由及经验。首先，利用Malmquist – DEA 模型考察中国粮食生产的效率特征，以便更好地理解中国实现粮食安全的驱动力；其次，介绍了中国保障粮食安全的主要举措；最后，总结了中国粮食安全面临的危机与挑战。

第一节　中国粮食生产效率特征

粮食产量是保证人民生活水平的基本前提，而粮食生产效率则关系到国家粮食安全。自 1949 年以来，粮食产量经过了"三起两落"的发展历程，粮食产量总体呈现增长趋势。1949 年，中国粮食总产量仅为 1.13 亿吨，人均粮食产量为 209 千克。2003 年，这两项指标分别达到了 4.31 亿吨和 334.29 千克，而在接下来的 12年间，粮食产量历史性实现了"十二连增"。面对日益增长的粮食供给，中国目前粮食需求表现出较大缺口。2014 年，中国粮食进口量达到历史最高点，为 1 亿吨，成为全球第一粮食进口大国。然而，粮食产量增长的可持续性问题不容乐观，中国粮食连增的背后是化肥、农药等生产性资源投入的高速增长，生产性资源消耗的急剧透支（杨锦英等，2013）。如何提高粮食生产效率，确保粮食产量可持续增长成为亟须思考的问题。

在关于粮食生产效率的实证研究中，亢霞等（2005）利用1992~2002年分省份的成本和产量数据，估计了小麦、玉米、大豆、粳稻、早籼稻、中籼稻和晚籼稻的随机前沿生产函数，认为提高粮食生产技术效率是增加粮食产量的现实选择，而调整农业生产结构和布局是提高粮食生产能力的有效途径。庞英等（2008）测算了1998~2004年的中国粮食生产资源配置效率问题，结果表明，中国及其三大流域粮食生产资源投入要素并没有得到充分利用，但中国粮食生产成本资源配置效率的平均水平是提高和改善的，中国及其三大流域制约粮食生产资源配置效率的因素是产出规模效率。黄金波等（2010）利用随机前沿分析对1978~2008年中国30个省区市的粮食生产技术效率进行了影响因素分析，认为农业基础设施建设和制度因素是影响中国粮食生产技术效率的关键因素。曾福生等（2012）利用非径向SBM模型衡量了中国各地区粮食生产效率，并基于Tobit模型分析了影响粮食生产效率的主要因素，指出化肥施用量、有效灌溉面积和粮食播种面积对粮食生产效率具有显著影响。杨锦英等（2013）测算了2004~2010年的中国粮食生产效率，实证发现，粮食全要素生产率指数呈下降趋势，而技术进步年均指数的大幅度下降成为粮食生产效率下降的主要原因。

现有文献采用了随机前沿分析、DEA模型、Malmquist模型等方法对不同时期、不同地域中国粮食生产效率进行了实证研究，实证结果从不同角度反映了中国粮食生产的效率，对于把据中国粮食生产效率具有重要作用。本报告基于 Malmquist – DEA 模型对 1985~2014 年中国及各省份的粮食生产效率进行研究，以期更加详细、全面地分析中国粮食生产效率的变动趋势。

一 Malmquist – DEA 模型

目前，研究生产的前沿方法主要分为两大分支：参数方法和非参数方法。参数方法主要是在投入与产出之间假设明确的生产函数数学表达式，然后根据一组投入产出观测数据，在满足某些条件的情况下，利用计量分析的方法确定表达式中的参数，主要有确定前沿分析法和随机前沿分析法，其中以随机前沿分析法应用较为广泛；而非参数方法主要是指数据包络分析法（Data Envelopment Analysis，DEA），它是一种用于评估具有同质投入产出的决策单元（Decision – Making Units，DMU）的相对有效方法，以数学规划为工具，依靠分析 DMU 的输入输出数据来评价其相对有效性。该方法在评价复杂系统的投入产出分析时，在避免主观因素、简化运算和减少误差等方面有优越性。由于具有 DEA 无须事先确定生产函数的形式、允许无效率存在以及便于分解等诸多优势，其得到了广泛应用（杨锦英等，2013）。

（一）数据包络分析方法

1978 年，R. D. Banker、A. Charnes 和 W. W. Cooper 提出了数据包络分析方法，在随后几年又将 DEA 方法不断深化（R. D. Banker, et al. , 1984；A. Charnes, et al. , 1981, 1985），得到国内外学者的广泛关注。数据包络分析已成为运筹学、管理科

学和数理经济学交叉研究的一个新领域。其中，CCR 模型和 BCC 模型应用最为广泛。

CCR 模型由 Cooper 提出，假设有 n 个决策单元，每个决策单元都有 m 种类型的"输入"以及 s 种类型的"输出"，各单元的输入和输出数据可以表示如下。

x_{ij} 为第 j 个决策单元对第 i 种输入的投入量，$x_{ij} > 0$；y_{rj} 为第 j 个决策单元对第 r 种输入的投入量，$y_{rj} > 0$；v_i 为对第 i 种输入的一种度量；u_r 为对第 r 种输入的一种度量。

则所构建的 CCR 模型为：

$$(\bar{P}_{C^2R}) \begin{cases} \max \quad \dfrac{u^T y_{j0}}{v^T x_{j0}} = V_P^- \\[2mm] s.t. \quad \dfrac{u^T y_j}{v^T x_j} \leqslant 1, \quad j = 1, 2, \cdots, n \\[2mm] v \geqslant 0, u \geqslant 0 \end{cases} \qquad (模型\ 5-1)$$

此时，为方便计算对上述规划分别引入松弛变量 s^- 和剩余变量 s^+，则其对偶规划为：

$$(\bar{D}_{CR^2}) \begin{cases} \min \quad \theta = V_D^- \\[2mm] s.t. \quad \displaystyle\sum_{j=1}^{n} \lambda_j x_j + s^- = \theta x_{j0} \\[2mm] \quad\quad \displaystyle\sum_{j=1}^{n} \lambda_j y_j - s^+ = y_{j0} \\[2mm] \lambda_j \geqslant 0, \quad j = 1, 2, \cdots, n \\[2mm] s^- \geqslant 0, \quad s^+ \geqslant 0 \end{cases} \qquad (模型\ 5-2)$$

1984 年，Banker 等又提出了不考虑生产可能集满足锥性的 DEA 模型，即 BCC 模型，该模型可以评价部门间的相对技术有效性。假设 n 个决策单元对应的输入数据和输出数据分别为：

$$x_j = (x_{1j}, x_{2j}, \cdots, x_{mj}) T, \quad j = 1, 2, \cdots, n \qquad \text{（公式 5 - 1）}$$

$$y_j = (y_{1j}, y_{2j}, \cdots, y_{sj}) T, \quad j = 1, 2, \cdots, n \qquad \text{（公式 5 - 2）}$$

其中，$x_j \in E^m, y_j \in E^s, x_j > 0, y_j > 0 (j = 1, 2, \cdots, n)$，则 BCC 模型为：

$$(\bar{P}_{BC^2}) \begin{cases} \max \quad (\mu^T y_{j0} + \mu_0) = V_P \\ s.t. \quad \omega^T x_j - \mu^T y_j - \mu_0 \geq 0, \ j = 1, 2, \cdots, n \\ \omega^T x_{j0} = 1, \\ \omega \geq 0, \mu \geq 0 \end{cases} \qquad \text{（模型 5 - 3）}$$

其对偶规划为（同上，分别引入松弛变量 s^- 和剩余变量 s^+）：

$$(\bar{D}_{BC^2}) \begin{cases} \min \quad \theta = V_D^- \\ s.t. \quad \sum_{j=1}^{n} \lambda_j x_j + s^- = \theta x_{j0} \\ \qquad \sum_{j=1}^{n} \lambda_j y_j - s^+ = y_{j0} \\ \qquad \sum_{j=1}^{n} \lambda_j = 1 \\ \qquad \lambda_j \geq 0, \quad j = 1, 2, \cdots, n \\ \qquad s^- \geq 0, \quad s^+ \geq 0 \end{cases} \qquad \text{（模型 5 - 4）}$$

（二）Malmquist 指数[1]

Malmquist 指数是 1953 年由瑞典经济学家 Malmquist 首次提出，其在研究全要素生产率（Total Factor Productivity，TFP）时具有以下优点：适用于面板数据分析，不需要相关的价格信息就能利用多种投入与产出变量进行效率的分析，可进一步分解成技术效率

---

[1]　杨锦英、韩晓娜、方行明：《中国粮食生产效率实证研究》，《经济学动态》2013 年第 6 期，第 47 ~ 53 页。

变化指数和技术进步指数两部分，无须特定的生产函数和生产无效率项的分布假设。Malmquist 指数从 t 期到 $t+1$ 期的 TFP 变化可以表示为：

$$M(x^{t+1},y^{t+1},x^t,y^t) = \left[\frac{d^t(x^{t+1},y^{t+1})}{d^t(x^t,y^t)} \times \frac{d^{t+1}(x^{t+1},y^{t+1})}{d^{t+1}(x^t,y^t)}\right]^{1/2} \quad \text{（公式 5-3）}$$

式中，(x^t,y^t) 和 (x^{t+1},y^{t+1}) 分别表示 t 期和 $t+1$ 期投入产出变量；$d^t(x^t,y^t)$ 和 $d^t(x^{t+1},y^{t+1})$ 分别表示以 t 期技术 T 为参照，t 期和 $t+1$ 期的距离函数；$d^{t+1}(x^t,y^t)$ 和 $d^{t+1}(x^{t+1},y^{t+1})$ 分别表示以 t 期技术 $T+1$ 为参照，t 期和 $t+1$ 期的距离函数。

若 $M>0$，表示评估的决策单元从 t 期到 $t+1$ 期的生产率是增长的；若 $M<0$，表示评估的决策单元从 t 期到 $t+1$ 期的生产率是衰退的；若 $M=0$，表示评估的决策单元从 t 期到 $t+1$ 期的生产率没有变化。

Malmquist 指数在规模报酬不变的条件下可以分解为技术效率变化指数（Effch）和技术进步指数（Techch），用公式可以表示为：

$$M(x^{t+1},y^{t+1},x^t,y^t) = \left[\frac{d^t(x^{t+1},y^{t+1})}{d^{t+1}(x^t,y^t)} \times \frac{d^t(x^t,y^t)}{d^{t+1}(x^t,y^t)}\right] \times \left[\frac{d^{t+1}(x^{t+1},y^{t+1})}{d^t(x^t,y^t)}\right] = Techch \times Effch$$

$$\text{（公式 5-4）}$$

若 $Techch>1$，表示技术在进步；若 $Techch<1$，表示技术在退步；若 $Techch=1$，表示技术不变。若 $Effch>1$，表示技术效率在提高；若 $Effch<1$，表示技术效率在降低；若 $Effch=1$，表示技术效率不变。

技术效率变化指数还可以进一步分解为纯技术效率变化指数（Pech）和规模效率变化指数（Sech），用公式可以表示为：

$$Effch = \left[\frac{d^{t+1}(x^{t+1}, y^{t+1})}{d^{t}(x^{t}, y^{t})}\right] \times \left[\frac{d^{t+1}(x^{t+1}, y^{t+1})}{d^{t}(x^{t}, y^{t})} \times \frac{d^{t}(x^{t}, y^{t})}{d^{t+1}(x^{t}, y^{t})}\right] = Pech \times Sech$$

（公式 5 - 5）

若 $Pech > 1$，表示纯技术效率提高；若 $Pech < 1$，表示纯技术效率降低；若 $Pech = 1$，表示纯技术效率不变。若 $Sech > 1$，表示第 $t + 1$ 期相对于第 t 期而言，越来越接近固定规模报酬，或逐渐向长期最佳规模逼近；若 $Sech < 1$，表示第 $t + 1$ 期相对于第 t 期而言，距离规模报酬越来越远。

二　中国粮食生产效率分析

（一）指标选取

Malmquist – DEA 方法需要在模型运算前，找到研究问题的投入与产出指标。国内文献研究在投入、产出指标的选取中产生了以下几种方法。王放等（2007）选取了第一产业增加值、农民人均纯收入、粮食产量为产出指标，选取第一产业从业人员、农用化肥、农业机械、农作物种植面积和粮食作物种植面积为投入指标。高鸣等（2014）选取了粮食总产量为产出指标，选取粮食直接生产费用、粮食间接生产费用、粮食生产用工量、粮食播种面积和政策变量为投入指标。肖洪波等（2012）选取粮食总产量为产出指标，选取粮食播种面积、农业劳动力数量、农业机械总动力、有效灌溉面积、农林水事业支出和化肥使用量为投入指标。亢霞等（2005）选取农作物产量为产出指标，选取播种面积、劳动总投入数量、肥料投入费用、种子费用、农用机械总动力费用为投入指标。薛龙等（2012）选取粮食总产量为产出指标，选取农业机械总动力、农药使用量、化肥施用折纯量、播种面积、农业劳动力为投入指标。

本书考虑到数据搜集的全面性及研究需要，选取粮食总产量（吨）为产出指标，选取第一产业从业人员数（万人）、粮食播种面积（公顷）、农业机械总动力（万千瓦）、农用化肥施用量（万吨）和有效灌溉面积（千公顷）为投入指标。资料来源于《中国统计年鉴》、《中国农业统计年鉴》、《中国劳动统计年鉴》、《中国人口和就业统计年鉴》、《新中国六十年统计资料汇编》、国家统计局数据以及 1986 ~ 2014 年 31 个省份（港澳台除外）统计年鉴的面板数据。

（二）模型运算及结果分析

1. 1986 ~ 2014 年粮食生产效率

笔者对 1986 ~ 2014 年的中国粮食生产效率进行了分析，结果如图 5 - 1 所示，1986 ~ 2014 年中国粮食 Malmquist 指数整体呈现波动状态，但基本维持在 1.000 上下区间，Malmquist 指数平均值为 1.005，变化率大于 1，表明中国粮食生产效率在这个区间内是上升的，也是有效的。其中，有 12 年的 Malmquist 指数小于 1，占总数的 41.38%。而大多数小于 1 的年份集中在 2000 年以前，表明 1986 ~ 2000 年的 TFP 效率较低。在 Malmquist 指数大于 1 的 17 年中，有 10 年的 TFP 实现了 2% 以上较大幅度的正增长，4 年 TFP 实现了 1% 以上的正增长，有 3 年 TFP 实现了小幅增长。

分阶段来看，1986 ~ 1991 年中国粮食 TFP 平均为 0.990，年平均下降了 0.1%，表明这一阶段中国粮食生产效率是下降的；而 1992 ~ 2014 年中国粮食 TFP 平均为 1.010，表明该阶段粮食生产效率呈上升趋势。主要原因在于 1992 年中国确立了市场经济体制，市场化进程开始起步，粮食流通体制市场化进程也不断加快，这

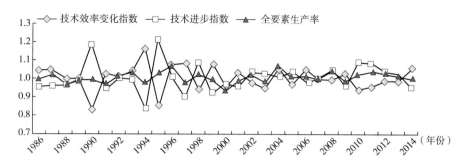

图 5-1　1986~2014 年中国粮食生产 Malmquist 指数变动

也说明了市场经济比计划经济具有更高的效率，粮食生产资源市场化配置具有可行性。

2. 2003~2014 **年的粮食生产效率**

2003~2014 年，中国粮食产量实现了连续 12 年的增长，成为世界粮食发展史上的奇迹，然而"十二连增"背后中国粮食生产效率如何值得深思。运算结果显示，2003 年以来，中国粮食 TFP 平均为 1.016，主要来自技术进步，在此区间内，中国粮食技术进步为正增长，平均增长率为 2%，而技术效率对粮食 TFP 有负向拉动作用，平均增长率为 -0.3%。

由于技术效率可以分解成纯技术效率和规模效率，2003 年以来的规模效率为负增长，平均增长率为 -0.3%，而纯技术效率为 1，这表明在当前的技术水平下，投入资源的使用是有效的，之所以没有达到综合有效的利用，根本原因在于规模无效，中国粮食生产的规模效应未得到充分发挥。中国农业现代化的发展之路，必然是要使粮食生产规模化、机械化、标准化，确保粮食生产安全稳定有序进行。2014 年 9 月 29 日，在中央全面深化改革领导小组第五次会议上，习近平总书记指出，现阶段深化农村土地制度改革，要更多考虑推进中国农业现代化问题，既要解决好农业问题，也要解决好农民问题，走出一条中国特色农业现代化道路。并要求坚持规模适度，重点支持发展粮食规模化生产。目前来看，中国粮食生产仍然处于粗放型发展阶段，粮食生产分布分散不集中，国内粮食生产规模化短期内难以全面完成，耕地及多重资源型因素日益短缺等原因导致粮食生产成本居高不下、产量提升空间日益收窄，这一局面在短期甚至长期内可能处于"不可逆"状态。

2003 年以来，由于受到国际、国内复杂变化的形势影响，中国粮食生产 TFP 大致呈现下降趋势。2003 年，粮食生产 TFP 达到最低点，为 0.976（见表 5 - 1），这主要是由粮食种植面积减少、劳动力供给不足、农民生产积极性不高，以及自然灾害等综合因素造成的。2009 年，粮食生产 TFP 再次出现下跌，仅为 0.985，尽管 2009 年粮食生产出现上涨，但是由于东北地区遭遇低温、干旱等自然灾害，黄淮地区、南方局部地区也受到干旱等天气影响，全国粮食产量出现下跌。2011 年以后，粮食生产 TFP 再次出现明显下降，粮食生产效率下降。

表 5 - 1　2003 ~ 2014 年中国粮食生产 Malmquist 指数变动

年　份	技术效率变化指数	技术进步指数	纯技术效率变化指数	规模效率变化指数	全要素生产率
	Effch	*Techch*	*Pech*	*Sech*	*Tfpch*
2003	0.944	1.033	1.000	0.944	0.976
2004	1.057	1.009	1.000	1.057	1.067
2005	0.969	1.038	1.000	0.969	1.005
2006	1.043	0.979	1.000	1.043	1.021
2007	1.005	0.993	1.000	1.005	0.999
2008	0.994	1.047	1.000	0.994	1.041
2009	1.029	0.957	1.000	1.029	0.985
2010	0.940	1.086	1.000	0.940	1.021

续表

年　份	技术效率变化指数	技术进步指数	纯技术效率变化指数	规模效率变化指数	全要素生产率
	Effch	*Techch*	*Pech*	*Sech*	*Tfpch*
2011	0.958	1.084	1.000	0.958	1.038
2012	0.987	1.039	1.000	0.987	1.026
2013	0.992	1.022	1.000	0.992	1.014
2014	1.051	0.953	1.000	1.051	1.002
平均值	0.997	1.020	1.000	0.997	1.016

3. "五年规划"[①] 期间的粮食生产效率

"五年规划"是中国国民经济的重要组成单元，主要对重大建设项目、生产力分布和国民经济重要比例关系做出规划，为国民经济发展愿景规定目标和方向。中华人民共和国成立至今，已经连续开展了十二个五年规划，社会安定团结、经济健康发展、人民生活水平不断提升、国际综合影响力也有了明显提高，都得益于五年规划的实施，中国社会经济发展才能够取得如此成绩。2016年是国民经济发展规划实施的"十三五"时期的开局之年，中国将面临着国际国内双重机遇与挑战，经济、社会形势发生了巨大变化，为积极应对经济发展"新常态"和社会发展新转折，国家及各省份均制定了社会经济发展的"十三五"规划，力争为实现中华民族伟大复兴的中国梦而不懈努力。

以五年规划为期来看中国粮食生产效率，实证结果显示，"七五"计划以来，中国粮食生产的TFP呈上升趋势，粮食生产效率逐年提高。而这一趋势的实现主要来自技术进步的影响。从

---

① 由于2015年数据缺失，故"十二五"时期按2011~2014年计算。

图 5-2 可以很明显地看出，技术进步成为推动 TFP 的主要动力，由此表明，"七五"计划以来，农业生产技术对于粮食生产发挥了重要作用。

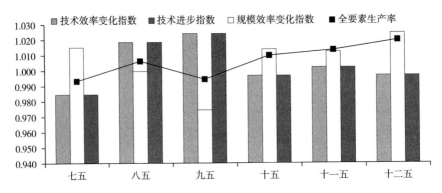

图 5-2　"七五"计划至"十二五"规划粮食生产 TFP 情况

4. 各省份粮食生产效率

由于受到地理、历史、社会、经济等多因素影响，中国发展在地区分布上存在着明显的差异，粮食生产也不例外。本书实证结果如表 5-2 所示，1986~2014 年中国 31 个省份中，粮食生产 TFP 表现出较为明显的地区差异，东部地区与中部、西部地区相比粮食生产效率较高。

表 5-2　1986~2014 年中国各省份粮食生产 TFP 情况

省　份	技术效率变化指数	技术进步指数	纯技术效率变化指数	规模效率变化指数	全要素生产率
	Effch	*Techch*	*Pech*	*Sech*	*Tfpch*
北京市	0.990	1.002	1.000	0.990	0.992
天津市	0.992	1.009	0.989	1.003	1.002
河北省	1.005	1.003	1.004	1.001	1.008
山西省	0.996	1.001	0.996	1.000	0.997

续表

省　份	技术效率变化指数	技术进步指数	纯技术效率变化指数	规模效率变化指数	全要素生产率
	Effch	*Techch*	*Pech*	*Sech*	*Tfpch*
内蒙古自治区	0.998	1.000	0.996	1.001	0.998
辽宁省	1.000	1.009	0.999	1.001	1.009
吉林省	1.000	1.006	1.000	1.000	1.006
黑龙江省	1.000	0.995	1.000	1.000	0.995
上海市	1.000	1.009	1.000	1.000	1.008
江苏省	0.997	1.006	0.998	0.999	1.003
浙江省	0.998	1.001	0.998	1.000	0.999
安徽省	0.999	1.005	1.000	0.999	1.004
福建省	1.001	1.005	1.001	1.000	1.006
江西省	1.000	0.994	1.000	1.000	0.994
山东省	1.004	1.005	1.005	0.999	1.009
河南省	1.009	1.001	1.009	1.000	1.010
湖北省	0.997	1.001	0.997	1.000	0.998
湖南省	0.999	1.002	0.999	1.000	1.001
广东省	1.002	1.005	1.002	1.000	1.007
广西壮族自治区	1.007	0.994	1.007	1.000	1.002
海南省	1.011	1.009	0.987	1.025	1.020
重庆市	0.996	0.989	0.996	1.000	0.986
四川省	0.992	0.978	0.993	0.999	0.970
贵州省	0.998	0.988	0.994	1.004	0.986
云南省	0.998	0.987	0.998	1.000	0.985
西藏自治区	0.996	0.971	1.000	0.996	0.968
陕西省	0.995	1.000	0.995	1.000	0.995
甘肃省	1.002	0.991	0.999	1.002	0.992
青海省	0.990	0.994	1.004	0.986	0.983
宁夏回族自治区	1.010	1.012	0.996	1.014	1.022
新疆维吾尔自治区	1.006	1.004	1.005	1.000	1.010

　　全国 31 个省份中，有 15 个省份 TFP 表现为负增长，其中有近一半省份集中在西部地区。粮食生产效率高的省份大部分集中于

东部地区，中部地区次之。而新疆和宁夏作为西部地区省份，粮食生产效率出现正增长。主要原因在于：新疆作为全国粮食产销平衡区，一直以来，坚持"区内平衡，略有结余"的粮食工作方针，统筹全区粮食生产、储备和流通能力建设，不断加快构建粮食安全保障体系，实现了粮食生产的高保障。尤其是从 2004 年起，实行小麦敞开收购、敞开直补政策，认真执行小麦收购最低信息参考价，逐年提高收购价格。从 2010 年起，将"落实小麦收购直补政策"列入重点民生实事工程。从 2013 年起，又进一步提高了小麦直补标准，一系列惠农政策充分调动了农民的种粮积极性。

宁夏虽然地域面积小，但是连续多年通过调整种植业结构，压夏增秋，大力压减旱作区小麦面积，稳定水稻面积，增加玉米和马铃薯种植面积，扩大高产稳产秋粮作物面积，有效保证了粮食生产。同时，宁夏坚持以实施重大工程做保障，通过实施国家千亿斤粮食提升能力建设、中北部土地整理、中低产田改造、土壤有机质提升等一系列重大工程项目，使全区耕地质量得到明显改善，粮食综合生产能力进一步提高，为农业增产增收奠定了坚实基础。

在全要素生产率的分解中，无论是技术效率，还是技术进步，均表现出较为明显的地区差异，而各省份的 TFP 增长主要依赖于技术进步。

（三）小结

上述实证结果表明，中国粮食生产效率呈现阶段性特征，虽有波动，但总体而言，粮食生产效率表现稳定，表明中国粮食生产效率整体形势向好，未出现较大规模变动。这是中国保障粮食安全的缘由。但是，就区域分布而言，中国粮食生产效率存在地区差异性，西部地区生产效率远低于东中部地区，这也对下一阶段的粮食生产提出了要求，西部地区应在借鉴东中部地区先进经验基础上，结合自身发展优势，因地制宜，推进地区粮食生产效率稳定发展，保障粮食安全。

第二节　中国保障粮食安全的主要举措

联合国粮农组织发布的《2015 年世界粮食不安全状况》报告显示，在其监测的 128 个国家中，已经有 72 个国家实现了千年发展目标，其中 29 个国家实现了世界粮食首脑会议的目标。按照其评估，2014 ~ 2016 年，中国饥饿人口数量减少到 1.34 亿，占中国总人口的比例为 9.3%。中国不仅是东亚地区减少饥饿人口的主力，而且其饥饿人口下降的数量占到了所有发展中国家的 2/3，为全球反饥饿事业做出了重大贡献。联合国粮农组织助理总干事劳伦斯·托马斯指出，中国用占世界 9% 的可耕地养育了约 1/5 的世界人口，而且粮食产量已达到世界的 1/4，这非常令人敬佩。更难能可贵的是，几十年前，中国还是一个饥饿问题严重的地区，如今已经成为世界上最大的经济体之一，饥饿人口的比例迅速下降，提前完成了千年发展目标。中国在减贫事业以及社会、经济可持续发展方面的经验值得与世界分享。认真探讨中国为保障粮食安全做出的贡献，归纳总结中国模式、中国经验，对于世界粮食安全保障具有重要的借鉴意义。笔者认为，中国之所以能够保障粮食安全，主要取决于以下七个方面的成功经验。

一 政府全力保障，始终将粮食安全问题放在一切问题的首位

中国一直将农业列为优先发展方向，把农业稳定视为国家稳定的重要支柱，而保障粮食安全是一个永恒的课题。党和政府历来将粮食安全作为中心目标来抓，认为粮食安全始终处于关系国家经济发展、社会稳定和国家自主的政治战略高度，农业兴，则天下安。中国具有人口多、耕地面积少、淡水资源匮乏等限制性因素，如果从这一基本国情出发，解决粮食安全问题就显得尤为关键。中国历代领导集体均对粮食安全问题给予了高度关注，毛泽东同志曾经提出"世界上什么问题最大，吃饭问题最大"；邓小平同志指出"不管天下发生什么事，只要人民吃饱肚子，一切就好办了"；江泽民同志强调"农业是国民经济的基础，农村稳定是整个社会稳定的基础，农民问题始终是中国革命、建设、改革的根本问题"；胡锦涛同志指出"如果吃饭没有保障，一切发展都无从谈起"；党的十八大以来，习近平总书记曾在多个重要场合论述"粮食安全"的重要性，2013年11月27日，习近平总书记在山东省农业科学院考察时指出，中国是个人口众多的大国，解决好吃饭问题始终是治国理政的头等大事。"手中有粮，心中不慌。"2013年12月13日的中央经济工作会议指出，要坚持以我为主、立足国内、确保产能、适度进口、科技支撑的国家粮食安全战略。中国人的饭碗任何时候都要牢牢端在自己手上。要合理配置资源，集中力量首先把最基本、最重要的保住，确保谷物基本自给、口粮绝对安全。正是基于党和政府对粮食安全的高度关注，始终将解决吃饭问题放在一切工作的首位，才能够保障粮食安全。

在法律制度保障上，国家先后颁布了《中华人民共和国土地

管理法》、《中华人民共和国农村土地承包法》和《基本农田保护条例》等法律规范，建立了最为严格的耕地保护制度，为保证粮食生产做出了全方位的保障。

案例 5 −1　世界粮食日

1945 年 10 月 16 日，42 个国家集聚加拿大魁北克，创建了联合国粮食及农业组织，目标在于使人类摆脱饥饿和营养不良，以及有效地管理全球粮食系统。为纪念 1945 年联合国粮农组织成立，选择每年的 10 月 16 日为 "世界粮食日"。目前，全世界有超过 150 个国家举办各种活动，成为联合国最重要的庆祝活动之一。这些活动有助于提高全球对饥饿问题的认识，了解为确保人人享有粮食安全和营养膳食而采取行动的必要性。1979 年 11 月，第 20 届联合国粮食及农业组织大会决定将 1981 年 10 月 16 日确定为首次世界粮食日。1981 年以来的历届世界粮食日主题如下。

1981 年：粮食第一；

1982 年：粮食第一；

1983 年：粮食安全；

1984 年：妇女参与农业；

1985 年：农村贫困；

1986 年：渔民和渔业社区；

1987 年：小农；

1988 年：农村青年；

1989 年：粮食与环境；

1990 年：为未来备粮；

1991 年：生命之树；

1992 年：粮食与营养；

1993 年：收获自然多样性；

1994 年：生命之水；

1995 年：人皆有食；

1996 年：消除饥饿和营养不良；

1997 年：投资粮食安全；

1998 年：妇女供养世界；

1999 年：青年消除饥饿；

2000 年：一个免于饥饿的千年；

2001 年：消除饥饿，减少贫困；

2002 年：水：粮食安全之源；

2003 年：携手建立反饥饿国际联盟；

2004 年：生物多样性促进粮食安全；

2005 年：农业与跨文化对话；

2006 年：投资农业，促进粮食安全；

2007 年：食物权；

2008 年：世界粮食安全：气候变化和生物能源的挑战；

2009 年：应对危机，实现粮食安全；

2010 年：团结起来，战胜饥饿；

2011 年：粮食价格——走出危机走向稳定；

2012 年：办好农业合作社，粮食安全添保障；

2013 年：发展可持续粮食系统，保障粮食安全和营养；

2014 年：家庭农民——供养世界，关爱地球；

2015 年：社会保护与农业：打破农村贫困恶性循环；

2016 年：气候在变化，粮食和农业也在变化。

资料来源：国家粮食局，http：//www.chinagrain.gov.cn/template/983227/983234.pdf，2016 年 10 月 20 日。

二　合理开发利用农业资源，增加农业科技投入

合理开发利用农业资源最主要的体现是对基本农田的保护。对基本农田的保护是指根据一定时期人口和国民经济发展对农产品的需求，以及对建设用地的预测，而对长期不得占用的耕地依法实行保护的一项土地行政措施。基本农田保护的对象是国务院有关主管部门和县级以上地方人民政府批准确定的粮、棉、油和名、优、特、新农产品生产基地，高产、稳产田和有良好的水利与水土保持设施的耕地以及经过治理、改造和正在实施改造计划的中低产田，大中城市蔬菜生产基地，农业科研、教学试验田，省级以上人民政府确定的其他农业生产基地。

1988 年，中国划定基本农田保护区工作正式启动。1994 年 12 月 24 日，国务院第 12 次常务会议通过了《基本农田保护条例》，首次就基本农田保护区制度进行了界定。2016 年 8 月 4 日，国土资源部、农业部联合发布《关于全面划定永久基本农田实行特殊保护的通知》，对全面完成永久基本农田划定工作加强特殊保护做出部署。这一通知明确了永久基本农田划定的目标任务，即按照"依法依规、规范划定，统筹规划、协调推进，保护优先、优化布局，优进劣出、提升质量，特殊保护、管住管好"五项原则，将《全国土地利用总体规划纲要（2006—2020 年）调整方案》确定的全国 15.46 亿亩基本农田保护任务落实到用途管制分区，与农村土地承包经营权确权登记颁证工作相结合，实现上图入库、落地

到户，确保划足、划优、划实，实现定量、定质、定位、定责保护，划准、管住、建好、守牢永久基本农田。正是基于对基本农田的保护，中国紧张的耕地资源才得到了有效保证，才能够基本保障中国粮食生产安全，大大提高粮食生产能力。

此外，科学技术的进步对于农业生产，以及粮食产量的增加具有关键作用。1997年初，中国就已经开展了"农业科技推广年"活动，有利推广了科学技术的应用，提高了粮食产量供给能力。1989年11月27日，国务院颁发《关于依靠科技进步振兴农业，加强农业科技成果推广工作的决定》，"科技兴农"就成为发展粮食生产的一项战略方针。20世纪70年代，利用海南普通野生稻雄性不育材料创新的种质，培育成功"杂交水稻"，单产提高了15%以上；具有抗旱种质资源的"晋麦63"，在北部冬麦区推广了1.5亿亩；利用大豆种质资源"北京小黑豆"解决了大豆胞囊线虫病抗性资源缺乏的重大问题等，均是利用科学技术对传统粮食资源进行的改进，降低了粮食生产成本，增加了粮食单位产量，提高了社会经济效益。同时，在引进技术的基础上，加强农业基础设施建设，改造中低产田，提高了农业的抗灾减灾能力。正是由于在农业领域着眼长远发展，探寻技术创新方向，改善农业技术创新条件，才进一步完善了农业科学技术的吸收再创新，通过技术改造升级，推进了农业现代化进程。

案例5-2 袁隆平的超级杂交水稻

超级杂交水稻是农业部超级杂交水稻培育计划的成果，该计划于1996年提出，由"杂交水稻之父"袁隆平主持。2000年，超级杂交水稻品种达到了第一阶段单次水稻产量标准，即每公顷产量超过了 10.5 吨；2004 年超级杂交水稻达到第二期产量指标；2012 年 9 月 24 日，湖南省农业厅组织的专家验收组宣布超级杂交稻第三期大面积亩产 900 公斤攻关的圆满实现。

- 第一阶段

为了满足 21 世纪所有中国人的粮食需求，农业部于 1996 年提出超级杂交水稻培育计划。其中一季杂交稻的产量指标是：第一期（1996~2000 年）700 公斤/亩，第二期（2001~2005 年）800 公斤/亩。

2000 年，中国培育的超级杂交水稻品种达到了第一阶段单次水稻产量标准，即每公顷产量超过了 10.5 吨，一些品种已用于商业生产。

- 第二阶段

2005 年 5 月，袁隆平努力集中培育第二阶段的超级杂交水稻，并取得了良好进展，其中开发出来的一些杂交水稻品种有每公顷 13 吨的潜力，最好的一个杂交水稻品种已连续两年都达到了每公顷 12 吨的水平。

- 第三阶段

2005 年 5 月，在江西南昌召开的杂交水稻产业化国际学术研讨会上，袁隆平称，由他主持的中国超级杂交水稻培育计划已提出了第三阶段的超级杂交水稻计划目标，将在 2010 年之前实现每公顷 13.5 吨的产量目标。

国家杂交水稻工程技术中心于 2006 年开始组建攻关研发团队，按照"良种、良法、良态"配套的原则，选育出了一批单产具 900 公斤潜力的超级杂交稻新组合。

从 2010 年开始，袁隆平院士领衔的专家团队联合长江大学、湖南省水稻所等单位，在湖南浏阳、醴陵、隆回等地广泛开展杂交水稻亩产 900 公斤攻关试验。

2011 年，国家杂交水稻工程技术中心组织在湖南省 5 个县实施攻关，5 个百亩攻关片均获高产，其中隆回县羊古坳乡雷锋村百亩片平均亩产达 926.6 公斤。

2012 年 9 月 18 日，由袁隆平研制的"Y2 优 2 号"百亩超级杂交稻试验田正式进行收割、验收。农业部委派的专家组成员到场进行现场监督验收，并进行产量测定。

2012 年 9 月 20 日，溆浦县横板桥乡兴隆村的百亩片，种植品种组合"Y2 优 8188"，再度实现平均亩产超 900 公斤。专家组随机抽取了 3 块攻关田验收，经烘干去杂后，加权平均后百亩片平均亩产达 917.72 公斤。

2012 年 9 月 24 日，国家杂交水稻工程技术中心表示，由袁隆平院士领衔的"超级杂交稻第三期亩产 900 公斤攻关"通过现场测产验收，以百亩片加权平均亩产 917.72 公斤的成绩突破攻关目标。

2015 年，云南省个旧市的"超级杂交水稻个旧示范基地"百亩连片水稻攻关田种植基地创下了百亩片平均亩产水稻 1067.5 公斤的世界新纪录。

资料来源：百度百科《超级杂交水稻》，http：//baike. baidu. com/link? url = p7T _ d9oEMbCzLUNGoe2VkMcLtcR8 - 9Io_ BuhZxwjjE02xbUBeac DSuxK60fiC7IABLR1QJ5AKY8WSSzbqkGytq。

三　重视完善粮食流通体制，粮食市场化改革取得巨大成功

中华人民共和国成立之初，粮食市场存在着多种经济成分，

粮食流通主要是自由购销体制，直到 1953 年 10 月和 11 月，中共中央和国务院先后发布《关于粮食统购统销的决议》《关于实行粮食的计划收购和计划供应的命令》，标志着中国粮食流通进入了统购统销时期，这一制度一直持续了 31 年之久。1978 年，党的十一届三中全会开始改变计划经济体制，重视市场作用，在粮食问题上坚持"立足国内、自力更生、发展生产、厉行节约"的方针，坚持统购统销的粮食购销体制和"统一领导，分级管理"的粮食管理体制。直到 1985 年，中共中央、国务院发布《关于进一步活跃农村经济的十项政策》，才实现了中国第一次粮食流通体制改革，开始走向"双轨制"时期，这主要是应对粮食质量和品种不适应市场需求而改变，并开始实行合同订购。1998 年 5 月，国务院下发《关于进一步深化粮食流通体制改革的决定》，开启了新一轮的粮食流通体制改革，其重点在国有粮食企业，实行按保护价敞开收购农民余粮、顺价销售、粮食收购资金封闭运行三项政策。2000 年，浙江省成为全国第一个实行粮食购销市场化改革的省份。2003 年，党的十六届三中全会通过《中共中央关于完善社会主义市场经济体制的决定》，标志着中国社会主义市场经济体制走向完善，为推进粮食购销市场化改革创造了条件。2006 年，国务院下发《关于完善粮食流通体制改革政策措施的意见》，真正意义上全面放开了粮食购销市场和价格，标志着粮食流通体制完全迈上了市场经济轨道。粮食流通体制的改革，加快了粮食购销市场化进程，形成了更加完善的市场主体，粮食价格形成机制逐渐完善，市场体系逐步健全。

粮食市场化改革，使得粮食生产摆脱了计划经济时代的束缚，粮食不再按照种粮计划生产，市场机制得以充分发挥，农民生产自主权增强。在计划经济时代，粮食生产实行统购统销、凭票证供应的制度，造成了粮食供应的不平衡，忽视了价值规律和市场的作用，使得粮食成为当时最紧缺的商品之一。而改革开放以来，中国全面开放粮食购销市场，不断发挥市场机制在国内外粮食资源配置中的作用，保证了粮食生产。特别是党的十八大以来，关于政府和市场在资源配置中的关系的论述中，指出要强化市场在资源配置中的决定性作用，更加快了粮食生产的市场化改革步伐，适应了市场需求。当前，粮食批发和零售、期货和现货、区域性和全国性的新型粮食市场体系已基本成型，并发挥着越来越重要的作用。

如今农村市场化改革不断走向土地经营权的合法流转。改革开放以来，中国工业化和城镇化进程加快，农村大量人口转移至城市，农村实际种粮人数有所下降，部分土地存在抛荒和休耕的状态，土地资源利用效率低下，也造成了一定程度的土地经营权的流转，通过引导建立适度规模的小型农场的形式，使土地资源集中，提高劳动生产效率，增加粮食产量，有利于进一步优化土地资源配置和提高劳动生产率，有利于保障粮食安全和主要农产品供给。2014年11月，中共中央办公厅、国务院办公厅印发了《关于引导农村土地经营权有序流转发展农业适度规模经营的意见》，对农村土地经营权有序流转做出了更为详细的界定，这也成为推进农业现代化建设，破解"三农"问题、实现农业现代的必由之路。

四 建立粮食储备制度和风险制度，保障全社会粮食安全

粮食储备制度是保障粮食安全的战略基石。而拥有规范的粮

食储备制度与充足的粮食储备规模，对稳定物价、约束粮食流通、规范粮食市场、提高效益、增加农民收入和保障国家粮食安全有着至关重要的作用（费佐兰、余志刚，2015）。在中国，粮食储备是为保证非农业人口的粮食消费需求，调节省内粮食供求平衡、稳定粮食市场价格、应对重大自然灾害或其他突发事件而建立的一项物资储备制度。

中华人民共和国成立后，国家实施"甲字粮""506粮"等战略。一直到20世纪90年代，中国先后成立了国家粮食储备局和中国储备粮管理总公司及分支机构，建立起了以中央储备为主体、地方各级政府粮食储备相配套、粮食企业库存、农户存量和社会存量相结合的粮食储备体系；同时，又建立了国家专项粮食储备制度。1994年，国家为保护种粮农民权益、稳定粮食市场、确保国家粮食安全，在《粮食风险基金实施意见》（国发〔1994〕31号）中，首次明确提出建立粮食风险基金制度，并设立了粮食风险基金，由中央财政与地方政府共同筹资建立，地方政府包干使用，有力促进了流通市场稳定和国家粮食安全。2000年，中国储备粮管理总公司成立，注册资本为166.8亿元，是中央直接管理、关系国家粮食安全和国民经济命脉的国有重要骨干企业。其自成立之日起，就肩负着维护国家粮食安全的重大使命。其公布的数据显示，截至2013年底，中储粮总公司在全国共有23个分公司、4个全资或控股二级管理子公司、1个科研所，机构和业务覆盖全国31个省份。在全国布局1000多个直属库、7000多个收储点，管理社会委托收储库点9000多个，2013年收购量占全国粮食收购总量的32.6%，极大地保障了中国的粮食安全。

中央粮食储备制度的建立，是确保中国粮食安全的重大战略，是面对中国工业化、城镇化加速发展，人口、资源与环境面临诸多挑战的必然选择。作为国家粮食安全调控的重要手段，中央粮食储备制度是针对中国国情而提出的独具特色的创举，此举对于应对国内、国际突发事件发挥着不可替代的作用。如 1998 年的长江流域洪水、2008 年的南方冰雪灾害和四川汶川特大地震等自然灾害发生时，国家均及时下拨中央和地方储备粮，实现就近赈灾应急，稳定了粮食市场价格，保证了人民的生命安全。

五　尊重农民首创精神，积极调动农民种粮积极性

农民是社会主义现代化建设事业的重要组成部分，担负着建设农村、促进农业生产的重要职责。作为农村生产力的重要推动者和实践者，农民是保障粮食安全、促进粮食生产的主体。因此，积极调动农民种粮积极性，提高农民种粮热情，对于保障粮食安全至关重要。

尊重农民首创精神，最重要的在于中国实行了长期稳定的家庭联产承包责任制，这是党领导粮食工作的一项成功经验。家庭联产承包责任制的实施，极大提高了农民的种粮积极性，农村生产力得到了解放和发展。1978 年 12 月，安徽凤阳小岗生产队农民冒着极大风险，率先实行包干到户和包产到户，成为中国农民推动农村改革的典型代表。1980 年 9 月，中央 75 号文件明确指出，包产到户是依存于社会主义经济，而不会脱离社会主义轨道的。这是第一次在中央文件中承认农民"包产到户"的合理性和合法性。1984 年，中国开始了第一轮土地承包，宣布承包期为 15 年不变。1993 年，政府又提出了土地承包期再延长 30 年不变的政策。同年，中共中央、国务院下发的《关于当前农业和农村经济发展

的若干措施》指出，以家庭联产承包为主的责任制和统分结合的双层经营体制，是中国农村经济的一项基本经济制度，要长期稳定，并不断完善。截至 2000 年底，全国已经有 95% 的村庄完成了延长土地承包期的工作，承包期在 30 年间的耕地面积已经占承包期耕地总面积的 90% 以上，绝大部分地区与农户签订了土地承包权证书和承包合同。

此外，国家为提高农民收入，增加粮食产量，做出了法律保障。2003 年 12 月，中央政治局召开会议通过了《中共中央国务院关于促进农民增加收入若干政策的意见》，并作为 2004 年的中央一号文件公布，第一次把促进"农民增收"作为主题写进中央一号文件，出台了 9 个方面 22 条促进农民增收的政策，之后每年的中央一号文件对农民增收、调动农民种粮积极性都有所涉及。而 2005 年 12 月 29 日，中国农业生产具有划时代意义的事件是，第十届全国人大常委会第 19 次会议经表决决定，《中华人民共和国农业税条例》自 2006 年 1 月 1 日起废止，在中国存在了 2600 多年的古老税种宣告终结，给中国农民带来了极大的利好，调动了农民种粮积极性，进一步解放了农村生产力。

案例 5-3 安徽凤阳小岗村

小岗村隶属于安徽省凤阳县，位于滁州市凤阳县东部 25 公里处，距宁洛高速（G36）凤阳出口 15 公里。是中国农村改革的发源地、全国十大名村之一、国家 AAAA 级旅游景区、沈浩精神起源地、中国幸福村、中国乡村红色遗产名村、全国旅游名村、全国干部教育培训基地、全国大学生假期社会实践教育基地。

1978年冬，小岗村18位农民以"托孤"的方式，冒险在土地承包责任书上按下鲜红手印，实施了"大包干"。这一"按"竟成了中国农村改革的第一份宣言，改变了中国农村发展史，掀开了中国改革开放的序幕。自强不息的小岗人创造出了"敢想敢干，敢为天下先"的小岗精神。

截至2013年，小岗村40%的村民从事第一产业，近45%的村民从事第二产业（主要是农产品加工），15%的村民从事第三产业。2014年，工农业总产值为7.38亿元，村集体经济收入为665万元，农民人均纯收入为14500元。

资料来源：百度百科《安徽凤阳小岗村》，https：//www. baidu. com/link？ url＝p0qfLXFctGtdJ 7TDEMHq2rALhGApVbeqVQpVU7BFca＿ ZDMi＿ hbQwpO3YPIvzsc9irQ32s＿ MZDs6UKelk4xxaeqVNtWa VmxHqcY4W5x＿ FcjufAnBxkCQhJ－NXVwEJMPzKKJw8ycgHsF595m－JjU19lmNim－zsBq2EllQGoC0SV bNLwAYzeTURiNidmdSiNHPillFHRLac4Ha3QC48QhV2JA4iTF1cxCKGRpiGBKabgmuR5y2mOR－WeU2K E＿ rcqHKs&wd＝&eqid＝dc1ad7a30005d14700000003580ac615。

六　坚持立足国内保障粮食自给的基本方针不动摇，稳步扩大对外开放与合作水平

立足国内保障粮食自给的基本方针不动摇，才能够将饭碗牢牢把握在自己手里，才能够真正掌握粮食生产及安全的主动权。中国长期坚持立足国内、基本自给的粮食方针也不会随着国际国内形势的变化而改变，反而变得更加关键。只有保证粮食自给，才是粮食安全的战略立足点。按照中国当前粮食统计口径计算，目前谷物产量占国内粮食产量的90%以上，实现了谷物基本自给，中国粮食安全有了保障。《国民经济和社会发展第十三个五年规划纲要》也提出，要增强农产品安全保障能力，确保谷物基本自给、口粮绝对安全。立足国内保障粮食基本自给是党领导粮食工作的

基本方针，也是党领导粮食工作的一项基本经验。

1988 年 11 月，全国农村工作会议强调，农业仍然是国民经济的基础，粮食是基础的基础，并且一直强调要按照"一要吃饭二要建设"的原则，坚守 18 亿亩耕地红线，保障国家的粮食安全。2006 年，中央一号文件指出，确保国家粮食安全是保持国民经济较快发展和社会稳定的重要基础，必须坚持立足国内实现粮食基本自给的方针。2013 年 12 月，中央经济工作会议更是将"切实保障国家粮食安全"列为本年度经济工作的任务之首，并将"确保产能、适度进口""注重永续发展、转变农业发展方式"等作为保障粮食安全的具体途径，体现了中国粮食安全战略的新思路。

同时，中国粮食安全也特别注重参与国际市场，稳步扩大对外开放水平，与国际社会协同解决世界粮食问题。粮食安全问题是一个世界性难题，联合国最新发布的饥饿年度报告《2015 年世界粮食不安全状况》显示，世界饥饿人口数量仍有 7.95 亿人，约占全球总人口的 1/9。如何破解这一难题，需要全球各国积极配合，通力合作。截至 2014 年，中国已经向非洲、亚洲、南太平洋等地区近 30 个国家派遣近 1000 多名农业援外人员，他们在多个领域向受援国推广农业技术 1000 多项，培养各类人员 10 万人次，带动了水稻、玉米、蔬菜等农作物平均增产 30% ~ 60%。同时，当世界发生重大自然灾害时，中国也及时通过世界粮食计划署向相关国家提供援助，积极参加联合国粮农组织框架下的"南南合作"模式。2011 年，中国被授予"南南合作"特别贡献奖，有力彰显了中国在国际粮农领域的影响力，展现了负责任大国的形象。中国参与国际粮食市场，是要充分利用国际资源，与世界农业大国合作与交流，拓展确保粮食安全的空间，通过多边和双边渠道为发展中国家粮食生产提供支持。

七　鼓励减损、节约粮食、倡导光盘行动

珍惜粮食、勤俭节约是中华民族的优秀传统美德，"谁知盘中餐，粒粒皆辛苦"的诗句早已流传甚广。作为全世界人口最多的发展中国家，中国人口已达 13 亿多，如果每人每月浪费 500 克粮食，一年全国就要浪费 65 万吨，如此庞大的粮食浪费理应受到高度关注。时任国家粮食局局长任正晓曾表示，中国每年的粮食损失浪费量大约相当于 2 亿亩耕地的产量，比第一产粮大省黑龙江省一年的产量还要多。据测算，中国粮食仅储藏、运输、加工等环节损失浪费总量就已经达 700 亿斤以上。

面对如此惊人的粮食浪费现象，党和国家领导人高度关注，并多次做出重要批示。2013 年 1 月 17 日，习近平总书记在新华社《网民呼吁遏制餐饮环节"舌尖上的浪费"》材料上做出批示，指出要加大宣传引导力度，大力弘扬中华民族勤俭节约的优秀传统，宣传节约光荣、浪费可耻的思想观念，努力使厉行节约、反对浪费在全社会蔚然成风。同年 2 月 22 日，习近平总书记又在人民日报《专家学者对遏制公款吃喝的分析和建议》等材料做出批示，要求厉行勤俭节约、反对铺张浪费，这一批示得到了广大干部群众的衷心拥护。习近平总书记还强调，后续工作要不断跟上，坚决防止走过场、一阵风，切实做到一抓到底、善始善终。随后，一场旨在杜绝"舌尖上的浪费"的"光盘行动"在全国展开。"光盘行动"指就餐时倡导人们不浪费粮食，吃光盘子里的东西，吃不完的饭菜打包带走。该活动首先由腾讯微博认证用户徐侠客于

2013 年 1 月 16 日在腾讯微博发起，倡导网友珍惜粮食，加入行动。1 月 22 日《新闻联播》对此加以报道，号召大家节约粮食、从我做起。

此外，为唤起世界对发展粮食和农业的高度重视，促进人们重视粮食生产，加强国际和国家对战胜饥饿、营养不良和贫困的声援，关注粮食和农业发展方面的成就。1979 年 11 月举行的第 20 届联合国粮食及农业组织大会决定：1981 年 10 月 16 日为首次世界粮食日（World Food Day，缩写为 WFD）。2016 年 10 月 16 日，世界粮食日主题为："气候在变化，粮食和农业也在变化。"

第三节　中国粮食安全面临的危机与挑战

尽管中国为保障粮食安全做出了巨大努力，对世界粮食安全做出了突出贡献，但是，面对当前国际、国内市场的双重机遇与挑战，中国保障粮食安全工作仍存在很大的压力，主要体现在以下七个方面。

一　宏观经济形势的不确定性加剧了保障粮食安全的风险

2013 年，中国经济进入发展"新常态"。2013～2015 年，经济下行压力加大，经济增长以低于两位数的速度发展，2015 年，中国经济增长速度为 6.9%，首次跌破 7%，创下了近 25 年的最低值。《2016 年国民经济和社会发展统计公报》数据显示，2016 年，全国国内生产总值比 2015 年增长 6.7%。面对这种宏观经济环境的不确定性，也加剧了农业的不稳定性。

同时，按照诺瑟姆曲线规律，中国城镇化建设速度进入快速增长阶段。2015 年，中国城镇化率已经达到了 56.1%，而依据《国家新型城镇化规划（2014—2020 年）》的要求，截至 2020 年，中国城镇化率将达到 60% 左右，也就意味着推进城镇化建设是未来一段时期内要长期坚持的工作。城镇化水平的大幅度提高，将增加粮食消费量，也可能成为市场粮食价格的推动因素，从而对粮食安全造成影响。

二 人口数量持续增加与供给减少之间的矛盾突出

中国是人口大国的基本国情决定了国家的任何一项政策的实施，都要充分考虑到人口基数大这一现实。作为人们生活的必需品，粮食需求弹性较小，人口的不断增加将推动粮食消费量的刚性增长。按照有关测算，中国人口在 2030 年将达到 16 亿，如果按人均每年消费 400 公斤粮食计算，由于人口的增加，粮食消费量将增加 1.2 亿吨。而国家粮食局公布的数据显示，截至 2015 年 9 月，河南、江苏等 9 个小麦主产区各类粮食企业共收购新产小麦 6098 万吨，同比减少 953 万吨，降幅达 13.5%。与此同时，中国粮食进口量不断增加，并成为全球第一粮食进口国，这就造成了不断增长的人口数量对于粮食的需求，与粮食供给之间的矛盾不断加深，供求矛盾突出。

此外，伴随着人们生活水平的不断提高，生活质量逐步改善，居民粮食消费结构也在发生相应的变化，对由粮食转化的动物性食品消费即间接粮食消费的需求提高，并推动人均粮食消费量有所增加，特别是饲料粮的消费有较快增长，这也增加了对粮食的需求。

三 生态环境遭到破坏，粮食安全的基础性条件受到威胁

首先，耕地面积对粮食安全的影响。耕地是决定粮食供给的基础，中国是人地关系紧张的国家，图 5-3 反映了 1949～2014 年中国耕地面积的变动情况，数据显示，中国耕地面积一直处于紧张状态。2006 年的十届全国人大四次会议上通过的《国民经济和社会发展第十一个五年规划纲要》提出，18 亿亩耕地是一个具有法律效力的约束性指标，是不可逾越的一道红线。2013 年 12 月 23日中央农村工作会议再一次提出，要用最严谨的标准、最严格的监管、最严厉的处罚、最严肃的问责，提出要确保粮食安全，坚守18 亿亩耕地红线。然而图 5-3 显示，2013 年，中国耕地面积已经直逼 18 亿亩耕地的红线，如果不加以保护，耕地面积将受到极大考验。在耕地质量方面，联合国粮农组织于 2011 年 11 月 28 日发表的《世界粮食和农业领域土地及水资源状况》指出，当前全世界土地和水资源出现普遍退化，已有 25% 的土地处于"高度退化"状态，这将对粮食生产造成影响，对世界粮食安全构成挑战。国

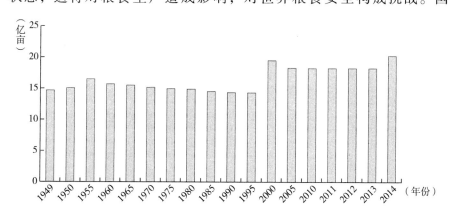

图 5-3　1949～2014 年中国耕地面积

资料来源：历年《中国统计年鉴》。

土资源部将全国耕地质量评定为 15 个等别，目前中国耕地平均等别为 9.8 等，总体水平偏低，全国生产能力大于 1000 公斤/亩的耕地仅占 6.09%。耕地质量问题正在成为中国粮食安全和农产品质量安全的隐患，所面临的粮食和土壤环境问题比其他任何国家都要严峻。

其次，水资源短缺且污染严重成为粮食增产的制约性因素。水是农业的命脉，中国农业用水量占整个用水总量的 60% 以上。中国水资源总量不少，但人均占有量仅为世界平均水平的 1/4，水资源年际年内变化也很大，大部分集中在雨季，且地区分布很不平均。水的供需矛盾将更加尖锐，成为影响粮食生产的重要制约因素。但同时中国对水资源的开发利用程度低，且浪费较严重。有资料显示，全国地表水的开发利用率仅为 15.9%，灌溉水有效利用率不足 40%，平均每生产 1 斤粮食耗水 1 吨，是先进国家的 4 倍。

再次，农业化学污染和重金属污染加剧了粮食安全的担忧。农业源污染物排放对水环境的影响较大，其化学需氧量排放量为 1324.09 万吨，占化学需氧量排放总量的 43.7%。农业源也是总氮、总磷排放的主要来源，其排放量分别为 270.46 万吨和 28.47 万吨，分别占排放总量的 57.2% 和 67.4%。同时，工业污染物的大量排放也影响粮食安全。工业污染主要指废水、废气和固体废物"三废"。三废污染是导致农业生态环境恶化的重要原因，也是农业粮食减产的重要原因。据统计，中国利用污水灌溉的面积为 361.84 万公顷，占全国总灌溉面积的 7.3%。2010 年全国化学需氧量（COD）的普查结果是 3028.96 万吨，比 2007 年的统计数据增加了 119%。普查结果显示，淮河、海河、辽河、太湖、滇池、巢湖等水污染防治重点流域接纳主要水污染物数量大，工业污染物排放主要集中在少数行业和局部地区，污染结构性问题十分突出。

最后，全球气候变化，以及极端自然灾害加剧了粮食安全保障的风险。近年来，中国极端天气频发，旱灾、涝灾等自然灾害严重影响中国粮食生产，对粮食作物生产构成了重大威胁。一系列的外部冲击，如2008年南方雪灾和"5·12"汶川地震、2013年雅安地震等，都在提醒我们，即使粮食供给充足，粮食市场，尤其是局部地区仍旧可能会发生粮食不安全现象（毛雪峰等，2015）。农业部有关数据表明，目前中国54%的耕地还是缺乏灌溉设施的"望天田"，机电排灌面积不足30%。现有的农田水利工程相当一部分已超过了规定使用年限，老化失修严重。

四　粮价下行压力和粮食增收空间难度加大

在国际粮价普遍走低、国内农产品的国际竞争力持续下滑的今天，中国自身的粮食生产面临巨大的国际竞争压力。根据联合国粮农组织数据，中国大米、小麦、玉米的国内外农产品差价分别为318元/吨、451元/吨和924元/吨。这样的差价体现在市场经济上，就是"种粮不挣钱"，"产粮大县"基本就意味着"财政小县"。据相关报道，"中央财政对农业保险保费的补贴比例，将由目前的中西部40%、东部35%，逐步提高至中西部47.5%、东部42.5%"。这7.5%对产粮大县的财政是重要的支持，是在粮价下行压力下稳定粮食生产、创新农业补贴形式的重要措施。同时，种粮成本的提高使农民种粮积极性受到影响，农药、化肥、农用柴油等农业生产资料价格和用工成本的提高，已成为目前种粮成本提高的主要推手，保护农民种粮积极性、保持粮食生产稳定发展的难度加大。

另外，截至 2015 年，中国粮食产量已经实现了十二连增，但是，受耕地资源的约束和种植效益的影响，未来一段时期内小麦、水稻等粮食作物增收空间难度加大。

五　农村劳动力减少，难以保障粮食增产

改革开放 30 多年的经验告诉我们，中国经济之所以能够得到如此快速的增长，主要原因在于充分利用了人口红利优势。然而，2013 年 1 月，国家统计局公布的数据显示，2012 年中国 15～59 岁劳动年龄人口在相当长时期里第一次出现了绝对下降，比上年减少了 345 万人，这意味着人口红利趋于消失，导致未来中国经济要过一个"减速关"。这是中国劳动力市场发生的一次重大变化，如何挖掘新红利，促进社会经济发展是需要思考的问题。

同样的，农村人口红利也在不断减少。未来农村人口数量的大幅降低将导致农村人口的总体粮食需求减少，中国粮食需求的增长将主要来自城镇人口的增长，城镇化水平的提高将成为中国粮食需求的主导因素。加之，如今农村年轻劳动力不愿意在家种田，或外出求学，或外出打工，留守在农村的基本以"3860"群体（妇女和老人）为主，农村生产只能依靠妇女和老人，劳动生产效率极低，尽管外出打工者在农忙时节返乡耕种，但是，经营净收入已经不再是主要可支配收入来源，而是更多地依靠工资性收入。如今，80 后或者 90 后的农村年轻人的耕作土地意愿降低，造成了粮食增收的一大隐患。

六　农产品进出口贸易逆差，缺乏国际市场定价话语权

粮食增产并不意味着粮食安全问题的彻底解决，粮食进口对于粮食安全也是一种威胁。图4－10已经很清晰地表明，近年来，中国粮食进口量呈现递增态势，特别是大豆的进口量已经占据整个进口量的绝大部分。粮食生产和消费主要是大米、小麦、玉米和大豆。目前，中国稻米、小麦的自给率达到90%以上，但是，玉米和大豆的自给率下降，尤其是大豆自给率只有30%，而进口依存度达到70%。这种进出口总量的逆差，将进一步加剧国内粮食的安全风险，加大粮食安全保障难度。

此外，虽然中国是全球最大的大豆进口国，每年进口的大豆占全球大豆贸易总量的60%，按照一般的供求理论，大豆的价格应该由"中国需求"来决定，但是，实际情况是，大豆价格中国说了不算，而是由大豆供给方来决定。中国还没有达到粮食进口的国际地位，仍然没有建立起有效利用国际农业资源和市场的战略机制，在国际粮食贸易中缺少话语权和定价权，只能作为国际市场价格的接受者。

七　科技创新能力落后，粮食单产增收困难

实践证明，科学技术是推动粮食生产和农业发展的强大动力。目前，科技进步在中国粮食单产增长中的贡献率为41%，而发达国家一般为60%～80%。中国的化肥、农药利用率以及微生物农业、精准农业、基因工程等新技术的推广应用均落后于发达国家，科学技术对于粮食生产的推动作用还没有真正发挥出来。

而粮食单产低，很大程度上源于农民科学文化水平较低。公

民科学素质是决定一个国家科学技术发展水平的重要因素，更是国家未来兴旺与发达的关键环节，努力提高公民科学素质是一项需要长期坚持并持续推进的基础性工程。2006 年，国务院印发《全民科学素质行动计划纲要 (2006—2010—2020 年)》，其中提出了要面向未成年人、农民、城镇劳动人口、领导干部和公务员四类重点人群展开科学素质的行动。《公民科学素质蓝皮书：中国公民科学素质报告 (2015 ~ 2016)》对北京市、广州市、黑龙江省、湖南省、陕西省和重庆市开展了公民科学素质测评，如图 5 - 4 所示，可以很明显地看出，在各省 (市) 的公民科学素质测评中，农民科学素质最低，成为制约中国公民科学素质提升的主要群体。因此，加大对农民科学素质的提升，不仅是提高农业生产率，而且是推动粮食安全保障的必然要求。只有不断提高农民群体的科学文化素质，提高农民科学文化水平，才能增加农业科技含量，达到增产增效，有助于推进粮食生产的高效化，保障粮食生产安全。

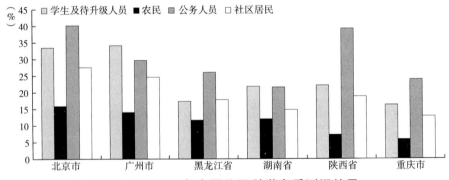

图 5 - 4　2015 年中国公民科学素质测评结果

注：该图对测评结果做出了调整。

资料来源：李群、陈雄、马宗文《公民科学素质蓝皮书：中国公民科学素质报告 (2015 ~ 2016)》，社会科学文献出版社，2016，第 22 页。

第六章 中国特色农业现代化实践探索

　　不管是消除饥饿、改善营养还是实现粮食安全，都以农业的可持续发展为基本支撑。毫不夸张地说，中国特色农业现代化发展不但是快速实现"消除饥饿，实现粮食安全，改善营养和促进可持续农业"目标的决定因素，甚至也是实现整个千年发展目标以及 2030 年可持续发展目标的保障性因素。本章从五个方面对中国特色农业现代化的发展现状进行综述分析，更加详细地展现中国在实现"促进可持续农业"目标上的实践探索，而且，对以往的实践探索进行回顾总结对下一步更好落实 2030 年可持续发展目标具有重要意义。

　　本章首先介绍中国农业生产的基本条件，这是农业现代化和可持续发展的重要物质基础；第二节介绍农村要素市场的发育与完善，包括土地市场、劳动力市场和资本市场发展情况，这些要素市场是农业发展和农民增收的重要保证；第三节介绍新型农业经营体系的发展，这是中国农业发展到当前阶段的核心任务；第四节介绍中国农业发展方式及变迁，这是实现农业可持续发展的关键；第五节介绍中国农业科技体制改革与农业技术进步，科技是农业走向现代化、实现可持续发展的重要支撑。

第一节　中国农业生产基本条件

一　农业基础设施建设现状

农业基础设施是农业赖以发展的"先行资本"，是农村生产稳定发展、农业经济良性运行、农民持续创收增收的基础性条件，其供给效率的高低直接制约着农业生产力的综合水平、农业现代化的进程以及新农村建设的整体状况。农村实现家庭联产承包责任制以后相当长的一个时期内，农村中小型基础设施建设主要依靠农民投工投劳自力更生进行建设，或以村民集体的名义开发项目，政府投入相对不足。而随着农村税费改革的实施，农民劳动积累工和义务工逐步被取消，农业基础设施建设的投入机制和组织方式发生了重大变化，导致中国农业基础设施建设出现供给数量不足、建设水平落后、质量参差不齐等问题，直接影响了传统农业向现代农业的转变，严重阻碍了中国农业综合生产能力的提升。

一直以来，中国政府高度重视以农田水利为重点的农业基础设施建设，包括加大资金投入力度和完善农业基础设施管护制度，切实解决农业基础设施投入和管护资金来源和制度机制问题，有效改变了农业基础设施长期薄弱的局面，从而促进了粮食综合生产能力的提高，为粮食安全目标实现和农业可持续发展创造了条件。

（一）公共财政对农业基础设施覆盖力度持续加大

中国经济实力和财政实力的增强，为农业基础设施供给水平的提高提供了坚实的经济基础。进入 21 世纪以来，中国政府加大了财政支农的力度，把解决"三农"问题放在突出位置，农业农村基础设施建设成效显著。财政部资料显示，2015年全国一般公共预算收入为152217亿元，比上年增长8.4%，而一般公共预算支出为175768亿元，比上年增长15.8%，其中用于农林水的财政支出达17242亿元，比上年增长16.9%，超过一般公共预算支出的增长速度；而国家发展改革委资料显示，"十二五"期间，中央预算内投资用于"三农"的比重连续五年超过50%。国家对"三农"投入的持续增加，实现了第一产业固定资产投资增速明显高于全社会固定资产投资的平均增速（魏后凯等，2016）。在公共财政的大力支持下，农田水利灌溉条件明显改善，新增农田有效灌溉面积为7800万亩，解决了3.04亿人的农村饮水安全问题；农村电力条件明显改善，实现了农村人口全部用上电；新建和改造农村公路100万公里，全国农村公路总里程突破397万公里，西部地区81%的建制村实现公路通畅。

（二）创新投融资机制，吸引社会资金参与农业生产设施建设

尽管中央政府农业基础设施建设的力度不断加大，如通过直接专项拨款、转移支付增加农业基础设施的公共供给能力，但是随着现代农业发展对农业基础设施建设需求的增加，主要依托政府财政的农业基础设施投入模式，将越来越难以充分满足农业基础设施改善的更高层次要求，形成财政投资缺口。与此同时，中国正在进一步理顺政府和市场之间的关系，主张更多地利用"看不见的手"来组织经济活动。在此背景下，中国开始探索农业基础设施建设中财政资金投入方式的转换，通过政府与社会资本合作、政府购买服务等措施，带动金融和社会资本投向农业基础设

施建设领域。例如，2015 年，国家农业综合开发办公室联合国家开发银行、农业发展银行和农业银行等部门，共同开展高标准农田建设投融资方式创新工作试点。通过贴息、补助等财政金融手段的融合，带动社会资本投资高标准农田建设。据测算，相对于传统财政投入方式，该模式可带动 3~9 倍的银行贷款和资本金投入，撬动机制成效初步显现。

（三）推动农业基础设施产权制度改革，建立健全农业基础设施投入保障与管护机制

"钱从哪儿来，该由谁来管，怎么样来管"是保障农业基础设施建设持续、健康发展的关键问题。农田基础设施建设并非短期内可以完成，而是需要长期持续的投入；同时，建设完成的项目如果无法得到有效管理和维护，农田基础设施的可持续利用能力就将大打折扣。相对于农业基础设施建设的巨大投入带来的农业基础设施建设取得的长足进展，管护不足造成的农业基础设施损毁严重成为当前的新问题。究其原因，一是产权不够明晰，管护责任难落实；二是管护资金不足，管护机制难建立；三是管理主体错位及相关机制缺失，农业生产受益主体自筹资金或投工投劳的方式参与管护维修基本无法实现。针对上述问题，中国开始尝试以设施产权制度改革为重点，建立起"平时有人管、坏了有人修、更新有保障"的长效管护机制，从而最大限度地发挥基础设施的使用效率。例如，2014 年水利部、财政部和国家发展改革委联合发文，在全国选取 100 个县探索农田水利设施产权制度改革试点，按照"先建机制、后建工程"的原则，创新运行管护机制，解决农田灌溉"最后一公里"问题。

二 农田水利灌溉条件与农田水利设施建设

水利是农业的命脉，中国人多地少水缺、水旱灾害频繁、水土资源不匹配的基本国情，决定了发展农业必须大力发展农田水利。中国在占耕地面积一半的灌溉农田上，生产了占全国总量约 75％ 的粮食和 90％ 以上的经济作物，农田水利对提高农业综合生产能力、促进现代农业发展、保障国家粮食安全做出了重要贡献。经过多年努力，中国农田水利基础设施建设条件有明显改观，农田有效灌溉面积增加，农业抵御旱涝等自然灾害的能力增强；更加重视中小型农田水利设施建设，与农业生产直接相关的部分病险水库得到除险加固。但是在农田水利建设方面，中国农业可持续发展也面临着农田水利建设组织难、投劳难、管理难等问题，特别是农业节水发展相对滞后，无序用水、大水漫灌、计量设施不完善等情况在一些地区比较突出。未来进一步强化农田水利基础设施建设，是农业基础设施改善的重中之重。

（一）农田有效灌溉面积增加，农业靠天吃饭局面逐步改变

近年来，中央和地方持续加大农业农村基础设施建设投入，建成了一大批重大水利骨干工程，大幅提升了农田水利灌溉能力；同时，在水土资源条件具备的地区，新建了一批灌区，增加了农田有效灌溉面积。如图 6 - 1 所示，在过去一段时期内，包括灌区和非灌区在内的全国农田有效灌溉面积均保持增长态势，全国农田有效灌溉面积从 1985 年的 6.61 亿亩稳步增长到 2014 年底的 9.68 亿亩，其中，2005 ~ 2014 年 10 年间新增有效灌溉面积达 1.43 亿亩，占 1985 ~ 2014 年 30 年间新增有效灌溉面积的 46.58％，农

田水利灌溉能力提升效果十分显著。目前，全国农田有效灌溉面积占比已经超过 52%，这表明全国一半以上的农田可以旱涝保收，农业靠天吃饭的局面正在逐步改善（韩长赋，2015）。

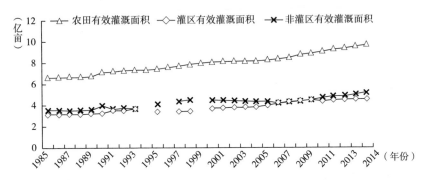

图 6 - 1   1985 ~ 2014 年全国农田有效灌溉面积变化情况
资料来源：笔者根据国家统计局数据整理计算。

（二）农用排灌机械保有量持续增长，机电灌溉水平明显提高

2015 年全国农用排灌动力机械保有量为 2315.81 万台，农用排灌动力机械动力达到 14634.23 万千瓦时，农用水泵保有量为 2249.18 万台，节水灌溉类机械数量为 222.85 万套（见表 6 - 1），实现机电灌溉面积 7.98 亿亩。全国农用排灌动力机械保有量及机械总动力持续增长，2015 年农用排灌动力机械保有量较 2000 年增长了 56.12%，机械总动力增长了 42.61%。其中，节水灌溉类机械的增长尤为迅速，特别是在农用排灌动力机械保有量增速有所放缓的情况下，节水灌溉类机械仍然保持了高速增长态势，由此也从一个侧面反映出，中国在不断提高机电灌溉水平的同时，也更加重视节水灌溉的发展。

表 6 - 1　2000 ~ 2015 年农用排灌机械及变化

年份	农用排灌动力机械		农用排灌机械动力		农用水泵		节水灌溉类机械	
	保有量（万台）	增长率（%）	总动力（万千瓦时）	增长率（%）	保有量（万台）	增长率（%）	数量（万套）	增长率（%）
2000	1483.37	—	10262.07	—	1633.65	—	117.95	—
2005	1752.70	18.16	11770.90	14.70	1727.30	5.73	115.10	- 2.42
2010	2159.25	23.20	14026.31	19.16	2108.78	22.09	154.15	33.93
2015	2315.81	7.25	14634.23	4.33	2249.18	6.66	222.85	44.57

资料来源：历年《中国农业年鉴》及笔者测算。

（三）加快水库除险加固步伐，水资源调控能力明显加强

水库建设是农业生产水资源调控能力的保障。2014 年，全国共有大中小型水库 9.77 万座，水库容量达到 8298 亿立方米。虽然中国水库数量较多，但 95% 以上均是小型水库，水库建设能力有限，部分水库更因建设年代久远，存在一定的安全隐患。近年来，中国实施了一系列水库除险加固工程，推进大中型病险水闸除险加固进程，巩固大中型病险水库除险加固成果，加快小型病险水库除险加固步伐。2001 ~ 2015 年全国水库建设数量及容量增长情况如图 6 - 2 所示，2004 年以后，水库容量增量特别是大型水库增容量明显增加，2011 年以后，水库建设迎来新一波高峰，新增水库数量及容量进一步扩展。通过新建水库、改善现有水库条件以及拆除部分病险水库，消除水库安全隐患，实现了防洪库容的恢复，增强了水资源调控能力。

（四）大力发展节水灌溉，着力提高农田灌溉用水有效利用系数

通过开展区域规模化高效节水灌溉行动，积极推广渠道防

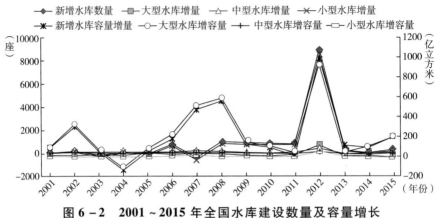

图 6-2　2001～2015 年全国水库建设数量及容量增长

资料来源：笔者根据国家统计局数据整理计算。

渗、管道输水、喷灌滴灌先进实用节水灌溉技术，同时将节水、抗旱设备纳入农机补贴并不断扩大补贴范围，中国农田节水灌溉面积在 2012 年达到 4.68 亿亩（见图 6-3），虽然之后两年略有回落，但 2014 年节水灌溉面积仍有 4.35 亿亩，较 2000 年增长了 77.1%；与此同时，农田灌溉用水有效利用系数达到 50%，水资源利用效率有所提高。

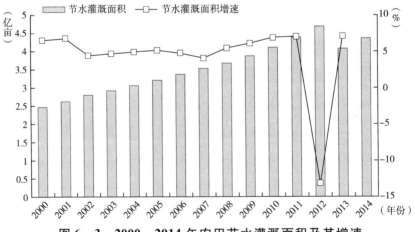

图 6-3　2000～2014 年农田节水灌溉面积及其增速

（五）完善农业用水合作社，促进小型农田水利建设健康发展

农民是农田水利设施的使用者和终端维护者，吸收用水户参与灌溉管理工作，把灌溉管理权移交给用水者，已经在众多国家的实践中取得良好成效。在中国大中型灌区续建配套与节水改造项目实施过程中，组织用水户参与管理也已经有十多年的实践经验，农民用水协会、用水合作社在各地得到发展。通过用水户参与灌溉管理不仅大大激发了农民的积极性，改善了田间用水管理状况，有效解决了水费计收难的问题，节水效果十分明显，而且有效促进了农田水利设施特别是小型农田水利设施建设的健康发展。

三　高标准农田建设及其成效

高标准农田是指在一定时期内，通过农村土地整治建设形成的集中连片、设施配套、高产稳产、生态良好、抗灾能力强、与现代农业生产和经营方式相适应的基本农田，包括经过整治的原有基本农田和经整治后划入的基本农田。大力推进农村土地整治，大规模开展高标准基本农田建设，是综合解决耕地分割细碎、水利设施短缺、农田环境恶化等问题的有效抓手，是实现耕地数量管控、质量管理和生态管护目标，落实"藏粮于地"战略的重要举措。2016 年中央一号文件强调："加大投入力度，整合建设资金，创新投融资机制，加快建设步伐，到 2020 年确保建成 8 亿亩、力争建成 10 亿亩集中连片、旱涝保收、稳产高产、生态友好的高标准农田。"

国土资源部土地整治中心（2016）"十二五"高标准基本农田

建设综合成效评估项目组研究显示，2011～2015 年，全国共实施高标准农田建设项目 45778 个，总建设规模 4.51 亿亩，建成高标准农田 4.03 亿亩。其中，内蒙古、黑龙江等 13 个粮食主产省份共建成高标准农田 2.9 亿亩，占全国建成总量的 72%。通过高标准农田的建设，全国新增耕地面积达到 1615 万亩，耕地质量普遍提高，粮食生产能力明显增强。特别是经过高标准农田建设的项目区土地平整度大大提高，田间道路、水利设施等生产条件有了大幅改善，有效促进了现代农业的可持续发展。

（一）农田灌溉条件明显改善

经过高标准农田项目整治，农田水利灌溉中的"最后一公里"问题得到解决，农田灌溉渠系配套完善，农田抗灾、减灾能力显著增强。多数项目区还同步采取了渠道衬砌、管道输水等节水措施，部分项目区同步推广了水肥一体化，为粮食丰产、稳产奠定了基础。据国土资源部土地整治中心（2016）统计，2011～2015 年，全国通过高标准农田建设共新增和改善农田防涝面积 1.03 亿亩，新增和改善节水灌溉面积 1.4 亿亩，新建机井、塘堰渠系等水源工程 80.4 万座，新建、改建灌排渠（管）304 万公里，修建各类渠系建筑物约 485 万座。

（二）田间道路通行能力、机械耕作条件显著增强

高标准农田项目的实施，改善了农业交通道路条件，为农田机械耕作创造了更好的条件，并且通过田块合并等措施，促进了土地流转和适度规模经营的发展。据统计，2011～2015 年，全国高标准农田建设共新建、改建田间道路 135 万公里，生产路 78 万

公里，路网密度达到 7.08 公里/平方公里，田间道路能到达的田块数量占项目区田块总数量的 94.7%，新增和改善机耕面积达 2.54 亿亩。

（三）吸引现代农业配套生产设施投入

借助完备的水利、交通条件，连片、平整的土地生产条件，高标准农田为现代农业发展营造了优越的环境，从而有利于吸引更多社会资金投入现代农业发展。例如，湖北省江汉县依托高标准农田建设，规划万亩连片油菜地，一方面通过农业生产条件的改善实现农田生产能力的提升、农业生产成本的下降，另一方面则充分利用农田整治后"农田成方、路渠配套、排水通畅、绿化成网"的大农业生态景观，带动乡村旅游业发展。

第二节　农村要素市场的发育与完善

土地、劳动力和资本是农业发展三大基本生产要素，纵观中国农业和农村的经济发展脉络，本质上即是三大基本生产要素培育、有机结合的过程。相对于中国农村市场体系的其他领域，农村生产要素市场的发育最为滞后，而进一步激活农村要素市场，促进要素生产力发挥，也正是当前和未来一段时期内深化农业和农村改革的主要任务之一。本节从农村要素市场发展现状、主要问题及成因、未来发展趋势等方面，展示中国农村土地、劳动力和资本市场的发育与完善情况。

一 农村土地市场发展情况

农村土地生产要素是不可再生的有限要素，因此具有不同于资本、劳动力等其他生产要素的特殊性。由于土地资源特别是耕地资源对农业生产的重要作用，改革开放以来，中国通过建立土地利用规划管理制度、土地用途管制制度和耕地保护制度等，逐步建立健全了国家对个人土地利用行为的管制规则体系。该制度体系一方面保护了耕地和土地资源的可持续利用，另一方面也制约了土地要素的流动和农村土地要素市场的发育。近年来农村土地改革的方向之一，正是要激活农村土地要素市场，赋予农民更多的财产权利，促进土地生产要素在符合用途管制、统一规划的条件下流动。

（一）土地要素市场的形成

自中华人民共和国成立以来，农村土地制度经历了三次重大的变革：第一次是 1949～1952 年，"耕者有其田"农民土地所有制的土地改革；第二次是 1953～1978 年，建立农业生产合作社、人民公社，农村土地制度由农民个体所有制转变为社会主义集体所有制；第三次则是 1978 年十一届三中全会后，在土地集体所有制前提下，确立了以家庭联产承包责任制为基础，统分结合的双层经营体制。家庭联产承包责任制的确立，极大地调动了农民生产积极性，使土地要素的潜在生产力迅速释放，给农业生产带来超乎想象的增产效果。在家庭联产承包责任制确立的同时，政策就允许农民将承包地的经营权进行流转，形成了农村土地要素市场。但是，受当时农村劳动力流动缓慢等外部条件的制约，土地流转程度一直较低。随着工业化、城镇化进程的推进，农村劳动力的转移步伐逐步加快，农地规模化经营的发展需要打破小规模分散经营的土地约束，转包、转租等多种形式的农村土地流转规模日渐扩大，农村土地要素市场逐渐活跃起来。

（二）土地要素市场的发展与完善

纵观中国农地政策演进历程，稳定地权和市场导向是农地制度发展的两条主线：从 1984 年提出延长土地承包期至 15 年以上，到 2010 年中央一号文件强调集体土地所有权的确权颁证登记，至少有 9 个法律法规、政策文件对农户承包地行政性调整做出越来越严格的限制（丰雷等，2013）；从 1987 年农地流转试点的开展，到 2002 年《农村土地承包法》的制定，农地使用权市场逐步建立和发展起来，在农地资源配置中不断发挥价格发现、供求匹配的作用。农地权利的稳定和市场化导向的要素市场的建立，对于盘活农村土地要素资源有积极的意义。延续上述两条主线，党的十七届三中全会确定了"产权明晰，用途管制，节约集约，严格管理"的农村土地改革方针，从土地承包期的长期化、城乡土地市场的统一、建立以市场交易为基础的土地资源价格形成机制、强化政府的土地利用规划管理等多个方面，深化农村土地政策改革。《国家新型城镇化规划（2014—2020 年）》指出，要在坚持和完善最严格的耕地保护制度的前提下，建立农村产权流转交易市场，推动农村产权流转交易公开、公正、规范运行。

农村土地承包经营权是农户基于集体经济组织成员身份获得的农地使用权，属于《物权法》中界定的用益物权。随着农民非农就业的增加以及现代农业发展的需要，越来越多的农户已经不再是直接使用农地的权利人，而对土地承包经营权相关权属界定的模糊，已经在一定程度上限制了农地的流转和农地要素的市场化。在现行法律保护用益物权的前提下，为促使农地合法有序流转，保障农地实际经营使用者的权利，农村承包土地经营权的概念应运而生。2013年党的十八届三中全会提出，将经营权与承包权剥离，明确了土地所有权、承包权和经营权"三权分置"的法律原则。促进了农村土地使用权的市场化，为土地规模经营的投融资抵押创造了条件，从而有利于进一步激活土地要素市场。

促进农村土地要素市场发展的另一项工作，是农村土地确权登记颁证工作的推进。2008年《中共中央关于推进农村改革发展若干重大问题的决定》就明确要求"搞好农村土地确权、登记、颁证"，毫无疑问农地确权颁证始终是中国新一轮农村土地改革的重中之重。通过土地确权登记颁证，进一步查清土地的权属、面积、用途、空间位置，建立土地登记簿，确认农村集体、农民与土地长期稳定的产权关系，可以有效激发农民保护耕地、节约土地的主体积极性；通过确认和保障农民的土地物权，进一步深化改革，还权赋能，最终形成产权明晰、权能明确、权益保障、流转顺畅、分配合理的农村集体土地产权制度。在土地确权基础上，通过建立相应的流转市场，使农村土地变成财富、资产以及一种可预期的收益，同时也提高闲置土地的使用效率。

根据农业部统计数据，2010年全国流转耕地面积为1.87亿亩，而到2014年流转耕地面积就突破4亿亩，5年间流转耕地面积增长一倍有余，2015年全国流转耕地面积达到4.47亿亩，占家庭承包经营耕地总面积的33.29%，耕地流转率较2010年提高18.6%。截至2016年6月底，全国家庭承包经营耕地流转面积4.6

亿亩，比 2015 年年底增长 2.9%，流转面积占家庭承包耕地总面积的 34.3%，超过承包耕地总面积的 1/3。1231 个县（市）、17826 个乡镇建立了土地流转服务中心，土地流转合同签订率达到 69.4%。在一些东部沿海省份（上海、浙江、江苏等）流转发展较快，流转比例已经超过 1/2，北京、安徽、黑龙江几个省份流转比例也较高。全国经营耕地面积在 50 亩以上的规模经营农户超过 350 万户，经营耕地面积超过 3.5 亿多亩。

二　农村劳动力市场发展情况

劳动力作为一种生产要素，是人力资本产生经济效益的载体，中国农村劳动力要素市场的建立和发展受国家基本经济环境的影响，经历了从高度计划配置体系向市场配置体系的转变，市场化程度不断提高。

（一）城乡二元劳动力市场的形成

1958 年全国人大通过了《中华人民共和国户口登记条例》，确定在全国范围内实行户籍管理体制，从此形成了阻碍劳动力流动的城乡二元户籍制度。从 20 世纪 50 年代末到 80 年代初，农村劳动力的流动受到严格限制，农村劳动力束缚于人民公社体制，不仅在城乡之间、地区之间不能流动，而且在农村内部也不能随意流动。自 20 世纪 80 年代中期以来，农村劳动力流动政策虽时有反复，但总体呈逐步放开趋势，自家庭联产承包责任制实施之后，从农业中释放的劳动力先是从种植业向农林牧副渔业转移，后又随着乡镇企业的发展从农业向当地非农产业转移。20 世纪 90 年代中后期，城市劳动力市场逐步放开，农村劳动力开始向城市及经济发展较快的沿海地区流动，但这一时期农村劳动力的城市就业仍受到诸多限制。进入 21 世纪以后，政府对于农村劳动力流动就业政策发生了重大转变，《国民经济和社会发展"十五"计划纲要》中明确提出，"破除地区封锁，反对地方保护主义，废除阻碍统一市场形成的各种规定"，由此标志着城市劳动力市场的全面放开，农村劳动力异地转移的数量出现较快增长。

（二）城乡劳动力市场一体化发展

城市劳动力市场虽然对农民放开了，但受户籍制度等影响，农村劳动力城市就业仍有部分不平等现象存在，而破解这些问题，正是现阶段统筹城乡劳动力市场、深化劳动力市场改革的目标。为此，近年来政府进行了一系列相关制度建设，如对农民工实行属地管理政策，将农民工纳入城市公共服务体系；加快推动户籍制度改革，保障城市就业农民享受相应的福利待遇；建立和完善农村社会保障体系，统筹城乡社会保障制度。目前，小城镇户口已基本放开，大中型城市户籍制度改革也取得实质性进展，而在户籍制度上附着的各项社会福利正被逐步剥离。与此同时，适应劳动力流动的农村社会保障制度体系不断完善，新型农村社会养老保险制度、新型农村合作医疗制度、最低生活保障制度建设的投入不断加大力度，特别是将社会保险跨区衔接、城乡社会保险转移续接问题，作为现阶段和未来一段时期内社会保障体系建设的重要议题，不仅保障了农村劳动力向城市更大范围、更宽领域的转移，而且保障了外出劳动力向农村的回流。

（三）农村劳动力市场机制逐渐成熟

虽然户籍制度改革尚在推进过程中，但农村劳动力在城乡之间、不同产业之间的自由择业、自由流动格局已经形成，农村劳动力的市场机制已相对成熟，市场在劳动力要素资源中的决定性地位得到了较好体现。例如，在市场机制的作用下，农村劳动力从劳动生产率较低的第一产业向较高的第二、第三产业流动，实现要素资源的优化配置；随着农村劳动力结构的变化，工业、商业等非农就业与农业用工竞争的加剧，导致了近年来农业生产劳动力价格的快速上涨。总体来看，相对于农村其他要素市场的发展，农村劳动力市场的市场化程度已相对较高。

三　农村资本市场发展情况

资本是农业生产中与土地、劳动并重的基本投入要素之一，深化农村金融体系改革与发展，稳步培育和发展农村资本市场是金融支持、服务"三农"发展的重要途径。近年来中国农村金融取得长足发展，正规金融组织改革不断深化，民间金融发展也日益规范，初步形成了合作性金融、商业性金融、政策性金融等多元化的农村金融体系。截至 2014 年底，全国各类金融机构涉农贷款（本外币）余额为 23.6 万亿元，占各项贷款的比重为 28.1%，同比增长 13%，按可比口径较全年各项贷款增速高 0.7 个百分点。其中，农村中小金融机构涉农贷款余额达 7.5 万亿元，占各项贷款的 67.4%。自 2007 年创立涉农贷款统计起至 2014 年底，涉农贷款累计增长 285.9%。农村普惠金融发展显著，金融可获得性明显提高，为支持粮食增产、农民增收和农业可持续发展发挥了重要作用。[①]

（一）分工明确、覆盖全面的农村金融组织体系初步形成

中国农村金融改革主要是从农村金融市场体系建设和完善着手推进。中国农业银行在中华人民共和国成立后几经成立与撤销，于 1979 年正式恢复，负责农村各项存、贷款业务，以及农村工业贷款、农副产品收购贷款等，并领导农村信用合作社，成为当时农村地区唯一一家国家银行。1994 年国务院下发通知，中国农业发展银行正式挂牌成立，承担国家规定的农业政策性金融业务，并代理财政性农业资金的拨付，从而将农业信贷的商业性业务和政策性业务相互分离。1996 年，国务院又下发了《关于农村金融体制改革的决定》，将农村信用社与中国农业银行相分离，成为农民入股、社员民主管理、主要为入股社员服务的合作性金融组织，实现了商业性金融机构与合作性金融机构的分离。同时，中国农业银行也开始了股份制改革转制，进一步推进商业化发展战略。2003 年，农村信用社又启动了新一轮改革，一部分转化为商业性银行，一部分转化为合作性银行和信用联社。除此之外，在 2006 年底农村地区金融机构准入条件放宽后，村镇银行、贷款公司、农村资金互助社等新型金融机构蓬勃发展，成为传统金融部门的有效补充。

目前，中国农业银行三农金融事业部深化改革范围扩大至全国；中国农业发展银行进一步发挥政策性职能，中长期"三农"

---

① 《中国银行股份有限公司 2014 年度社会责任报告》，http：//quotes. money. 163. com/f10/ggmx_ 601988_ 1671325. html，2015 年 3 月。

信贷投放力度不断加大；邮政储蓄银行成功改制并扩大小额信贷试点；农村信用社产权制度改革继续稳步推进，例如，安徽省在全国率先完成农村商业银行改制，全国最后一家未与中国农业银行脱钩、未纳入省联社行业管理的县级农村信用社——河北省蠡县农村信用社成功改制为农村商业银行；各地区新型农村机构保持快速发展势头。截至 2015 年底，全国共组建以县（市）为单位的统一法人农村信用社 1299 家，农村商业银行 859 家，农村合作银行 71 家，村镇银行、农村资金互助社、贷款公司、小额贷款公司等新型农村金融机构总数达 11893 家。可以说，在经历了几十年曲折反复的历程后，中国已经初步构建起合作性金融、商业性金融、政策性金融分工明确的多层次、广覆盖、可持续的农村金融服务体系。

（二）民间资本准入条件放宽，农村金融市场开放活跃程度进一步提升

2006 年 12 月，银监会印发了《关于调整放宽农村地区银行业金融机构准入政策更好支持社会主义新农村建设的若干意见》，通过弹性监管、降低存款准备金等政策放宽农村地区银行业金融机构准入条件，允许民间资本进驻农村金融市场。这标志着中国农村金融市场正式向包括民间资本、国外资本在内的各类资本开放，是农村金融改革的最大亮点，也是开放搞活农村金融市场的核心。自银监会放宽农村地区金融机构准入政策以来，农村新型金融机构得以迅速发展，主要包括由银行业发起成立的金融机构，以及由民间资本发起成立的小额贷款公司。目前，通过参与发起设立、增资扩股和在股票市场买入股份等方式入股银行业，民间资本已

经成为银行业，特别是中小商业银行和农村中小金融机构股本的重要组成部分。截至2014年底，全国已有1045个市（县）核准设立村镇银行，县域覆盖率为54.57%；已组建的新型农村金融机构中92.9%以上的贷款投向了"三农"和小微企业。此外，民间资本还通过新设、重组、股权受让、增资扩股等方式入股非银行金融机构，部分民间资本实现了对非银行金融机构的控股。民间资本准入条件的放宽，有效提高了农村金融市场的活跃度和资本充足率，极大地促进了农村普惠金融的发展，拓宽了农业生产发展的资金来源，强化了农业发展的金融可获得性。

（三）民间金融活动规范发展，成为农村金融市场不可或缺的组成部分

中国农村民间金融活动，包括以个人为主体的借贷行为和以组织为主体的民间金融活动一直是中国农村资本市场的重要构成。由于缺乏抵押担保物、手续复杂烦琐以及正规金融的有效供给不足，在相当长的时期内，民间金融和地下金融是许多农户生产生活发展所需要资金的来源，民间借贷规模甚至超过正规金融，占据农户信贷的主导地位。中国人民银行抽样调查统计数据表明，1984～1990年，全国农户民间信贷规模为500亿～700亿元，而正规金融机构中农户贷款总规模仅为300亿～400亿元，民间借贷规模是正规金融的2倍左右；而相关研究表明，20世纪90年代，以及进入21世纪后，民间借贷的规模与正规借贷也基本相当（张晓山、李周，2013）。事实上，由于在资源的调动和分配活动中的独特优势，民间金融能解决许多正规金融系统难以解决的重要问题，即使在正规金融服务体系日渐完善的今天，农村民间金融也是农

村资本市场上不可或缺的组成部分，受到越来越多的关注。

经过一系列整顿、规范和引导，农村民间金融活动已逐步走上健康发展的道路。第一，对于非法吸储、非法集资等活动以及非法设立的金融机构，如高利贷、地下钱庄等，国家采取严厉打击、坚决取缔的措施，对构成犯罪的依法追究刑事责任。第二，严格规范民间借贷行为，包括出借资金的来源、借款手续、协商利率等，都必须符合相关法律法规。例如，借贷双方协商的个人借贷利率，不得超过中国人民银行公布的金融机构同期、同档次贷款利率的 4 倍，否则将被界定为高利贷行为，超出部分的利息不受法律保护（王曙光等，2006）。第三，放宽民间资本准入条件，引导、鼓励符合条件的民间资本入股银行业金融机构及非银行金融机构。

（四）农村金融服务方式更加多元，资金供应方式不断创新

随着中国农业的转型升级，农业生产发展中的融资需求更为旺盛，融资困难成为制约新型农业经营主体发展的重要问题之一。与此同时，随着金融市场、信息技术的发展和农村各项改革的不断深化，农村资本市场的边界迅速扩大，资金供应方式不断创新。

首先，最为突出的是顺应普惠金融发展的农村互联网金融的迅速崛起。尽管互联网金融本身是新生事物，在农村发展的时间相对较短，但由于其农村场景天然的耦合性，目前已经出现了包括传统金融机构"触网"、信息撮合平台、P2P借贷平台、农产品和农场众筹平台等若干种金融模式，极大地提高了农村金融资源的可获得性。

其次，农业经营主体难以获得资本，并不是因为其天然缺乏

抵押品，而是缺乏必要的抵押制度供给，尤其是产权制度（马九杰，2014）。因此，随着农村产权制度改革的深入推进，农村土地经营权、农民住房财产权等成为有效担保物，从而有效解决了抵押、担保品确实的情况下，农村金融机构"难贷款"与微观经济主体"贷款难"并存的困境。自 2008 年中国人民银行和银监会联合下发《关于加快推进农村金融产品和服务方式创新意见》以来，农村土地经营权抵押贷款试点的地区已遍布全国，并涌现了直接以农村土地经营权抵押贷款、土地承包经营权入股抵押、土地经营权抵押 + 担保、土地信用合作社 + 土地承包经营权抵押等多种模式。

最后，尽管目前中国农村融资主要以间接融资为主，但直接融资渠道的发展已经成为大势所趋。2014 年，国务院办公厅发布《关于金融服务"三农"发展的若干意见》，提出支持符合条件的涉农企业在多层次资本市场上进行融资；支持符合条件的涉农企业发行企业债、公司债和中小企业私募债；逐步扩大涉农企业发行中小企业集合票据、短期融资券等非金融企业债务融资工具的规模；支持符合条件的农村金融机构发行优先股和二级资本工具。积极发挥资本市场直接融资功能，推动涉农企业有效利用多层次资本市场，将成为解决农业龙头企业融资难问题的重要手段和现实途径。

第三节　新型农业经营体系的发展

随着中国工业化、城镇化进程的加快，农村劳动力大量向城镇和非农产业转移，农业副业化、农村空心化、农民老龄化的趋势逐步显现，"谁来种地""怎样种地"成为中国农业可持续发展道路上必须面对的新课题、新挑战，从而也对培育新型农业经营主体、发展适度规模经营提出了新的要求。增强农业和农村发展活力，农业经营体制改革将承担重任。

在此背景下，2012 年党的十八大报告明确提出，发展多种形式的规模经营，构建集约化、专业化、组织化、社会化相结合的新型农业经营体系；同年底召开的中央农村工作会议首次提出培育新型农业经营主体的重要任务；2013 年，中央一号文件提出"充分发挥农村基本经营制度的优越性，着力构建集约化、专业化、组织化、社会化相结合的新型农业经营体系，进一步解放和发展农村社会生产力"；同年党的十八届三中全会决定进一步强调，推进家庭经营、集体经营、合作经营、企业经营等共同发展的农业经营方式创新；2014 年中央一号文件提出"要以解决好地怎么种为导向加快构建新型农业经营体系"，并对如何构建新型农业经营体系给出明确指导，包括发展多种形式规模经营、扶持发展新型农业经营主体、健全农业社会化服务体系、加快供销合作社改革发展等措施；2015 年、2016 年中央一号文件也将加快构建新型农业经营体系，发挥多种形式农业适度规模经营引领作用，作为夯实现代农业基础、提高农业质量效益和竞争力的重要抓手。

与此同时，农业生产经营主体和农业生产经营方式也在悄然变化，土地流转速度和规模逐年增加，传统农户内部也开始出现分化，适度规模农户的数量及其经营规模都在不断增加。在稳定农村基本经营制度的前提下，分散经营的传统农户在社会化服务的辅助下生产能力不断增强；种养大户和家庭农场在农业生产经营活动中发挥着基础性作用，正在成为中国粮食等重要农产品生产的生力军；农民合作社集生产主体和服务主体为一身，发挥着联系农民、服务自我的独特作用；龙头企业和各类农业企业凭借产权关系明晰、治理结构完善、管理效率较高的制度优势，在农业产业化生产、科技创新应用等方面有显著的引导示范效应。在农业生产体系之外，农业社会化服务体系对农业生产发展起到了良好的支撑作用，各类农业社会化服务组织为农业生产经营主体提供了各类生产性、金融性服务，自身经营活动也构成农业生产经营的一部分。各类经营主体构成的定位清晰、互相协作、有机配合的新型农业经营体系，将成为保障中国粮食生产能力、支撑农业可持续发展的重要引领力量。

一 家庭联产承包责任制的发展与变迁

（一）家庭联产承包责任制的确立

以家庭经营为基础、统分结合双层经营体制是中国农业生产经营体系的基础。发轫于 30 多年前的中国改革肇始于农村地区，而以家庭联产承包责任制为核心内容的改革正是农村改革的第一步。在 20 世纪 70 年代末，四川、安徽等省份的部分生产队开始尝试将集体土地包产到户，极大地提高了农村劳动生产率。1978 年12 月，党的十一届三中全会同意将《中共中央关于加快农业发展若干问题的决定（草案）》和《农村人民公社工作条例（试行草案）》转发到各省份进行讨论、试行，保证了"包产到户""包干到户"为主要内容的责任制的推行。根据 1982 年 1 月 1 日《全国农村工作会议纪要》（中共农村改革的第一个"一号文件"）记载："截至目前，全国农村已有百分之九十以上的生产队建立了不同形式的农业生产责任制。"1983 年中共中央发出了《关于印发〈当前农村经济政策的若干问题〉的通知》，明确了以家庭联产承包责任制为我国农村集体经济组织中普遍实行的基本经营形式。家庭联产承包责任制从 1979 年起步，短短几年间就得以迅速普及，获得成功，这是由于家庭经营可以有效地克服外部性，增加努力供给程度以及将劳动监督成本降低到零。"一个在家庭责任制下的劳动者劳动激励最高，这不仅是因为他获得了他努力的边际报酬率的全部份额，而且可以为他节约监督费用。"（林毅夫，1992）

家庭联产承包责任制确立至今，土地承包经营权更加趋于稳定，承包期限经历了从最初的"15 年不变"延长到"30 年不变"再到"长久不变"。1984 年中央一号文件指出："土地承包期一般应在 15 年以上。在延长承包期以前群众有调整土地要求的，可以本着'大稳定、小调整'的原则，经过充分商量，由集体统一调整。"1992 年前后，针对各地农户第一轮土地承包期即将陆续到期的实际情况，1993 年的《中共中央国务院关于当前农业和农村经济发展的若干政策措施》提出，原定承包期到期后，再延长 30 年不变。1999 年 3 月新修订的《中华人民共和国宪法》，把"以家庭承包经营为基础，统分结合的双层经营体制"的农村基本经营制度纳入国家根本大法。2002 年 8 月 29 日《中华人民共和国农村土地承包法》明确规定："承包期内，发包方不得调整承包地。"2007 年 3 月 16 日通过的《中华人民共和国物权法》，将土地承包权界定为用益物权。2008 年党的十七届三中全会通过的《中共中央关于推进农村改革发展若干重大问题的决定》指出："赋予农民更加充分而有保障的土地承包经营权，现有土地承包关系要保持稳定并长久不变。"土地承包经营权属的明晰和承包关系的稳定，有利于激励农民增加投入，从而提高土地生产率。

（二）家庭联产承包责任制发展特征

1. 小规模分散经营的传统农户在各类经营主体中占相当比重

根据农业部统计数据，如表 6 - 2 所示，2013 年，经营规模在 10 亩以下的农户约有 2.27 亿户，占家庭承包经营总户数的 85.96%，2014 年经营规模在 50 亩以下的农户占总农户数的比重超过 98%。与此同时，如表 6 - 3 所示，2011～2015 年，家庭承包经营的耕地面积从 12.77 亿亩增加到 13.42 亿亩，其间家庭承包经营的农户数也从 2.29 亿户增加到 2.31 亿户，户均承包耕地的面积从 2011 年的 5.58 亩增长到 2015 年的 5.82 亩。也就是说，尽管户均经营规模呈增长态势，但农户户均承包地面积仍不足 6 亩，农户经营土地规模较小。

表 6 - 2 不同经营规模农户数量及占比的变化

单位：万户,%

经营规模		2010 年 农户数量及占比	2011 年 农户数量及占比	2012 年 农户数量及占比	2013 年 农户数量及占比	2014 年 农户数量及占比
10 亩以下	户数	22390.6	22659.3	22531.2	22666.4	
	占比	85.80	85.94	86.11	85.96	
10～30 亩	户数	2824.9	2819.3	2742	2711.8	26210.5 (98.71)
	占比	10.82	10.69	10.48	10.28	
30～50 亩	户数	609	611.4	603.6	673.6	
	占比	2.33	2.32	2.31	2.55	
50～100 亩	户数	201.1	197.1	204.9	225.8	235.4
	占比	0.77	0.75	0.78	0.86	0.89
100～200 亩	户数	48.8	53.2	56.9	62.9	75
	占比	0.19	0.20	0.22	0.24	0.28

续表

经营规模		2010 年	2011 年	2012 年	2013 年	2014 年
		农户数量 及占比	农户数量 及占比	农户数量 及占比	农户数量 及占比	农户数量 及占比
200 亩以上	户数	23.3	25.7	25.7	28.9	31
	占比	0.09	0.10	0.10	0.11	0.12

资料来源：刘守英《中国农地权属与经营方式的变化》，《中国经济时报》2016 年 2 月 19 日。

表 6 - 3　2011～2015 年全国农村耕地承包情况

耕地承包情况	2011 年	2012 年	2013 年	2014 年	2015 年
家庭承包经营的耕地面积（万亩）	127735	131045	132709	132876	134237
家庭承包经营的农户数（万户）	22884	22976	23009	23022	23057
户均承包耕地面积（亩）	5.58	5.70	5.77	5.77	5.82
家庭承包合同份数（万份）	22167	22192	22251	22103	22127
颁发土地承包经营权证份数（万份）	20818	20855	20738	20598	20601

资料来源：农业部《中国农村经济统计提要》，其中户均承包耕地面积为笔者测算结果。

2. 家庭承包经营农户农业生产兼业化特征明显

在中国高速工业化、城镇化背景下，农户已不再是"以地为生、以农为本"的传统农户，相当比例的农户是农忙时回乡，农闲时进城务工。以国家统计局样本农户为例，2012 年样本农户中只有 18.28% 的农户是仅从事第一产业生产经营的纯农户（见图 6 - 4），而有 65.79% 的农户在农业生产经营之余还兼业从事其他工作，还有 15.93% 的农户已经完全脱离农业生产，从事工业或第三产业，只是户籍意义上的农户。

3. 传统农户处于快速分化阶段

半工半农的兼业性农户是在劳动力市场迅速开放而土地要素市场开放有限的条件下，农户为实现充分就业做出的理性选择。

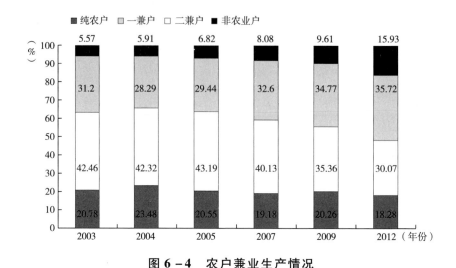

图 6 - 4　农户兼业生产情况

资料来源：转引自刘守英《中国农地权属与经营方式的变化》，《中国经济时报》2016 年 2 月 19 日。

近年来土地要素市场的开放，土地流转和劳动力转移速度的加快，部分农户也在向专业化、规模化的经营方式转变，还有的农户在农业生产之外，向为其他农户提供农业生产服务等方向发展。第一，与以自给自足或半自给自足为主要目的的传统小农生产不同，部分农户将农业生产向商品性产品生产和规模化经营跃升，他们利用资金、技术和管理优势，有意识地扩大再生产规模，逐步发展为专业农户、专业大户或家庭农场，成为职业农民的中坚力量。从表 6 - 2 中可以看出，虽然小规模农户占全国总农户数的绝大比例，但 2010～2014 年，家庭经营规模在 50～100 亩、100～200 亩以及 200 亩以上农户的绝对数量和相对占比都基本呈上升态势，截至 2014 年，经营规模在 100～200 亩的农户达到 75 万户，经营规模 200 亩以上的农户 31 万户，数量已经相当可观。第二，部分农户在农业生产能力之外，具有提供农机服务、生产资料、运输、仓储等服务的能力，逐渐发展为农业社会化服务体系中的重要组成。

第三，除了上述逐渐过渡为专业化、规模化生产的农户外，还有一部分兼业农户会逐渐转换成产业工人，脱离农业生产活动，甚至落户城镇。第四，分散经营的小规模兼业农户在未来相当长时期内仍将广泛存在，这部分农户将通过提高生产经营组织化程度，实现生产经营方式从传统向现代的转型。

二　专业大户和家庭农场的发展与变迁

专业大户和家庭农场是农户家庭承包经营的升级发展，是对传统小规模农户的重塑和再造。家庭农场的核心特征是实行家庭经营，以农民家庭成员为主要劳动力，以农业经营收入为主要收入来源，实现规模适度的集约经营。而专业大户虽然目前并无明确定义，但经营规模较家庭农场更具弹性，土地经营规模从几十亩到几百亩、上千亩甚至上万亩不等，并且一些经营规模较大的专业大户往往需要长期雇用农业工人，但与家庭农场相同的是，专业大户生产也是以专业化、规模化和集约化为特征，并且以家庭经营为基础。专业大户和家庭农场既是中国新型农业经营体系的基础和主体部分，也是推进中国农业现代化发展的重要载体。

（一）专业大户与家庭农场的政策演进

早在20世纪70~80年代包产到户的发展过程中，就有部分农户开始进行专业化、商品化乃至规模化生产的探索，成为专注农业生产、以农业收入为主的专业户。这种以商品生产者面貌出现，讲求经济效益的专业户得到中央政策的支持肯定，种养专业户、储运专业户、农机专业户等多种类型的专业农户活跃在农业生产经营的不同领域。2008 年党的十七届三中全会审议通过的《中共中央关于推进农村改革发展若干重大问题的决定》提出"有条件的地方可以发展专业大户、家庭农场、农民专业合作社等规模经营主体"，这也是家庭农场首次出现在中央文件中。此后，作为推动农业经营方式创新、解决好"怎么种地"的重要途径，引导和扶持专业大户、家庭农场的发展受到各方的广泛关注和重视。2014 年中共中央办公厅、国务院发布的《关于引导农村土地经营权有序流转发展农业适度规模经营的意见》强调发挥家庭经营的基础作用，重视家庭农场的培养，使之成为引领适度规模经营、发展现代农业的有生力量。2013 ~ 2016 年的多个中央一号文件进一步明确了针对专业大户、家庭农场在农业补贴、土地流转、技能培训等方面的扶持政策，强调鼓励发展适度规模经营的农户家庭农场，并提出按照自愿原则开展家庭农场登记。

与此同时，为了支持专业大户和家庭农场的发展，近年来一些中央部委、行业部门也密集出台相关文件。例如，2014 年农业部出台了针对家庭农场发展的专项指导意见《关于促进家庭农场发展的指导意见》，明确了家庭农场的概念、特征和发展家庭农场的总体要求、具体措施；中国农业银行于 2013 年 8 月出台了《专业大户（家庭农场）贷款管理办法（试行）》；中国人民银行于 2014 年 2 月出台了《关于做好家庭农场等新型农业经营主体金融服务的指导意见》等。不仅如此，全国几乎所有省份都出台了促进家庭农场发展的详细指导意见，许多省份为了规范和引导家庭农场健康发展，逐步建立健全了家庭农场登记认证制度，开展了示范家庭农场建设和评选工作。家庭农场和专业大户迎来了前所未有的历史机遇期。

（二）家庭农场发展特征[①]

1. 发展迅速

根据农业部首次全国家庭农场调查，截至 2012 年底，全国 30 个省份（不含西藏和港澳台地区）共有符合条件的家庭农场 87.7 万个[②]，经营耕地面积达 1.76 亿亩，占全国承包耕地面积的 13.4%；平均每个家庭农场有劳动力 6.01 人，其中家庭成员为 4.33 人，长期雇工为 1.68 人。在家庭农场的发展中，2012 年全国各类扶持家庭农场发展的资金总额达 6.35 亿元，其中江苏和贵州超过 1 亿元。在全部家庭农场中，已被有关部门认定或注册的共有 3.32 万个，其中农业部门认定的有 1.79 万个，工商部门注册的有 1.53 万个。考虑到这一数字并未包括家庭牧场、家庭渔场等，因而目前家庭农场的数量可能并不止这些。

此后几年，全国家庭农场的发展继续保持快速推进态势，虽然缺乏全国官方统计数字，但从各地方家庭农场发展规模也可见一斑。例如，按照农业部对家庭农场的统计口径，"'十三五'粮食安全、农业发展和农民增收若干问题研究"课题组（2015）的研究显示，截至 2013 年 12 月底，山东省家庭农场已达 3.8 万个；河南省符合统

---

① 考虑到近年来国家相关政策对家庭农场的概念界定得更为明晰，且专业大户、家庭农场有一定的相似性，本节将重点探讨家庭农场发展状况。

② 农业部统计调查的家庭农场条件主要包括：农场经营者具有农村户籍，以家庭成员为主要劳动力，以农业收入为主，经营规模达到一定标准并相对稳定。经营规模具体标准为：从事粮食作物种植的，租期或承包期在 5 年以上，土地经营规模面积达 50 亩（一年两熟制地区）；从事经济作物、养殖业或种养结合的，应达到县级以上农业部门确定的规模标准。

计条件的家庭农场有 15538 个，耕种总面积达到 287 万亩。根据中国社会科学院农发所、国家统计局农村社会经济调查司（2015）的数据，截至 2014 年 11 月底，湖北省家庭农场总量达 48370 个，增幅达 112.8%；浙江省经工商注册登记的家庭农场 15763 个，较 2013 年底增长 71.5%；江西省家庭农场总数达 13457 个。

2. 经营规模水平较高

在生产经营规模方面，全国家庭农场表现出较高的专业化和规模化水平。2012 年，家庭农场平均经营规模达 200.2 亩，是全国承包农户平均经营耕地面积的近 27 倍。其中，经营规模在 50 亩以下的家庭农场数量为 48.42 万个，占家庭农场总数的 55.5%；50～100 亩的家庭农场数量为 18.98 万个，占比为 21.8%；100～500 亩的家庭农场数量为 17.07 万个，占比为 19.7%；500～1000 亩的家庭农场数量为 1.58 万个，占比为 2.2%；1000 亩以上的家庭农场数量为 5676 个，占比为 0.8%。

不过由于各地农业生产条件差别较大，对于多大规模才可以界定为家庭农场，各类政策文件仅给出了适度规模"质"的要求而无"量"的规定。[①] 关键是与当地农业生产情况及经济发展实际情况相适应，依据家庭成员的劳动生产能力和经营管理能力，实现较高的土地产出率、劳动生产率和资源利用率。从各地发展实际看，家庭农场的规模在省际乃至省内差别都较大，较好地体现了尊重客观条件、因地制宜的发展导向。例如，在土地较为平整

---

① 农业部《关于促进家庭农场发展的指导意见》指出，家庭农场规模要能体现自身优势，"与家庭成员的劳动生产能力和经营管理能力相适应，能够实现较高的土地产出率、劳动生产率和资源利用率"，还要能确保家庭农场经营者及其成员收入达到当地城镇居民平均可支配收入等。

的黑龙江省，家庭农场平均经营规模达到 271 亩，山西省种植业家庭农场平均经营面积为 196 亩；而在山区丘陵较多的南方地区，家庭农场经营规模则相对较小，福建省家庭农场平均经营面积为 66.3 亩，广西壮族自治区家庭农场平均经营规模为 80 亩。家庭农场规模较好地体现了经营模式的制度优势。

3. 经营内容多元化

在经营内容方面，家庭农场在农、林、牧、渔四大产业均有覆盖，但总体仍以种养业为主。截至 2012 年，在全部家庭农场中，从事种植业的有 40.95 万个，占比为 46.7%；从事养殖业的有 39.93 万个，占比为 45.5%；从事种养结合的有 5.26 万个，占比为 6%；家庭林场、家庭渔场等有 1.56 万个，占比为 1.8%。分省份来看，依照不同地区各自的产业优势，家庭农场经营范围覆盖重点也有所差异，多数省份的家庭农场发展主流是种植业（含种养结合类型），也有部分省份目前以非种植业家庭农场为主。例如，江西省 2014 年家庭农场总数为 13457 万个，其中从事种植业的家庭农场 4949 个，从事养殖业家庭农场 6598 个，种养结合的家庭农场 1441 个。

4. 经济社会效益明显

在 2012 年全国家庭农场普查中，家庭农场经营总收入为 1620 亿元，平均每个家庭农场为 18.47 万元。而根据农业部经管司、经管总站 2015 年底对 30 个省份（不含西藏和港澳台地区）34.3 万户家庭农场的专项统计调查，各类家庭农场年销售农产品总值为 1260.2 亿元，平均每个家庭农场年销售农产品价值为 36.8 万元。①

---

① 杨霞等：《2015 年 34 万户家庭农场统计分析》，http：//www.crnews.net/29/32633_ 20160620100604.html，2016 年 6 月 20 日。

其中，年销售总值为 10 万元以下的家庭农场数量为 11.4 万个，占家庭农场总数的 33.3%；年销售总值为 10 万~50 万元的家庭农场数量的占比为 44.2%，年销售总值为 50 万~100 万元的家庭农场数量的占比为 15.3%，年销售总值为 100 万元以上的家庭农场数量的占比为 7.2%。各类家庭农场购买农业生产投入品的总值为 589.8 亿元，平均每个家庭农场购买农业生产投入品的价值为 17.2 万元。如果忽略投入品中农业机械等固定资产的折旧因素以及土地流转租金和人工成本，平均每个家庭农场毛收益约 20 万元。

家庭农场之所以能获得高于一般农户经营收入的经济效益，一方面得益于适度规模经营带来的规模报酬的提高，另一方面也得益于科技投入增加、经营管理水平提高带来的边际效益的增加。根据农业部"全国家庭农场监测团队"2014 年对 3092 个家庭农场的监测分析，有近 71% 的家庭农场内部有比较完整的收支记录，家庭农场内部经营管理程度显著提高；44% 的家庭农场主动采用了"测土配方"技术。同时，家庭农场主接受各类知识培训的比例明显提高。据统计，监测样本中有 60% 的农场主接受过育种和栽培技术培训，48.07% 的农场主接受过土肥培育技术培训，47% 的农场主接受过疫病防治技术培训，44.91% 的农场主接受过经营管理知识培训。

不仅如此，经营方式的升级还取得了明显的生态效益，适度规模经营的多元化效益得以体现。据监测调查，31% 的家庭农场亩均化肥施用量低于周边农户，40% 以上的家庭农场亩均农药施用量低于周边农户。许多家庭农场开始选择了生态农业生产方式，不仅提高了产出效率，而且保护了农业生态环境。全国各地"粮食种植型""种养结合型""生态养殖型""科技应用型""质量管控型"等模式多样的生态农业生产方式的示范推广，对于缓解中国农业生态透支、增强农业可持续发展能力具有显著的正面影响和效益。

（三）专业大户、家庭农场发展趋势展望

专业大户和家庭农场的发展既是构建中国新型农业经营体系的关键，发展现代农业的客观需要，也是在制度层面对新形势下坚持家庭联产承包责任制、完善农业基本经营制度的回应。未来，专业大户和家庭农场将成为中国现代农业建设的基本主体，引领中国农业先进生产力的发展方向。虽然专业大户和家庭农场因其制度优势发展势头迅猛、前景看好，但总体来说，专业大户特别是家庭农场的规范化发展还处于起步阶段，仍面临诸多条件限制和困难挑战，其长期发展还需要经历一个循序渐进的过程。

当前和今后一段时期内，专业大户和家庭农场的发展还需切实解决农地流转期限短、土地细碎化、土地租金上涨较快等问题，确保稳定、长期的土地经营权；重视满足专业大户和家庭农场发展的金融保险需求，破解资金约束对更大规模、更高水平经营的限制；弥补生产性基础设施（道路、水利、仓储等）及设备不足的短板，提高农业生产性社会化服务水平。此外，由于专业大户、家庭农场本质上还是以农户为主，依然受到制度、资源禀赋、市场竞争、自然风险和市场风险等因素的制约。因此，从长期发展趋势来看，加强与农业合作社的合作将成为专业大户、家庭农场成功运营、健康发展的走向，这也是国外家庭农场发展的重要经验。目前，中国一些地区出现了家庭农场加入或领办合作社的案例。例如，湖北省武汉市就尝试适当发展"合作农场""公司＋家

庭农场＋基地"等模式，降低家庭农场的经营风险。未来，家庭
农场（专业大户）、合作社、龙头企业将形成相互支撑、相互制约
的利益共同体，有力支撑中国农业的可持续发展。

三　农民合作社的发展与变迁

农民合作社是农民在家庭承包经营的基础上，按照自愿联合、
民主管理的原则组织起来的互助性生产经营组织。通过农户间的
合作联合，不同程度地弥补了农户家庭承包经营分散、超小规模
经营而带来的交易成本高、市场风险大、信息不对称、新技术引
进反应慢等制度缺陷，实现了适度规模经营。农民合作社是新型
农业经营体系的重要组成部分，通过规范、扶持多元化、多类型
合作社的发展，促进农民合作社规范化管理水平和自我发展能力
的提升，使之成为引领农民参与国内外市场竞争的现代农业经济
组织。

（一）农民合作社的发展背景与演进历程

中国的农民合作组织发展起步于改革开放以后。进入 21 世纪
以来，农民合作事业在中国蓬勃发展，特别是 2006 年《农民专业
合作社法》颁布之后，以农民专业合作社为代表的各类农民合作
社呈"井喷式"发展态势。不过随着实践的发展，《农民专业合作
社法》所规范的基于相同类型的生产或服务的专业性经济实体，
已经不能包容农业生产经营者多元化的合作需求。为此，2013 年
中央一号文件首次提出"农民合作社"的概念，进一步拓宽了农
民合作社的概念范畴，在专业合作之外将股份合作等多元化、多
类型合作社也纳入规范、扶持范围。2013 年 11 月中共中央十八届

三中全会通过的《关于全面深化改革若干重大问题的决定》，明确农民合作社除专业合作之外，还包括股份合作、信用合作、土地合作三大领域。

（二）农民合作社发展特征

1. 发展速度快

自《农民专业合作社法》实施以来，农民合作社数量快速增加，如图 6-5 所示，2008~2012 年，每年新增农民合作社数量均在 10 万家以上，2013 年、2014 年新增农民合作社数量保持在 30 万家左右。根据农业部统计数据，截至 2015 年底，全国依法取得工商注册登记的农民合作社约 133.61 万家，同比增长 3.67%；共有社员 5993.17 万户，占全国承包经营农户数的 25.99%，同比增长 7.2%；农民合作社带动非成员农户数 6743.67 万户，同比增长 3.1%。截至 2015 年 4 月，农民合作社出资总额累计已达 3 万亿

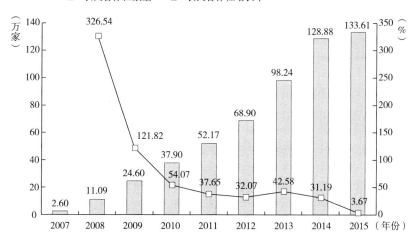

图 6-5 全国农民合作社数量及增长变化

资料来源：农业部、国家工商行政管理总局。

元，较上年同期增长 34.52%。考虑到实际中，许多农民合作社因手续烦琐并未到相关部门办理登记手续，因而实际农民合作社数量应比统计数据更高。

2. 产业覆盖广泛

农民合作社类型覆盖农村三次产业。根据农业部统计数据，农民合作社的发展以种植业、畜牧业为主，分别占全国合作社总量的 53.2%、24.3%，粮、棉、油、糖等大宗农产品，果、蔬、茶、中药材等各类经济作物，肉、蛋、奶等畜产品以及民间工艺品等具体品种均有覆盖。与此同时，农机、植保、土肥等服务业合作社保持了较快的增长势头，截至 2015 年全国服务业合作社数量突破 10 万家，同比增长 16.7%（见表 6-4），其中农机服务合作社占服务业合作社的逾六成。除此之外，土地合作、股份合作、劳务合作等多元化、多类型合作社也在不断兴起。

表 6-4　2015 年农民合作社产业类型分布

从事行业	数量（家）	占总体比重（%）	比上年增/减（%）
1. 种植业	710437	53.2	18.5
其中：粮食产业	276177	38.9	29.5
2. 林业	79288	5.9	20.7
3. 畜牧业	324310	24.3	13.9
（1）生猪产业	108598	33.5	9.6
（2）奶业	15161	4.7	5.4
4. 渔业	45617	3.4	14.4
5. 服务业	108704	8.1	16.7
（1）农机服务	68531	63.0	18.5
（2）植保服务	12614	11.6	10.8
（3）土肥服务	4536	4.2	10.6
（4）金融服务	873	0.8	-6.8
6. 其他	67733	5.1	24.4

3. 服务链条拉长

农民合作社服务内容日趋综合化，越来越多的合作社从简单的技术服务、信息服务向产前、产中、产后一体化服务延伸，服务内容涉及农资供应、生产服务、包装、仓储、加工、流通等，还有部分合作社尝试兴办内部信用合作。根据农业部统计数据，2015年，52.9%的农民合作社可为社员提供产加销一体化服务（见图6-6），此类合作社数量同比增长16.6%；而以生产服务为主和以加工服务为主的两类合作社数量增长较快，同比增长率分别为19.7%和20.4%。2015年农民合作社统一组织销售农产品总值达7866.28亿元，统一组织购买农业生产投入品总值为2754.09亿元。不仅如此，合作社的质量水平和盈利能力较过去均有明显提升。2015年全国共有74941家合作社拥有注册商标，同比增长7.5%；超过4万家合作社通过无公害、绿色、有机等农产品质量认证，该数量同比增长8.9%。在盈利能力上，合作社2015年当年可分配盈余额达957.07亿元；22.03%的合作社将可分配余额按

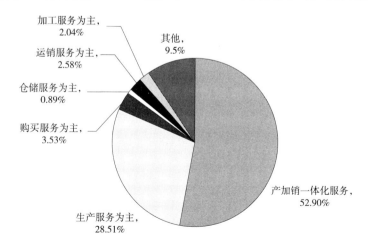

图6-6 2015年按服务内容划分的农民合作社构成

交易量返还成员，返还总额达 550.37 亿元，其中 77.09% 的合作社返还比例超过可分配余额的六成。

4. 联合社快速发展

合作社的联合与合作，是国际合作社联盟确定的合作社七项原则之一，是世界各国发展合作社的普遍做法。根据农业部统计数据，2011 年全国共有各类农民合作社联合社 2140 家，到 2012 年底，合作社联合社数量突破 5200 家，是上一年度的 2 倍多，不少地区产生了跨地区、跨行业的联合社。2013 年中央一号文件提出，要引导农民合作社以产品和产业为纽带开展合作与联合，积极探索合作社联合社的登记管理办法；同年底，国家工商总局、农业部联合发文，明确了农民合作社联合社的设立、变更、注销及备案的登记办法。农民合作社联合社的发展步伐逐渐加快，到 2014 年底，全国各类农民合作社联合社突破 6000 家，覆盖合作社 8.4 万家，带动农户 560 万户。合作社联合社的发展，有助于促进合作社间合力的形成，提升市场谈判能力；实现资源优势互补，扩大规模经济，促进纵向一体化程度的提高和三次产业融合发展；同时能够减少同类合作社之间的无序恶性竞争，有效加强合作社的功效。

（三）农民合作社的发展趋势展望

目前，中国农民合作社正由注重生产联合向产加销一体化经营方向转变，由单一要素合作向劳动、技术、资金、土地等多要素合作转变。农民合作社的发展有效地提高了中国农业的组织化程度，促进了农业适度规模经营的发展，推动了农业产业结构的优化调整和升级。

不过，总体来看，目前国内农民合作社还存在规模偏小、带动能力有待提高、内部组织管理不规范、外部监管不到位，以及相关制度不够健全等问题。以合作社发展带动农业的组织化程度持续提高是中国现代农业发展的必由之路，从发展趋势上看，农民合作社发展至少呈现以下特征。

其一，农民合作社的综合性、多功能性将进一步拓展。农民将更加专注于农业生产，而合作社则越来越多地承担起农业经营性活动，发挥社会化服务功能，通过合理分工提升现代农业的可持续发展能力。

其二，从横向合作向纵向联合发展。前文分析表明，合作社的联合发展在中国呈快速发展势头，事实上联合与合作并不仅仅限于合作社之间，随着农业产业链的延伸，农民合作社与产业上下游各类主体间的纵向合作将成为趋势。近年来，"龙头企业＋合作社＋农户"的纵向联合模式已较广泛地存在于各地实践中，而国际上较为普遍的合作社自行创办相关产业上下游实体的纵向联合模式，在中国也表现出较好的盈利性和旺盛的生命力，成为未来中国农业合作社发展的重要方向之一。

其三，领办人企业家化、成员身份多元化、合作社公司化特征有加强趋势。一方面，随着新业态、新商业模式的不断涌现，合作社领办人基本以本地的村社能人、农业大户、两委干部或本地小微企业为主的格局将被打破，越来越多的非农企业家带领农民发展合作社将成为未来合作社发展的新趋势。由于经济实力相对较强，他们的领办将克服传统合作社规模不大、资金实力有限的弊端，但也可能使得合作社公司化发展的特征凸显。另一方面，随着合作社成员异质性的增强，以产业为纽带、不同生产要素所有者合作共赢的异质性合作社将成为未来农民合作社发展的主流形式，这也进一步促使农民合作社越来越趋向于公司化发展。

四 农业产业化龙头企业发展现状与变迁

农业产业化龙头企业是新型农业经营体系中的重要引领者，是农业产业化经营体系中的关键一环，它一头与农户形成"风险共担、利益共享"的利益连接，另一头与国内外市场衔接，具有市场化、专业化、规模化、事业化经营的特征和优势。农业产业化龙头企业发端于 20 世纪 80 年代中后期，在 30 多年的发展历程中，农业产业化龙头企业经历了 20 世纪 80 年代中期至 90 年代初期的自发探索阶段、20 世纪 90 年代中后期的理论构建和政策推动阶段、21 世纪以来的快速发展阶段，目前正进入转型发展阶段（魏后凯等，2015b）。2015 年，中央一号文件明确将农业产业化龙头企业作为新型农业经营主体的重要组成部分，强调发挥龙头企业在构建新型农业经营体系、推进中国农业现代化进程中的引领作用。

（一）产业化龙头企业发展现状与特征

1. 企业数量迅速增长、效益明显增加

根据农业部农业产业化办公室的数据显示，全国农业产业化组织的总数从 2006 年的 11.4 万个增长到 2015 年的 38.6 万个，年均增长率为 14.51%；农业产业化辐射带动农户 1.26 亿户，较 10 年前增长 49.04%；农户从事产业化经营户均增收达 3380 元，是 10 年前的 2.81 倍。

2. 示范带动效用显著

龙头企业创新与农民的利益联结机制，让农民更多地分享产业融合成果。2015 年，各类农业产业化组织中采取订单方式带动农户的占比为 45%，订单总额较上年增长 9.7%；采取利润返还、二次分红等方式向农户返还加工流通环节利润的产业化组织数量，较上年增长 12.9%，省级以上龙头企业平均向每户农户返还或分配的利润达 300 多元；通过股份合作，龙头企业的资金、设备、技术与农户的土地经营权、劳动力等要素以股份方式结合在一起，实现"利益共享、风险共担"；龙头企业为农户提供种养技术、贷款担保等服务，带领农户进入新领域，扩大农户参与农村产业融合的机会，提升农户自我发展能力。

此外，农业产业化龙头企业在发展过程还发挥了良好的引领示范效应。2015 年，农业部指导各地创建了 60 个国家农业产业化示范基地，集聚各类龙头企业 2289 家，带动农户 502 万户。这些示范基地引导产业链上下游的企业、合作社、农户合作联合社，将产业增值收益留在当地，留给农民。

3. 社会化服务能力明显

全国各类产业化组织加大原料生产基地建设投入力度，推行质量体系认证和品牌建设，推进优质高效农产品供给。各类农业产业化组织根据市场需求变化及时调整生产结构，加强对农户的品种供应、技术指导、病虫害防治等专业化服务，指导农户调减低端、过剩产能，提高有效供给。截至 2015 年，近 40% 的龙头企业为农户提供仓储和物流服务，72% 的龙头企业通过为农民提供农产品价格、市场供求和疫病疫情等信息，帮助农户有效规避风险；省级以上龙头企业农业技术推广服务人员达 24.7 万人，农民培训平均投入近 60 万元。

4. 引领促进三产融合发展

产业化龙头组织的发展极大地延长了农业产业链条，通过发展农产品加工、销售，拓展了农业多种功能，将农业发展的不确定性内化于产业链之中，从而实现农业的效益提高、风险降低。特别是近年来，各地引导龙头企业将"互联网＋""生态＋"等现代新理念引入生产经营，同时引导产业化组织打造战略联盟和市场契约关系，探索创新了产业融合的多种有效实现形式，有效提高了现代农业的竞争力和可持续发展能力。

（二）产业化龙头企业发展趋势展望

目前，农业产业化龙头组织正逐步由数量扩张向质量提升转变，由松散型利益联结向紧密型利益联结转变，由单个企业带动向集群带动发展。未来，农业产业化龙头组织的不断壮大、完善将进一步引领和带动中国农业的可持续发展：一是以延长产业链、提升价值链为着力点，推进三次产业深度融合，引领农业产业结构优化升级，通过拓展农业的多种功能，发展壮大新产业新业态，带动农民获得更多增值收益；二是发挥产业化龙头组织在科技创新和应用方面的引领作用，以科技创新带动农业生产方式优化，推动绿色发展理念，降低农业面源污染，增强农业可持续发展能力；三是以农业产业化龙头组织的发展带动农产品的质量提升和品牌创建，引领现代农业提质、增效；四是充分发挥农业产业化龙头组织对普通农户、家庭农场、农民合作组织等各类农业经营主体的引领作用，通过产品联结、技术联结、服务联结以及土地、劳动力等生产要素等多纽带联结，形成各经营主体间相互渗透、相互融合的紧密利益联结，促进小生产大市场下的农业生产组织方式的不断优化。

五　农业社会化服务组织发展与变迁

农业生产过程社会化是现代农业的典型特征之一。农业社会化服务组织是在家庭联产承包责任制基础上，为农业产前、产中和产后各环节提供专业化服务的各类机构和个人所形成的网络与组织，旨在办理农民一家一户办不了、办不好或办起来不经济的事情。中国农业规模经营的发展，一条途径是前文所述的，通过土地经营权流转，培育新型农业生产主体来实现；另一条途径则是通过发展农业生产性服务，培育新型农业服务主体，通过规模化的服务，实现生产环节的规模经营，从而解决农业生产兼业化突出背景下"地怎么种好"的问题。

早在20世纪80年代，随着家庭联产承包责任制在全国广泛推行，广大生产经营者对生产各环节的社会化服务需求也随之衍生并日益强烈。进入21世纪以来，随着中国传统农业转型升级步伐的加快，改善服务供给、提升社会化服务对现代农业发展的支撑作用备受重视。2016年中央一号文件强调："支持多种类型的新型农业服务主体开展代耕代种、联耕联种、土地托管等专业化规模化服务。加强气象为农服务体系建设。实施农业社会化服务支撑工程，扩大政府购买农业公益性服务机制创新试点。加快发展农业生产性服务业。"目前，中国农业社会化服务的内容更加丰富、机制模式不断创新，多元化社会化服务体系已初具规模。社会化服务体系与生产体系的有机结合，构成了保障中国粮食生产能力和粮食安全、支撑农业可持续发展的农业生产经营体系。

（一）农业社会化服务组织发展特征

1. 政府公共服务机构为主导、多元化市场主体广泛参与

农业是关系国计民生的基础性战略产业，部分农业社会化服务具有较强的公共物品属性。政府主导的公益性社会化服务组织是中国农业社会化服务体系的基础，为了促进生产力发展，中国政府在中华人民共和国成立之初就建立了从中央到地方的农业技术服务中心和服务站，在村一级设有科技组合科技示范户，根据农业部经管司、经管总站课题组（2012）的调研结果，截至2012年，全国种植业、畜牧兽医、渔业、农机、经营管理等系统共有县乡两级公益监管服务机构14万多个，监管服务人员约83万人。不仅如此，诸如供销合作社、邮政系统等长期扎根农村、贴近农民、经营网络相对健全的组织系统，正逐渐成为农业社会化服务体系的骨干力量。与此同时，随着税费改革的推进和市场经济体制的不断完善，诸如农业产业化龙头组织、农民合作社、专业技术协会等各类主体不断发展壮大，他们在满足自身生产、服务需求的同时，也积极参与到农资供应、技术指导、农机作业、疫病防治、产品收购、仓储运输、贷款担保、市场信息等社会化服务供给中，为周边其他经营主体提供相关服务。可以说，以政府公共服务机构为基础、以集体经济组织为骨干、多元化市场主体共同参与的社会化服务体系已初具规模。

2. 主要作业环节社会化服务能力不断提升，并向全程社会化服务延伸

目前，农业生产主要作业环节的社会化服务水平得到长足发展，依靠农业社会化服务体系的支持，"耕、种、收等主要作业环节靠社会化服务，日常田间管理主要依靠家庭成员"的生产方式已较为普遍，在相当程度上弥补了生产经营主体耕地规模不足的弊端，节本增效明显。例如，每年夏收季节，全国范围内公益性与经营性服务有效结合，实现大范围农机跨区作业。国家不断加大购机补贴力度，全国各级农机部门收集发布天气、供求、交通等信息，协调保障柴油供应、落实免费通行政策，10万台联合收割机南下北上跨区作业，全国3亿多亩冬小麦的收割基本实现了机械化作业。与此同时，随着农户社会化服务多样化需求的增长，农业社会化服务的内容更加丰富，服务领域也从产中服务向产前、产后环节不断延伸，从农业生产关键环节向全程社会化服务发展。特别是机耕、机收、植保、统防统治等产中服务更为丰富，农业科技指导与服务向纵深发展，金融、保险、经纪等综合性服务不断拓展，并越来越多地从简单专项服务转向内容全面、形式多样的综合服务。不仅如此，随着电子信息技术的快速发展，"互联网＋"等新鲜元素也更多地融入社会化服务内容和服务方式中。现代信息技术的应用进一步拓展了农业社会化服务的边界，形成了多种形式、灵活多变的社会服务组织和服务模式。

3. 农业社会化服务模式不断创新

农业社会化服务的发展，不仅体现在服务链条的延伸、服务内容的拓展中，而且体现在服务模式的不断创新中，其中，土地托管服务可以说是近年来中国农业社会化服务模式创新的亮点之一。农村青壮年劳动力大量外出，土地经营权流转速度加快、规模扩大，各类专业化的新型农业生产经营主体迅速发展壮大，与此同时，多种形式的土地托管服务也在各地农村不断涌现。在不改变土地承包权、经营权、收益权的前提下，农民将土地托管给社会化服务组织，由该组织为农民提供"全程化"或"点单式"的生产服务。土地托管服务的发展，更加有利于服务资源的整合和社会化服务成本的降低，也更加有利于科学种植方式和田间管理的实施，实现多方合作共赢。

4. 社会化服务供给向市场化方向迈进

在农业生产逐渐进入社会化大生产的过程中，农民对社会化服务的需求也在日益增加。为了满足农民日益增长的服务需求，农业社会化服务的模式也在实践中探索创新。政府的农业技术推广、农村经营管理、农产品质量安全监管、动植物疫病防控等公共监管服务机构，与农民合作社、产业化龙头企业、专业服务公司、农村经纪人等多元主体相互配合，形成了"公共服务机构＋社会化服务企业＋农户""村集体经济组织/农民合作组织＋社会化服务组织＋农户""经营性服务公司＋农户＋基地"等多种行之有效的社会化服务模式。撬动社会力量和民间资本，采取财政奖补方式，引入竞争机制，推行市场化运作，推动社会化服务组织从农业生产关键环节向全程社会化服务转变。特别是在公益性服务领域，一些地方也开始尝试政府购买服务的方式，在提升服务专业化水平的同时，降低了服务供给成本。

构建覆盖全程、综合配套、便捷高效的多元新型的社会化服务体系，是发展现代农业的基本要求。社会化服务体系包括公益性、经营性和自助性三大方面，公益性社会化服务体系应由政府负责，经营性社会化服务体系由市场运作，自助性社会化服务体系由农民合作组织承担。总的来说，中国农业公益性服务还很脆弱，经营性和自助性服务组织发育不足，多元化、多层次、多形式的社会化服务体系亟待建立健全。

（二）农业社会化服务组织发展趋势展望

中国农业社会化服务组织近年来的发展势头迅猛，农业社会化服务体系向着"主体多元化、服务专业化、运行市场化"的方向不断完善和健全，但总体来说，社会化服务还是中国现代农业可持续发展的短板。未来，无论是不断壮大的适度规模经营主体，还是仍将长期存在的分散经营小农户，社会化服务的供给都是极其关键的。中国将进一步加强公益性社会化服务组织建设，创新公益性服务组织的多元服务方式，夯实农业社会化服务的基础；增强农民合作组织、农业产业化龙头企业、村集体经济等经营性服务组织的服务能力，鼓励农民经纪人、民间服务组织发展，丰富农业社会化服务组织的供给主体；鼓励无人机、互联网等在农业社会化服务领域的应用，推动农业社会化服务向科技化、现代化方向发展。此外，农业社会化服务体系的发展和完善还将与各类经营主体的需求更加紧密地结合起来，特别是注重满足不同经营主体多元化、多层次的农业社会服务需求，保证中国农业健康、高效、可持续发展。

第四节　中国农业发展方式及变迁

改革开放以来，中国农业发展的成就有目共睹，解决了诸如温饱和增产等一系列重要问题，推动了农业剩余劳动力的转移，实现了农业份额的下降和农民收入的提高。特别是自 2003 年起，中国粮食生产实现"十二连增"，农业生产的主要矛盾已由总量不足转变为结构性矛盾，而在农产品价格"天花板"封顶、生产成本"地板"抬升、资源环境"硬约束"加剧的新形势下，农业发展的目标也从追求数量增长转变为数量质量效益并重。转变农业发展方式是不同经济、农业发展阶段的内在要求，"稳粮增收调结构，提质增效转方式"是当前中国农业发展的主线，也是今后一个时期加快推进农业可持续发展的必由之路。

事实上，在快速工业化、城镇化过程中，中国农业的生产力和生产关系早已发生了重大变化，农业发展方式也在悄然调整变化以适应新发展阶段的要求。传统的经营规模小、组织程度低、资源消耗大、市场竞争力弱的农业发展方式正在转型升级中，取而代之的是更加专业化、规模化、机械化、组织化、绿色化的现代农业发展方式。农业生产由主要依靠物质要素投入向更加注重依靠科技创新和提高劳动者素质转变，由依赖资源消耗的粗放经营向更加注重可持续发展能力提升转变。中国正在着力构建一个经营有规模、生产有效率、服务靠社会、竞争有优势、产业能自立、环境更友好的可持续农业发展方式。

一 农业发展方式变化的现实基础

综观世界各国农业发展的历程，农业生产大致可分为目标和要求不尽相同的三个阶段，分别是解决食品供给问题、解决农民收入问题，以及解决农业发展方式问题三个阶段（蔡昉等，2016）。虽然我们并不能有把握地说，中国的食品供给问题和农民收入问题已经得到了彻底解决，但诸多明显特征变化已表明，中国农业正进入以解决农业发展方式问题为主要目标的发展新阶段。

（一）农业的基础性地位内涵发生变化

1978～2015 年，第一产业增加值占国民生产总值的比重由 27.7% 下降到 9.0%，第三产业增加值比重突破 50%（见图 6-7）；第一产业的就业人数比重从 70.5% 降低到 30% 以下，农业基础性地位已不再体现在产值贡献和就业吸收方面。与此同时，城市化率不断提高，截至 2015 年，全国总人口为 137462 万人，其中城镇常住人口为 77116 万人，常住人口城市化率达到 56.1%，较上年末增长 1.33%。

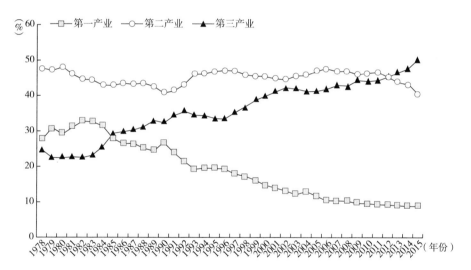

图 6-7　1978～2015 年中国三次产业构成
资料来源：国家统计局网站，http://www.stats.gov.cn。

（二）农村劳动力结构性矛盾突出

伴随着本轮工业化的进行，传统农业发展方式下农业比较收益下降，导致大量农村劳动力从传统村庄内部向外流动，从第一产业向第二、第三产业流动。如图 6-8 所示，根据国家统计局的数据，2015 年底，全国农民工总量[①]为 27747 万人，农民工数量较 2010 年增加了 3524 万人。其中，外出农民工数量为 16884 万人，占比超过 60%；本地农民工数量为 10863 万人。而根据上海财经大学千村调查数据，本轮工业化进程中，23.9% 的调查村庄外流劳动力比例超过本村劳动力的一半以上，其中 6.5% 的村庄外流劳动力比例甚至超过 75%；40.2% 的村庄外流劳动力比例达 26% ~ 50%；只有 6.5% 的村庄没有劳动力向外流动。与此同时，农业生产还面临着人口老龄化的巨大压力，尽管目前在农业中就业的人口还有 1.9 亿人，但其中以老年人和妇女居多，青壮年劳动力比例下降。

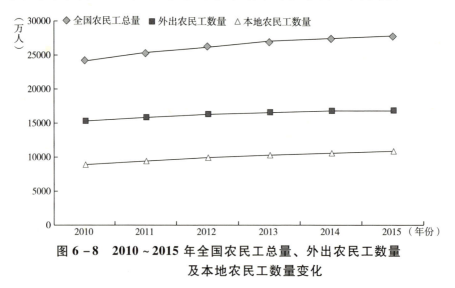

图 6 - 8　2010 ~ 2015 年全国农民工总量、外出农民工数量及本地农民工数量变化

（三）农业综合生产成本大幅、快速攀升

近年来，农业用工成本和土地成本的快速上涨，极大地推动了农业生产成本的快速上涨，中国农业已经进入高成本时代。以

---

① 农民工数量包括年内在本乡镇以外从业 6 个月及以上的外出农民工和在本乡镇内从事非农产业 6 个月及以上的本地农民工两部分。

三种粮食作物（稻谷、小麦、玉米）为例，自 2013 年起，三种粮食作物亩均生产总成本就已超过 1000 元（见图 6 - 9），把生产总成本分解为人工成本、土地成本和物资与服务费用三大类可以看出，人工成本和土地成本的快速攀升是推高农业生产总成本的直接原因。从人工成本来看，在工业、商业等非农用工的激烈竞争下，2006 ~ 2015 年的 10 年间，三种粮食作物亩均人工成本增长了近 200%，从 2006 年的 151.9 元上涨到 2015 年 447.23 元；在此期间，土地资源的稀缺性进一步显现，土地成本也呈大幅上升态势，2015 年三种粮食作物平均每亩土地成本达到 217.77 元，较 2006 年增长了 219%；而与此同时，尽管物资与服务费用在生产成本中所占的比重，已经从 2006 年的超过 50% 下降到 2015 年的不足 40%，但其成本也在持续增加，这一方面是由于种子、化肥等生产资料价格本身处于不断上涨中，另一方面也反映出农业产业化过程中，对农业生产资料需求的持续增加。农业生产投入要素价格的大幅、快速攀升，决定了农业发展方式必然向劳动力节约型、土地节约型方式转变。

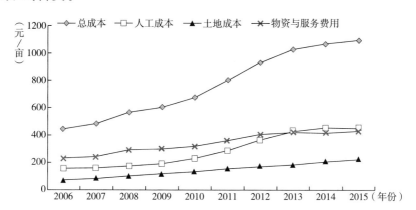

图 6 - 9 2006 ~ 2015 年三种粮食作物亩均总成本及各分项成本变化

资料来源：国家发展改革委《全国农产品成本收益资料汇编》。

（四）农业生产的资源环境约束加剧

水土资源是农业生产的基础性资源，但人多地少水缺是中国的基本国情，且在进入快速工业化、城镇化阶段后，水资源、耕地资源被占用，污染问题突出。在耕地资源方面，全国新增建设用地占用耕地年均约480万亩，被占用耕地的土壤耕作层资源浪费严重；中国土地生产率较高的优质耕地严重不足，耕地质量下降，黑土层变薄、土壤酸化、耕作层变浅等问题凸显；与此同时，耕地污染日益严重，特别是耕地土壤的重金属污染进入"集中多发期"。与耕地资源类似，中国农业生产水资源状况也不容乐观，水资源较为短缺，华北等地地下水超采严重，特别是由于工业"三废"和城市生活等外源污染向农业农村扩散，水环境污染呈加重态势，清洁水资源更加短缺。

一方面是日益严峻的资源环境约束，另一方面是高强度、粗放式的农业发展方式本身导致的资源利用效率低下，以及农业投入品过量使用导致的农业内源性污染严重，不仅制约了农业农村的发展，而且给生态系统、资源环境造成更大的压力。以水资源为例，2005~2014年农业用水总量呈明显增长态势，农业用水在全国用水总量中的占比始终在60%以上（见表6-5），而中国农田灌溉水有效利用系数比发达国家平均水平低0.2。目前，全国水土流失问题依然严峻，农田生态系统结构失衡、功能退化，草原超载过牧问题亟待解决。传统农业发展方式面临的资源环境压力日益严峻。

表 6 – 5　2005~2014 年农业用水量及比例变化

年份	用水总量（亿立方米）	农业用水总量（亿立方米）	农业用水占比（%）
2005	5632.98	3580.00	63.55
2006	5794.97	3664.45	63.24
2007	5818.67	3599.51	61.86
2008	5909.95	3663.46	61.99
2009	5965.15	3723.11	62.41
2010	6021.99	3689.14	61.26
2011	6107.20	3743.60	61.30
2012	6141.80	3880.30	63.18
2013	6183.45	3921.52	63.42
2014	6094.86	3868.98	63.48

二　农业发展方式的转型与发展

内外部环境的共同压力驱使着中国农业发展方式的转型，进入新的发展阶段，中国农业发展方式展现出新的面貌，适度规模经营得到发展，组织化程度提升，社会化特征明显，机械化水平提高，科技创新驱动能力增强，农业生产向绿色化、生态化方向转变，农业可持续发展能力进一步提升。受限于数据，本部分将重点探讨中国农业生产的规模化、机械化和绿色化发展趋向。

（一）土地流转步伐加快，推动农业发展方式向适度规模经营发展

土地细碎化一直是制约中国农业生产规模化、机械化发展的重要因素，农村劳动力向第二、第三产业转移，近年来中国土地流转速度和规模都在明显扩大。根据农业部统计数据，2010 年全

国流转耕地面积为 1.87 亿亩，而到 2014 年流转耕地面积就突破了 4 亿亩（见表 6 - 6），5 年间流转耕地面积增长了一倍有余，到 2015 年全国流转耕地面积达到 4.47 亿亩，占家庭承包经营耕地总面积的 33.31%，土地流转率较 2010 年提高 18.62 个百分点。随着农地三权分置、确权颁证工作的推进以及土地流转管理制度的进一步完善，未来农地流转规模还将进一步扩大。

表 6 - 6 2010～2015 年家庭承包经营耕地流转情况

家庭承包经营耕地情况	2010 年	2011 年	2012 年	2013 年	2014 年	2015 年
家庭承包经营耕地面积（亿亩）	12.73	12.77	13.10	13.27	13.29	13.42
流转耕地总面积（亿亩）	1.87	2.28	2.78	3.41	4.03	4.47
流转率（%）	14.69	17.85	21.22	25.70	30.32	33.31

资料来源：农业部市场与经济信息司《全国农业统计提要》。

土地是农业生产的基本要素，农业适度规模经营的核心是土地适度规模经营，土地流转步伐的加快，极大地推动了多种形式农业适度规模经营的发展。从土地流转主体和流转方式的角度看，中国农业适度规模经营方式主要有以下几类。

其一，通过农户间承包地的流转，实现专业大户、家庭农场的适度规模经营。如表 6 - 7 所示，从土地流转去向看，农户之间的土地转包仍是土地流转的主要形式，尽管 2010～2015 年流转入农户的土地比例有所下降，但 2015 年转入农户的耕地面积仍占到流转耕地总面积的 58.65%，而这其中，相当的比例又流转向了专业大户、家庭农场。据农业部经管司统计，截至 2015 年底，全国经营面积在 50 亩以上的专业大户、家庭农场已突破 400 万户，其中专业大户有 356.6 万户，家庭农场有 87 万家。

其二，流转入合作组织、土地入股等方式，开展农业合作生产。如表 6 - 7 所示，2010～2015 年流转入专业合作社的土地规模明显增加，2015 年流转入合作社的耕地达到 9736.91 万亩，占流转耕地总面积的 21.79%。除此之外，在一些农村劳动力转移程度较高的地区，在地方政府引导下，土地股份合作组织发展较快。2015 年，全国以股份合作方式流转土地达 2716.91 万亩，占流转耕地总面积的 6.08%。

表 6 - 7　2010～2015 年耕地转入主体情况

项　　目		2010 年	2011 年	2012 年	2013 年	2014 年	2015 年
农户	面积（亿亩）	1.29	1.54	1.8	2.06	2.35	2.62
	占比（%）	69.35	67.54	64.75	60.41	58.31	58.65
专业合作社	面积（亿亩）	0.22	0.31	0.44	0.69	0.88	0.97
	占比（%）	11.83	13.60	15.83	20.23	21.84	21.79
企业	面积（亿亩）	0.15	0.19	0.25	0.32	0.39	0.42
	占比（%）	8.06	8.33	8.99	9.38	9.68	9.47
其他主体	面积（亿亩）	0.2	0.24	0.29	0.34	0.41	0.45
	占比（%）	10.75	10.53	10.43	9.97	10.17	10.09

资料来源：农业部市场与经济信息司《全国农业统计提要》。

其三，工商资本租赁农村土地从事农业生产经营的现象也越来越常见。如表 6 - 7 所示，2015 年，流转入企业的耕地面积达到 4232.21 万亩，占流转耕地总面积的 9.47%。工商企业利用其在资金、技术和管理方面的优势，改善农业生产条件，建立示范推广基地，带动和提高农业生产规模化水平。不过由于工商企业长时间、大面积租赁农户承包地也容易出现土地"非粮化""非农化"隐患，因而近年来的发展也较为谨慎。

从土地流转规模和速度来看，农业适度规模经营正在快速发展，尽管农户仍是土地转入的主体，但承包主体的多元化说明农业经营主体也在趋于多元化，他们正是中国新型农业经营体系的重要构成，是未来农业可持续发展的支柱。

（二）资本替代劳动过程加速，农业机械化水平显著提高

根据诱致性技术变迁理论，农业技术的采用特点和变化，是通过对生产要素的相对稀缺性从而对价格做出反应而形成的，即农业技术倾向于节约相对稀缺的生产要素，而更集约地使用相对充裕的生产要素。如前文所言，随着劳动力成为相对稀缺的生产要素，劳动力成本价格迅速攀升，农业技术变迁越来越倾向于劳动节约型，资本替代劳动的过程加速，带来了中国农业发展方式的重大变化。如图 6 - 10 所示，与水稻、小麦、玉米三大主要粮食作物每亩用工成本持续快速增长相对应的，是每亩用工数量的减少。

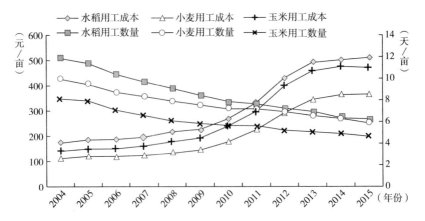

图 6 - 10　2004～2015 年主要粮食作物用工成本与用工数量变化

资料来源：国家发展改革委《全国农产品成本收益资料汇编》。

与劳动力投入减少的趋势相反，中国农业生产的机械化投入在快速增加，农业机械化水平大幅提高，推动农业发展方式向资本替代劳动过程转变。一方面，从总量上看，2004 年颁布《中华人民共和国农业机械化促进法》并实施购机补贴政策以来，全国农业机械化水平快速提高。根据农业部统计数据，2015 年，全国农业机械总动力达到 111728.06 万千瓦时，种植业耕种收综合机械化水平达到 63%，小麦基本实现全程机械化，玉米、水稻耕种收综合机械化水平均超过 75%，标志着中国农业发展方式已由千百年来以人力、畜力为主转到以机械作业为主的新阶段（韩长赋，2015）。如表 6 - 8 所示，2015 年小麦耕、种、收环节的农机作业面积均达到其播种面积的 90% 左右，水稻机耕面积更是占到其播种面积的 98.39%。从结构上看，农业机械增长明显呈现劳动替代的特征。相关研究表明，如果粗略地把大中型拖拉机及其配套农具视为劳动节约型技术，把小型拖拉机及其配套农具视为劳动使用型技术，则可以观察到生产要素相对稀缺性变化后，中国农业发展方式中资本对劳动的明显替代：1996～2012 年，大中型拖拉机总动力及其配套农具增长率远高于小型拖拉机，这与 1979～1995 年农机增长趋势完全相反（蔡昉等，2016）。

表 6 - 8　2015 年主要粮食作物农业机械化水平

粮食作物类型	机耕占比（%）	机播/机械种植占比（%）	机收占比（%）
小　麦	90.98	87.54	93.95
水　稻	98.39	42.26	85.05
玉　米	73.39	86.62	63.32

注：表中各项占比均为农机作业面积占其播种面积的比例。

资料来源：笔者根据《中国农村经济统计年鉴》《全国农业统计提要》相关数据整理计算。

（三）农业绿色转型发展理念备受重视，绿色转型发展成效初显

尽管中国农业近年来的成就举世瞩目，但在传统农业向现代农业转型过程中，以化学品替代土地是突出特征之一，发生了以节水、节地、节时为目标的白色（塑料）革命。这种基于大量化学品投入的农业发展方式，对水土资源造成了极大的压迫和污染，严重影响了农产品的质量安全、消费者的健康水平和农业的可持续发展，农业绿色转型发展的重要性和迫切性越来越受到各方的高度重视。

一是国家推动农业绿色转型发展的政策不断完善，发展目标、发展方向、发展重点都更加明确。例如，2015 年农业部已经提出《到 2020 年化肥使用量零增长行动方案》和《到 2020 年农药使用量零增长行动方案》；2016 年中央一号文件明确指出："在资源环境约束趋紧的背景下，如何加快转变农业发展方式，确保粮食等重要农产品有效供给，实现绿色发展和资源永续利用，是必须破解的现实难题。"在国务院印发的《全国农业现代化规划（2016—2020年)》中，将农业灌溉用水总量基本稳定，化肥、农药施用量零增长，畜禽粪便、农作物秸秆、农膜资源化利用目标基本实现等农业绿色转型发展目标纳入规划。

二是农业绿色转型发展行动措施稳步推进，农业发展方式的绿色转型发展成效初显。例如，2002～2014 年，农业部历时 12 年组织完成了全国耕地地力调查和质量评价工作，在此基础上启动实施了"耕地质量保护与提升行动"；中共十八届五中全会标志性地提出了"休耕"举措，2016 年中央财政安排项目资金 14.36 亿

元，在东北冷凉区、北方农牧交错区等地，推广轮作 500 万亩试点；在地下水漏斗区、重金属污染区、西南石漠化区、西北生态严重退化地区，推广 116 万亩休耕试点；随着节水、节肥、测土配方等一系列农业技术的推广应用，农用化肥施用结构趋于优化，农业生产灌溉用水所占比例明显下降。与此同时，各地还因地制宜地探索了许多农业绿色转型发展成功模式，取得了明显的经济效益和社会效益。

第五节　农业科技体制改革与农业技术进步

科技进步为提高世界农业生产力、保障农产品供给、有效减少发展中国家的贫困人口做出了巨大贡献。对中国而言，科技进步是过去几十年农业生产力增长的主要源泉，是农业可持续发展日渐坚实的支撑力量，更是中国未来农业发展的最重要推动力。

中国政府历来重视科技进步对农业的提升支撑作用，不断推进农业科技创新，深化农业科技体制改革，将科技支撑作为提高粮食生产能力保障水平、推动农业可持续发展的重要途径。2004 年以来连续十三个涉农的中央一号文件中，农业科技创新和农业科技体系改革一直是贯穿始终并不断深化的重要任务，2012 年更是以《加快推进农业科技创新持续增强农产品供给保障能力》作为当年一号文件的主题，强调"实现农业持续稳定发展、长期确保农产品有效供给，根本出路在科技"。根据"十三五"规划纲要，"藏粮于地、藏粮于技"已上升为现代农业发展的国家战略，力求为农业可持续发展筑牢基础。

一 中国农业科技进步的贡献

张培刚的"农业国工业化理论"认为，工业发展从技术和组织两方面成为农业改革的必要条件，工业化的进展、科技的进步推动农业土地产出率和绝对产量不断扩大。近年来中国农业科技在提高农业生产技术水平和提升综合生产能力方面的作用也充分证明了这一观点。科技进步是中国农业生产力增长的主要驱动力，虽然技术进步的速度有趋缓的迹象，但是技术进步对农业增长的贡献是逐步提高的。相关研究表明，改革开放以来，特别是20世纪90年代以来，中国农业全要素生产率的增长整体呈现典型的技术推进特征，除个别品种外，发生了普遍的、大规模的技术进步。在过去几十年中，中国农业科技整体水平大幅度提升，土地产出率、资源利用率、劳动生产率显著提高，为粮食生产"十二连增"、保障国家粮食安全、引领农业发展方式转变提供了有力的科技支撑。

改革开放以来，中国农业技术的发展出现了由劳动替代资金投入，继而由资金替代劳动力投入的变化过程。在改革之初，为了解决当时尚未解决的温饱问题，各地普遍采用了以提高产量为主的劳动密集型生产技术，如增加复种技术、强化栽培技术的推广等。而随着经济增长和越来越多的劳动力由农业转移到非农业，劳动力的机会成本不断增加，从而诱导了节约劳动型技术的广泛采用和推广，如进入20世纪80年代以来的轻型栽培技术的推广、机械化耕作技术的广泛采用与进步等（黄季焜等，2008）。并且，相较于20世纪60~70年代以粮食作物为主的相关技术集中突破期，改革开放以来满足人们生活质量提高和营养多元化需求的经济作物技术进步更为明显，这也反映了我国农业由保障粮食安全为主的产量目标向以全面提高生活质量的多种经营型农业和效益型农业转型。

"十二五"期间，中国农业科技进步贡献率从 2010 年的 52% 提高到 2015 年的超过 56%，林业科技进步贡献率从 43% 提高到 48%，基本保持在每年近一个百分点的增长速度。[①] 中国农业生产已从过去主要依靠增加资源要素投入转入主要依靠科技进步的新时期：农作物耕种收综合机械化水平达到 63%，标志着中国农业生产方式已由千百年来以人畜力为主转到以机械作业为主的新阶段；农田有效灌溉面积占比超过 52%，农业靠天吃饭的局面正在逐步改变；主要农作物良种基本实现全覆盖，畜禽品种良种化、国产化比例逐年提升，良种在农业增产中的贡献率达到 43% 以上；新技术、新成果的应用示范，使农田氮磷等的排放量降低 60% 以上，坡耕地水土流失量减少 50% 以上，耕地地力提高 1 个等级，综合生产能力提高 20% 以上。

在农业科技进步贡献率不断提升的同时，中国农业科技源头创新能力显著增强，产业关键技术不断突破，技术创新带动农业资源利用效率持续提升（瞿剑，2016）。具体而言，在源头创新能力方面，构建功能基因组学、蛋白组学、代谢组学等研究平台，解析了多种重要农作物产量、品质、抗性等性状形成的分子基础，促进了品种改良方法和理论进步；建立作物生长发育、器官形态建成、器官间物质分配及产量形成的数字模型，促进了数字农业

[①] 《科技部召开"十二五"农业农村科技发展成就新闻发布会》，国家科学技术部网站，http://www.most.gov.cn/tpxw/201603/t20160301_124305.htm，2016 年 3 月 1 日。

技术发展；解析先导发现、新靶标和潜在靶标设计、活化活性成分形成机理，促进了生物药物创制。在关键技术的研发方面，全基因组选择育种芯片、细胞工程和生物育种信息平台的构建，全面带动了现代种业发展；突破农业重大病虫害监测预警与防控技术，形成了重大动植物疫病的绿色防控新模式；创制出一系列新型缓释肥料，支撑中国成为世界缓释肥第一生产和消费大国；大型联合收割机、基于北斗卫星导航等智能化技术，推进了农机装备产业进步；大宗及特色农产品高效提取与工业化连续分离、绿色低能耗干燥等技术取得重大突破，驱动现代农产品加工业发展；突破无线传感网与云通信、智能化信息处理与云计算等农业物联网关键技术，构建了主要农产品质量全程跟踪与溯源技术体系。在资源利用技术创新方面，建立作物节水高产优质用水理论与方法，形成了干旱半干旱区节水农业技术与装备等综合技术体系，农作物秸秆成型燃料技术、合成生物质裂解油技术、沼气技术等实现规模化应用，南方丘陵区稻草秸秆易地覆盖技术模式使旱坡地水土流失量减少70%、土壤生产力提高20%。创新能力的提升、关键技术的突破和技术创新应用的种种成就都昭示着，科技进步仍将为未来中国现代农业的可持续发展提供保障。

二　农业科技推广服务体系建设

农业科技进步不仅体现为农业科技成果的增加，而且更为重要的是如何将农业科技成果应用于农业生产实际、转化为现实生产力，农业技术推广正是农业技术创新向现实生产力转化所必不可少的重要环节。

中国农业技术推广体系始建于 20 世纪 50 年代初期，到 50

年代末期初步形成了中央、省、县、乡四级农业技术推广体系。农村实行家庭联产承包责任制后，一方面，农业技术推广需要直接面对数量庞大的分散农户，另一方面，随着农村市场经济的发展和农业产业结构调整，农户的科技需求也日趋多样化，从而给农业技术推广工作提出了新的要求。因此，20 世纪 80 年代，中国开始致力于建立多种形式的农业技术推广体制，农业技术推广体制进入一个较快发展与改革的时期。不过，农业技术推广体系的迅速扩张也给各地财政带来了巨大的压力，为此农业技术推广部门开始尝试进行市场化改革，并在 20 世纪 90 年代末期开始精简队伍和分离商业活动的改革试点。在此基础上，农业技术推广体系改革也开始强调政府财政的支持以及农业技术推广体系的公益性和社会性，逐步建立起分别承担经营性服务和公益性职能的农业技术推广体系的改革思路更加明确。2012 年 8 月 31 日，《中华人民共和国农业技术推广法》重新修正颁布，进一步明确了农业技术推广工作的定位、发展和改革方向，例如，明确农业技术推广的分类管理原则，即公益性推广由国家各级推广机构承担，经营性推广由其他多元主体承担；明确国家农业技术推广机构的公共服务性质，履行七项公益性职能，不再进行有偿服务等。

经过 30 多年的改革和发展，中国农业技术推广体系已经日趋健全，科技推广服务能力明显加强，极大地推动了农业科技成果向现实生产力的转化。具体来看，其一，国家农业技术推广体系覆盖范围不断扩大。目前，中国农技推广服务体系已经遍布全国所有乡镇，不仅覆盖范围是其他国家无法媲美的，队伍也是世界上最庞大的。截至 2007 年，中国共拥有 74 万农业技术人员，仅从数量上看远远领先于其他国家公共部门农技推广人员的数量（黄季焜等，2008）。其二，多元主体参与的农业技术推广服务体系基本形成。目前，中国已初步形成了以政府农业技术推广体系为基础，农民自我服务组织、涉农公司、科研机构和大专院校以及其他社会组织参与，开放多元化的组织体系。由政府独家承担的一元化农业技术推广体系被打破，农业技术推广的市场供给主体呈现多元化发展态势，一大批涉农企业特别是农业产业化龙头企业、农民合作组织、专业协会等主体也越来越多地参与到农业技术推广中来。其三，农业技术推广体制机制更加灵活，服务方式更为丰富。"专家大院"、"科技特派员"、农村科技服务超市和庄稼医院等多样化服务模式在各地广泛开展，农业技术推广社会化服务越来越成熟。

从具体服务效果来看，截至 2015 年，科技特派员制度已覆盖全国 90% 的县（市、区），72.9 万名科技特派员长期活跃在农村基层，与农民形成利益共同体 5.14 万个、创业企业 1.59 万家，建立科技特派员服务站 1.6 万个，直接服务农户达 1250 万户，受益农民达 6000 万人①；全国农业产业化组织总数达 38.6 万个，省级以上农业产业化龙头企业科技研发投入达 537.3 亿元，拥有农业技术推广服务人员 24.7 万人，各企业培训农民平均投入近 60 万元。②

---

① 《科技部召开"十二五"农业农村科技发展成就新闻发布会》，国家科学技术部网站，http：//www. most. gov. cn/tpxw/201603/t20160301＿124305. htm，2016 年 3 月 1 日。

② 农业部农村经济体制与经营管理司：《新形势下农业产业化发展亮点纷呈全国农业产业化组织总数达 38.6 万个》，新华网，http：//news. xinhuanet. com/politics/2016－07/20/c＿129163509. htm，2016 年 7 月 20 日。

全国农民合作社达 153 万家，成员为 1 亿户，占农户总数的 42%（魏后凯等，2016），其中相当比例的合作组织都能为农民提供技术服务。全国已有包括粮食作物、瓜菜、水产、林果、食用菌、加工运输等上百个专业的各类农村专业技术协会 110476 个，个人会员 1487 万人①，有效推动了农村民间技术工作的进步与多种类型民间科技组织的发展，提高了农民的科技水平。

然而不容忽视的是，长期以来，农业技术推广投入不足，基层农技推广机构专业人员流失、人员老化、推广能力不强等困扰中国农业技术推广的制度性因素尚未得到彻底解决；农业技术推广的人员、编制和经费三权的权限界定问题，公益性服务与经营性活动的区分问题，农业技术推广人员的待遇问题等都需要在政策上进一步明确。而随着中国农业发展方式的转型升级、新型农业经营主体的不断涌现，对农业技术也将产生更为多元化、高层次的服务需求。未来，还需要按照强化公益性职能、放活经营性服务的要求，进一步理顺农业技术推广体系体制机制，不断加大农业技术推广体系的改革力度，创新农业技术推广服务方式，以适应新时期现代农业可持续发展的新要求。

三 种业发展

科技兴农，良种先行。种子资源居于农业生产链条的源头，是农业生产中最基本、最重要的生产资料。由生物技术发展而引发的育种科技革命，使种子产业的技术含量越来越高，未来农业

① 《中国农村专业技术协会简介》，中国农村专业技术协会网站，http://www.nongjixie.com/cms/contentmanager.do? method = view&pageid = about&id = cms039cf446c8b3e。

的竞争已经变成了种子产业的竞争，种子产业已成为衡量一个国家农业科技水平高低的重要标志。中国既是农业生产的大国，也是种子需求的大国，2015年中国种子市场规模为780亿元，是全球第二大种子市场，畜产品的生产和消费量也居于世界前列。但相对来说，种子产业也是中国现代农业发展的短板，在种子产业的生物技术和转基因技术研究领域，目前仍是大型跨国公司占据主导地位，部分畜禽优良品种核心种源也需进口。促进育种自主创新水平提高、推动现代种业发展，已成为提升中国农业科技水平和可持续发展能力的重点攻关领域。

事实上，尽管与世界发达国家种业发展水平有一定差距，但近年来中国现代种业的发展速度和成绩有目共睹，现代种业产业从无到有、从弱到强，市场化程度不断提高。种子生产从中华人民共和国成立之初的粮种不分、粮种交换发展为主要依靠农业合作社自繁、自选、自留、自用，辅之以调剂的"四自一辅"，但种子产业化理念尚未形成。从改革开放到20世纪末，国家出台了"四化一供"方针，种子工作逐步实现品种布局区域化、种子生产专业化、种子加工机械化和种子质量标准化，实行以县为单位的统一供种。这一时期，中国科学家培育出了世界上第一例绿色革命的半矮秆水稻品种，也是世界上最早成功商业化杂交水稻生产的国家。虽然这一时期出现了有商品属性的种子，形成了初具规模的种子产业，但种子经营仍有较强的计划经济色彩，并未实现真正意义上的市场化运营。直到进入21世纪，以2000年《种子法》颁布实施为标志，中国种子产业全面进入市场化阶段，政策环境更加开放灵活，良好的发展前景、巨大的市场潜力，吸引了大批私有资本和基金资本进入种子产业，多元主体参与的种业市场化格局逐步明晰。

与此同时，中国的育种自主创新水平大幅提升，良种供应能力稳步提高，繁育体系不断完善，种业基础进一步夯实。目前，中国已成功培育并推广了超级杂交稻、紧凑型玉米、优质专用小麦、转基因抗虫棉、"双低"油菜等一大批突破性优良品种，"十二五"期间，中国农作物良种覆盖率已稳定在96%以上，这标志着中国农业生产用种已全部实现了更新换代，粮食作物等重要产品基本都是优良品种（韩长赋，2015），良种在农业增产中的贡献率达到43%以上①。生猪、奶牛和肉牛等引进品种的本土化选育进程加快，部分产品逐步打破了对引进品种的依赖。在水产品方面，对虾精养高产技术已经达到世界先进水平，培育出"黄海1号""黄海2号"等抗病能力强、成活率高、生长速度快、饵料系数低的对虾新品种，2014年对虾养殖产量为175万吨，远销美国、欧盟、日本等国家和地区，占国际对虾市场总份额的15%左右（韩长赋，2015）。除此之外，全基因组选择育种芯片、细胞工程和生物育种信息平台的构建，全面带动了现代种业发展。

种业发展政策环境日趋优化，种业体制改革持续推进。其一，发展思路更加明晰。2011年，国务院出台《关于加快推进现代农作物种业发展的意见》，将种业发展提升到国家战略性、基础性核心产业的高度，种业工作思路从管"种子"向管"种业"转变；2012年《全国现代农作物种业发展规划（2012—2020年）》颁布实施，这是中华人民共和国成立以来第一个关于种业发展的专项规划；2016年农业部又发布了《关于促进现代畜禽种业发展的意

---

① 《全国现代农作物种业发展规划（2012 - 2020年）》（国办发〔2012〕59号）。

见》，推进以育种企业为主体、产学研相结合、育繁推一体化的畜禽种业发展机制的形成，进一步提升主要畜种核心种源自给率和国家级保护品种有效保护率，基本建成与现代畜牧业相适应的良种繁育体系。其二，公共财政投入力度不断加大。进入 21 世纪以来，良种补贴政策①就作为一项重要的支农惠农政策被推广实施，且覆盖范围逐年扩大，在一定程度上促进了优良品种的推广。此外，中央财政还对国家制种大县进行奖补，将主要粮食作物制种保险纳入财政保费补贴目录等。实施"种子工程""畜禽水产良种工程"，推动大宗农作物、畜禽良种繁育基地建设和扩繁推广。其三，推动种业科研与应用进一步发展。加大对品种研发知识产权的保护，积极引导推进科研机构和高等院校与其下设种业相关企业"事企脱钩"，试点开展种业成果赋权和公开交易转化，激发科技人员创新活力。扩大新品种展示示范和技术培训范围，加强对农民的技术指导。其四，着力提升种子企业竞争能力。强调种业发展的市场化导向，注重培育一批"繁育推一体化"的大型种子企业，不断规范种业发展市场环境。在国家相关农业政策的大环境的影响下，现代种业已经成为中国农业领域中最值得关注的行业之一。

未来，中国还将继续推进种业体制改革，强化种业政策的支持，大力推广良种良法，建成以产业为主导、市场为主体、基地为依托、产学研相结合的现代种业体系，促进现代种业发展，夯实农业可持续发展的种业基础。

---

① 根据 2015 年《财政部、农业部关于调整完善农业三项补贴政策的指导意见》，良种补贴、种粮农民直接补贴和农资综合补贴三项补贴政策已经合并为"农业支持保护补贴"。

第七章　中国农产品市场及贸易政策

农产品市场贸易政策不但对农业生产产生了重要影响，也在很大程度上影响了个体对农产品的获得性，在给定农产品产量的前提下，农产品市场的发达程度直接决定了消费者能否或者更便捷地获得所需要的产品，当然也包括影响生存的必要食物。因此，农产品市场及贸易至少是粮食安全保障框架中获得性层面的重要内容。本章将在前述章节基础上，进一步对中国农产品市场及贸易政策的基本情况进行总结梳理，以期更好地理解中国在实现千年发展目标上的成就，为未来更好地落实可持续发展目标提供经验借鉴。

中国政府历来高度重视农产品市场建设和调控，特别是近年来在价格、税收、储备和进出口等方面出台的一系列政策措施，对于促进我国农产品市场稳定运行、生产健康发展和保障有效供给发挥了重要作用。

第一节　中国农产品市场及政策

一　国内农产品市场基本现状

2004 年以来我国粮食产量实现"十二连增"，农产品市场供给充足。2015 年，粮食总产量达到 6.2 万亿吨，较 2014 年增加 2.4%，其中，谷物产量为 5.7 亿吨，较 2014 年增加 2.7%；肉类产量有所下降，猪牛羊禽肉产量为 8454 万吨，较 2014 年下降 1.0%，其中猪肉产量为 5487 万吨，较 2014 年下降 3.3%；牛奶产量增加至 3755 万吨，较 2014 年增长 0.8%；棉花产量为 560.5 万吨，较 2014 年减产 9.3%。

"十二五"期间，我国粮食价格整体上涨。小麦由 2149 元/吨升至 2340 元/吨，大米由 5230 元/吨升至 6480 元/吨，玉米由 2050 元/吨升至 2280 元/吨。其中，玉米的波动相对较大，如 2014 年 9 月，价格升至 2760 元/吨，随后降至 2320 元/吨。大豆、豆粕及豆油价格经历了先升后降的过程：2011 ~ 2013 年，市场行情较好，整体上升；2014 年开始下行，豆粕和豆油下降幅度较大。粮食市场出现价格刚性增长，这与 2004 年以来，我国实行小麦和稻谷的最低收购价政策对粮食市场进行托市密切相关，2008 年 10 月，我国开始对玉米实施临储政策，托市以来玉米价格呈现刚性增长。相比粮食市场，其他农产品由于供给充足、市场化程度高，虽然消费持续增长，但受国际因素的影响，价格走势依然低迷（王燕青等，2016）。

目前我国政府已极少干预管制农产品，截至 2015 年政府仅对以下几种农产品价格进行适当管理。①中央储备粮食、棉花等农产品作为保证粮食安全、调控市场的重要经济手段，其购销价格由国家计委会同有关部门制定。②烟叶属行政性垄断商品，其收购价格由国家计委会同国家烟草专卖局研究制定。③按照粮食流通体制改革的要求，每年初中央对粮食收购保护价提出原则性指导意见，具体收购价格水平由继续实行保护价收购的省（区、市）

人民政府确定。④按照蚕茧流通体制改革的要求，蚕茧价格下放由省级政府价格主管部门管理，每年初由国家计委会同有关部门提出蚕茧收购的预测价格，参照中央提出的预测收购价格各省级政府制定具体蚕茧价格政策。此外，为引导棉花市场价格合理形成，促进棉花供求平衡，政府还定期发布棉花价格预测信息。

事实上，目前我国农产品较为稳定的市场并不是一蹴而就的结果，是历经多次重要的政策演变，逐渐过渡而来的。

二　国内农产品市场的政策演变

目前全球农产品的价格形成机制有两种，一种是非市场机制，主要由政府定价或补贴决定①，如我国水稻、小麦的最低收购价，玉米、大豆、油菜籽、棉花、食糖的临时收储价格；另一种是由市场机制决定的农产品价格，由农产品供需市场决定，如杂粮、蔬菜、水果、肉类等。在我国，农产品价格政策与我国工业化阶段密切相关。

（一）工业化初级阶段，我国对农产品实施价格歧视政策

中华人民共和国成立早期，我国对农产品实施价格歧视政策②的目的是为国家工业化积累原始资金。国家通过一系列降低农产

---

① 过去发达国家采用100%或者60%的补贴比例，现在补贴水平为30%～40%。这类政策不完全由市场机制决定。

② 农产品价格歧视政策是指在一定的社会经济体制下，政府通过使农产品价格或其中的一部分低于价值或使工业品价格高于价值的办法使贸易条件不利于农业，从而为工业化提供积累资金或作为政府开支的来源。王德章（1992）认为农产品价格政策大体划分为三种类型，第一种为农产品价格歧视政策，第二种为农产品价格支持政策，第三种为农产品价格中立政策。

品政策的干预，人为地降低农产品价格，从而获取廉价的工业原材料和基本生活资料，以保证工业部门获得高额利润。再通过利润形式上交国家财政，确保工业化所必需的资金积累。农产品价格采取低于其价值的背离，工农产品价格各自从反向背离其价值的结果，形成工农业产品价格的"剪刀差"，利用"剪刀差"在交换的过程中无形地把农民的部分劳动成果平调到国库，从而为加速推进我国社会主义工业化建设进程提供了大量的资金积累。

农产品低价政策在生产环节通过采取农业生产指令性管理，如以"政社合一"的农村人民公社体制为依据，对农业生产实行行政指令性管理或半指令性管理。流通环节通过对农产品采取统购统销的政策，以确保国家的低价垄断收购。采取农产品统购统销政策就必然要排斥并严格禁止农产品自由市场的出现和发展，以防止对国家垄断低价的冲击，从而保证了农业收益尽数纳入国库而不致流失于民间。同时通过严格的城乡户籍管理制度把农业人口紧紧地束缚在耕地上，严格限制农业人口转入城镇户口，才能保障和维持低水平和相对稳定的城市农产品供给水平，国家财政才不致因此而增支减收。只有采取上述三个方面的具体配套政策措施，方能加固农产品低价政策的刚性，从而保证它得到有效的贯彻和实施（周永，2000）。

以粮食市场为例，在统购统销时期，粮食价格完全由政府决定，为调动农户粮食生产积极性，统购统销价格几次提高，1957年统购价格提高到每百斤6.73元，比1952年提高了11.4%；统销价格提高了8.7%，达到11.92元；三年自然灾害后，1961年统购价格比1952年提高52.3%，并实行统购粮食奖售工业品和以工业品换购粮食的办法，统销价未动；1963年农村粮食销价提高到购价水平；1965 年将城镇统销价格提高到与定购价持平的水平；1966 年粮食统购统销价格比 1965 年提高了 17.1%，同时增加对职工的粮价补贴（赵发生，1988）。1966～1978 年粮食价格一直没有变化，但粮食生产成本上升，粮食生产效益下降，制约了粮食生产的发展。鉴于这种情况，1978 年，国家在农村实行家庭联产承包责任制，相应的对统购统销体制进行调整，逐步缩小计划管理范围，调减定购任务；扩大市场调节比重，大幅度提高粮食统购价格，对饲料、工业用粮逐步放开销售价格。

低粮价政策导致我国粮食供不应求的情况日趋严重。为了提高农民种粮的积极性，1979 年中国政府在继续执行统购统销政策的同时将夏粮统购价格提高 20 个百分点，超购部分在新的统购价基础上加价 50% 收购。新政策使得全国主要粮食平均统购价格提高了 20.86%，粮食产量高速增长，1978～1984 年增产 1/3 左右，中华人民共和国成立以后持续 30 年的粮食低水平供应紧张的状况得到根本缓解。

（二）工业化与农业现代化同步发展过程中，我国对农产品价格实施"调放结合，边调边放"的政策

十一届三中全会后，我国开始实施经济体制改革，从单纯追求工业化转为与城市化和农业现代化同步发展，改革开放初期，由于农产品市场商品长期短缺问题得不到解决，我国政府对粮食、棉花等农产品价格在初期采取了一系列改革措施。1979～1996 年农产品价格调整改革期以"调放结合，边调边放"为主要特征。

（1）调。1979 年后我国放松了统购统销政策，1979 年开始大幅度提高粮食、棉花等 18 种农产品的收购价格，其中对主要农产

品的收购价格提高了 20 个百分点，油、粮的超购加价幅度从 30% 提高到 50%；1985 年我国正式取消粮食统购，实行合同定购和按比例加价政策，对猪肉和城市蔬菜等鲜活商品实行有指导的议购议销。1987 年、1988 年、1989 年国家连续三年提高了粮食收购价格和部分食用植物油收购价格；1989 年、1990 年两次提高棉花收购价格，同时大幅提高北方木材购销价格，并建立了林价制度。1991 年、1992 年连续两年提高粮食购销价格。1994～1996 年政府大幅度提高了粮食、棉花等主要农产品的收购价格，导致的结果是形成大量粮棉积压和财务亏损挂账。

（2）放。随着以上调农产品价格为主的政策措施的落实实施，1996 年以后，我国主要农产品价格已接近或高于国际市场，国内农产品供给充足，但农民增收困难，受国家财力制约，上调价格困难或下调价格阻力较大，矛盾比较突出，这一时期价格改革主要以"放"为主。国家虽然开放了农产品自由市场，棉花、蔬菜、水果、茶叶、肉类、木材、羊毛等其他大多数农产品价格主要由市场决定（王兆阳，2002），但仍旧对某些重要农产品实行政府管制价格，从而形成了我国农产品计划价格和市场价格"双轨制"的局面。"双轨制"在一定程度上矫正了传统的农产品价格严重脱离市场的极不正常现象。

（三）工业化中期，进一步深化农产品市场改革，主要农产品价格由市场决定

1990 年夏粮上市后，粮价疲软问题凸显，国务院于 7 月和 9 月连续下发两个关于粮食流通问题的文件。要求在以县为单位完成定购任务后，要敞开收购议价粮，满足农民出售余粮的要求，

不能限收拒收，保护农民的粮食生产积极性。1996年秋，市场粮价跌破定购价，国家要求以定购价为保护价敞开收购农民余粮。收购价与市场价之差由中央和地方共同建立的粮食风险基金补贴。风险基金有缺口的地方由中央和地方按一定比例追加。1997年国务院再次明确国有粮食部门在按定购价收购定购粮的同时，必须按保护价①敞开收购农民余粮。1998年，国家深化粮食、棉花流通体制改革，按保护价敞开收购农民余粮，但棉花价格主要由市场形成。改革规定，对国有粮食购销企业超过正常周转库存量的那部分库存给予利息和费用补贴的政策得以正式确立。最低收购价②：2003年秋，中国粮食生产在创下1998年5123亿公斤的历史最高纪录之后经历5年减产，社会库存持续下降，粮食市场的平衡被打破，国内粮食价格大幅度上涨，市场供求形势顿显严峻。为迅速扭转粮食供求紧张局面，2004年国务院在《关于抓好粮食生产做好粮食市场供应工作的紧急通知》中提出："充分发挥价格导向作用，从2004年新粮上市起，进一步开放粮食市场价格，由取得经营资格的企业随行就市收购。在早籼稻市场价格低于1.40元/千克时，由国家指定的粮食经营企业，按1.40元/千克敞开收购，市场高于上述价格时，按实际市场价格收购。"此部分内容成为之后粮食最低收购价政策的雏形。2004年粮食流通最终从计划走向市场，国家决定全面放开粮食收购和销售，实行粮食购销市场化，

---

① 即定购基准价，比实际执行的定购价低10%。

② 最低收购价是粮食保护价的延续。支持性价格政策是政府为扶持农业发展，从而规定高于市场供求均衡价格的农产品收购价格的政策。目标价格是20世纪60~70年代，欧美等发达国家在完善粮食价格干预政策过程中提出的政策性理论价格。

充分发挥市场机制对农民粮食生产的引导作用。但为了在工业化中期阶段有效调动农民的种粮积极性，国家在取消以保护价敞开收购农民粮食政策的同时建立了粮食最低收购价政策。国务院2004年发布的《国务院关于进一步深化粮食流通体制改革的意见》（国发〔2004〕17号）指出："一般情况下，粮食收购价格由市场供求形成，国家在充分发挥市场机制的基础上实行宏观调控。要充分发挥价格的导向作用，当粮食供求发生重大变化时，为保证市场供应，保护农民利益，必要时可由国务院决定对短缺的重点粮食品种，在粮食主产区实行最低收购价格。"

作为一种引导和保护性价格，最低收购价政策规定："当主要粮食品种的市场价格低于国家制定的当年最低收购价时，由国家委托的粮食经营企业按最低收购价格在粮食主产省入市收购；当市场粮价高于政府制定的最低收购价格时，粮食经营企业则按实际市场价格收购。"[1] 粮食最低收购价政策在2004年出台，国家当年便制定了稻谷最低收购价执行预案，即《2004年早籼稻最低收购价执行预案》，该预案明确指出，执行最低收购价格的收购企业为中储粮总公司及其分公司和省级地方储备公司。省级地方储备粮公司包括8个主销区储备粮公司和4个主产省省级地方储备粮公司。没有省级储备粮公司的，由省级政府指定承担地方储备粮承储任务的粮食经营企业承担执行按最低收购价格收购的任务。最低收购价执行主体要按照"有利于保护农民利益、有利于粮食安全储存、有利于监管、有利于粮食销售"的原则，合理确定委托收储库点，在最低收购价预案未启动时，要积极入市自主收购。

---

[1] 《国务院关于进一步深化粮食流通体制改革的意见》（国发〔2004〕17号）。

当主产省早籼稻市场价格出现低于每市斤 0.7 元时，由国家粮食局责成中储粮总公司和地方储备粮公司按每市斤 0.7 元入市收购，以促进市场粮价的回升。在主产省早籼稻市场价格回升到国家规定的最低收购价格以上时，执行最低收购价格任务的企业可以终止按最低收购价收购的行为。

《2004 年早籼稻最低收购价执行预案》明确了对最低收购价收购的早籼稻的存储和销售。中储粮总公司及其分公司按最低收购价收购的早籼稻，由中储粮总公司负责就地临时储存，择机按市场价格销售。收购费用和保管费用补贴及销售盈亏处理由财政部规定。地方储备粮公司按最低收购价收购的早籼稻优先用于充实地方储备，其贷款利息和有关收购、保管费用按现行规定，由省级人民政府从粮食风险基金中列支。销售后要及时足额归还农业发展银行贷款。亏损由地方粮食风险基金支付。在停止早籼稻最低收购价收购后，如 8 个主销区地方储备数量仍未达到国家核定规模时，其不足部分由国家发展改革委、财政部、国家粮食局督促从中储粮总公司按最低收购价收购的早籼稻中补足。最低收购价和保护价的比较见表 7 - 1。

表 7 - 1　最低收购价和保护价的比较

项　目	最低收购价	保护价
市场环境	粮食市场封闭运行	开放的粮食市场环境
执行主体	执行主体是中储粮总公司和地方储备粮公司	执行主体是所有国有粮食企业
收购对象	仅限于部分主产区的小麦和水稻，在市场价格低于最低收购价时执行，当市场价格高于最低价时停止执行	粮食主产省对小麦、水稻、玉米和大豆常年执行，敞开收购

续表

项　目	最低收购价	保护价
收购形式及费用	按最低价收购的粮食由中储粮和地方储备粮公司负责临时保管。保管费用和利息补贴由国家财政负担，择机按市场价格销售。地方储备粮公司按最低收购价收购的早籼稻优先用于充实地方储备，其贷款利息和有关收购、保管费用按现行规定，由省级人民政府从粮食风险基金中列支	保护价收购的粮食储存在国有粮食企业并由其顺价销售，国家给予企业一定的超储补贴

2006 年，考虑到小麦供需平衡有余、价格下行压力较大的实际情况，加上各小麦主产区对政府托市的要求十分强烈，国家又开始将小麦纳入最低收购价范围。每年新粮上市前①，由国家发展改革委、财政部、农业部、国家粮食局、中国农业发展银行、中国储备粮管理总公司联合下发通知，公布当年粮食最低收购价执行预案，当市场价格高于国家当年的托底价格时，执行预案不会启动，粮食收购价格由市场供求形成，各类收购主体按照市场粮价自行收购；当市场价格低于国家的托底价格时，托市预案便会启动，由政策执行主体中国储备粮管理总公司及其委托的公司按照最低收购价收购粮食，其他粮食企业还是随行就市进行收购。

最低收购价政策的执行范围一般是主要粮食品种的重点主产区，例如，根据 2014 年公布的最低收购价执行预案，早籼稻主产区为安徽、江西、湖北、湖南、广西 5 省份。早籼稻最低收购价执行时间为 2014 年 7 月 16 日至 9 月 30 日。小麦收购预案的小麦主产区为河北、江苏、安徽、山东、河南、湖北 6 省。最低收购价执

---

① 小麦大致于每年的 5 月中旬，早籼稻于 7 月，中晚稻于 9 月公布。

行时间为 2014 年 5 月 21 日至 9 月 30 日。在品种、区域范围之外的粮食价格完全由市场决定，不执行最低收购价政策。此外，为了便于农民售粮，托市政策的执行时间主要集中在夏粮和秋粮的收获季节，超出政策期限后农民只能按照市场粮食价格出售粮食。例如，小麦托市政策的执行时间为 6 月初至 9 月底，早籼稻为 7 月中旬至 9 月底，东北三省的粳稻为 11 月中旬至次年的 3 月底，其余各省份为 9 月中旬至 12 月底。我国分别于 2005 年和 2006 年启动水稻和小麦的最低收购价。2008 年以来启动包括玉米、大豆、油菜籽、棉花、食糖等在内的一系列重要农产品的临时收储措施，2005～2010 年和 2013～2014 年均启动了早籼稻最低收购价执行预案；除 2004 年外，均启动了中晚籼稻最低收购价执行预案；除 2011 年外，均启动了小麦最低收购价执行预案；除 2011 年外，均启动了玉米临时收储预案；2008～2013 年，均启动了大豆和油菜籽临时收储预案；2011～2013 年，均启动了棉花和食糖临时收储预案（卢凌霄等，2015）。对政策性收购的临时储备粮和重要农产品，建立公开竞价销售制度。同时出台了"四项补贴"[①] 等一系列主要农产品价格支持政策。

　　这些政策的实施有效地调动了农民生产积极性，实现了粮食"十二连增"，国家对重要农产品的国家储备政策的实施，实现了我国粮食供需平衡，稳定了粮食价格，保证了我国粮食安全。在政策价格水平提升的同时，最低收购价政策的执行范围也有了明显扩大。2008 年，早籼稻的执行范围增加了广西，中晚籼稻增加了江苏、河南和广西，粳稻增加了辽宁。小麦最低收购价格执行

[①]　直补和农资综合补贴、良种补贴、农机具购置补贴。

范围则一直没有发生变化。

政策实施的最初几年，国家对于托市价格水平的制定还处在摸索阶段，并没有形成明确的认识。因此，2004～2007年，最低收购价格一直维持在相同水平，多数情况下低于市场粮价，政策启动的效果并不理想。2008年金融危机爆发以后，国内粮食生产成本大幅上涨，政府随之大幅提高托市价格水平。特别是2008年，根据市场粮价变化的实际情况，国家接连两次提高最低收购价格以引导市场粮价回升；2009年、2010年，国家均加大了托市价格的提高力度。其中2009年整体提价幅度最大，各品种的最低收购价格均提高了15%左右，2011年粳稻的最低收购价比2010年提高了22%，早籼稻的提价幅度在2012年也高达17.6%。而伴随粮食产量的不断提高，自2013年以来，粮食最低收购价基本维持在一个不变的水平。具体粮食最低收购价预案执行情况见表7-2。

进入21世纪以来，我国实施最低收购价和临时收储等农产品价格支持政策，一方面，对有效调动农民种粮积极性，实现粮食产量"十连增"、农民增收"十连快"，增强粮食调控能力、维护市场稳定发挥了关键作用；另一方面，也逐步显现一系列新问题、新矛盾，尤其在国内外环境出现重要变化的新形势下，现有支持政策正面临越来越严峻的挑战。

第一，政府收储压力大，形成了"国内增产—国家储备—进口增加—国家再增储"的局面。特别是2008年以来，我国连续提高稻谷、小麦、玉米、大豆等农产品最低收购价和临时收储价格，导致政府收储压力持续增加。2005年收购南方籼稻产区托市稻谷1225万吨；2006年收购托市小麦4070万吨、稻谷825万吨；2007年收购托市小麦2895万吨、粳稻235万吨；2008年收购托市小麦

表 7-2　粮食最低收购价预案执行情况

单位：元/斤

品种	2004年	2005年	2006年	2007年	2008年	2009年	2010年	2011年	2012年	2013年	2014年	2015年	2016年
早籼稻	0.70	0.70	0.70	0.70	0.77	0.90	0.93	1.02	1.20	1.32	1.35	1.35	1.33
中晚稻	0.72	0.72	0.72	0.72	0.79	0.92	0.97	1.07	1.25	1.35	1.38	1.38	1.38
粳稻	0.75	0.75	0.75	0.75	0.82	0.95	1.05	1.28	1.40	1.5	1.55	1.55	1.55
白麦	—	—	0.72	0.72	0.77	0.87	0.90	0.95	1.02	1.12	1.18	1.18	
红麦、混合麦	—	—	0.69	0.69	0.72	0.83	0.86	0.93	1.02		1.18	1.18	1.18

注：受国际金融危机影响，2008年国内粮食生产成本上涨的速度和幅度较快，国家一年两次提高最低收购价，第一次提高后的价格分别为早籼稻0.75元/斤、中晚稻0.76元/斤、粳稻0.79元/斤、白麦0.75元/斤、混合麦0.70元/斤，表中所列数据为第二次提高后的价格。

资料来源：历年粮食最低收购价政策执行预案，国家发展改革委政策启动通知。

4175万吨；2009年收购托市小麦4085万吨、稻谷1115万吨；2010年收购托市粮食（含油料）3065万吨；2011年收购托市粮食380万吨，油料340万吨，2012年，最低收购价收购主产区稻谷累计达711万吨，2013年，最低收购价收购主产区稻谷累计达2473万吨。[①] 2012～2013年度临时收储实际成交棉花约662万吨，占当年棉花产量的96.8%。截至2013年9月30日，主产区累计收购新产油菜籽616万吨，较上年增加25万吨；2012～2013年榨季[②]，国家分3批临时收储了180万吨食糖，较上年增加了30万吨，创历史新高。

第二，对农产品价格的直接干涉，扭曲了粮食市场的真实价格，影响了农产品生产，导致了农业资源的开发利用不合理。在种粮补贴、最低收购价等一系列支农惠农政策的鼓励下，2004年以来中国粮食生产连年丰收，产销缺口大大缩小。粮食供求关系的明显缓和原本应使粮食的价格下降，但国家出于对保护种粮农民利益、发展粮食生产的考虑，连续提高托市价格水平，在某种程度上扭曲了粮食的真实市场价格。而且，在政府决策过程中，要降低粮食最低收购价格水平存在极大困难，任何一个部门都不愿承担最低收购价格降低而引发粮食生产下滑的风险。因此，连续提高的粮食最低收购价格始终高于市场粮价，使得每年都有大量新粮进入国有粮库，最低收购价实际变成了市场价格的决定标准，扰乱了价格的市场调控功能，从而影响市场机制作用的充分发挥。被扭曲的市场价格会产生错误的供求信号，极可能导致粮

---

① 根据2004～2011年聂振邦局长在全国粮食局长会议上的工作报告整理。
② 榨季是指一个生产期，甜菜糖的榨季指当年的9月份至次年的3月份，蔗糖的榨季指当年的10月份至次年的4月份。

食资源的不合理配置。具体表现在以下两个方面。一是价格机制对生产和供给的导向功能失灵。由于粮价高位运行，农民盲目扩大生产，极易引起粮食供求失衡，出现"谷贱伤农"的现象，再度挫伤种粮积极性。二是价格机制调节和促进粮食流通的功能失效。合理的价格有利于粮食的交换，同时又可以正确引导消费，从而加快粮食的流通速度，增加粮食经营企业的效益。在流通中执行政府规定的最低收购价格，不仅会伤害粮食流通企业主动搞活经营、参与流通的积极性，而且由于妨碍粮食市场的自由流通，会直接加大主产区粮食的销售风险，结果极易形成企业大量收购、库存大量积压甚至霉变损失、财政大量补亏的局面。

第三，最低收购价政策给政府带来沉重的财政负担。根据政策规定，最低收购价粮权归中央所有，收购、保管、利息费用、价差亏损等均由中央财政负担，这些都有可能加重中央政府的财政包袱。如2009年，粮食市场早籼稻价格平均为0.76元/斤，而2009年收购的最低收购价粮食只有达到1.26元/斤才能保本。若按当年全国收购最低价早籼稻550万斤计算，国家需支付693万元利费补贴的专项资金。且后期如不出台利好政策，使粮食不能顺价销售，国家将承担库存积压和品质陈化的损失。收储和抛储价差的倒挂，给财政带来了沉重的负担。如长期财政无力支付这些政策成本，必将形成新一轮亏损挂账。

第四，最低收购价政策的滞后效应，意味着未来稳定粮价会付出更大的成本。虽然暂时支撑、稳定了市场粮价，但最低收购价政策实际是把粮价下跌的压力滞后。因为政府托市收购的粮食将来终究要进入流通，这对未来粮价又会产生累积效应，意味着后期的粮价调控将面临更大的困难。一是容易导致政策走入自我循环的怪圈。最低收购价政策在支撑稳定当期粮价、刺激粮食生产的同时，又进一步打压了后期的粮食市场价格，使得未来的粮食市场运行更需要政府的政策扶持，最终形成压低市场价格和启动新一轮最低收购价政策的恶性循环，造成粮食和财政资金的大量浪费。二是可能重现农民"卖粮难"问题。由于当前最低收购价粮的处理方式是通过粮食批发市场的连续竞价集中销售，这种方式容易形成对市场粮价的打压。面临收购成本上升、市场粮价下行的困难，多元收购主体囿于数量、规模和资金实力限制，短期内很难担当起粮食收购的主角；而国有粮食购销企业一旦失去特殊政策的扶持，便会导致农民"卖粮难"的重现。这些滞后效应的存在久而久之必然挫伤农民种粮积极性，破坏粮食生产能力，危及粮食安全和农民利益。

同时，国内外农产品价格倒挂问题日趋严重，目前我国玉米、小麦、大豆、棉花、食糖等国内价格高于国际价格，进口压力日益增加（程国强，2015），例如，2013 年中国大豆临时收储价为 4600 元/吨，高于同期大豆进口折算到港价 4000～4200 元/吨。2013 年，中国棉花临时收储价格为 20400 元/吨，而进口完税成本约为 15580 元/吨，比国内临时收储价格每吨低 4820 元。

（四）工业化中后期，我国农产品市场政策探索从价格支持到政府补贴脱钩改革

从欧洲、美国、日本等国家和地区的农业价格政策来看，最初对农产品实施价格支持政策，支持不下去了，就开始调整，转而实施直接补贴政策，并且最初都是挂钩的补贴，然后再过渡到脱钩的

补贴，目前我国处于从价格支持到挂钩补贴的转折期（程国强，2015）。

农产品目标价格[①]：2014年中央一号文件《关于全面深化农村改革加快推进农业现代化的若干意见》提出要完善农产品价格形成及机制，提出试点农产品目标价格。2014年我国启动对东北和内蒙古（试点地区为内蒙古大豆主产区的呼伦贝尔市、兴安盟、赤峰市、通辽市）大豆、新疆棉花进行目标价格补贴试点。

国家在试点地区停止大豆、棉花临时收储价格政策，政府不再直接干预大豆、棉花市场价格。每年国家有关部门根据生产成本和基本收益制定大豆、棉花的目标价格，当采价期内试点地区大豆、棉花的平均市场价格高于目标价格时，不发放补贴，当采价期内试点地区大豆、棉花平均市场价格低于目标价格时，国家按照市场价格和目标价格的差价对大豆、棉花种植者给予补贴。

目标价格采取"生产成本＋基本收益"的方法确定，由国家发展改革委牵头制定，一年一定，播种前公布。试点第一年即2014年，新疆棉花目标价格为19800元/吨，大豆目标价格为4800

---

① 目标价格补贴，指政府事先确定农产品的目标价格，当该农产品实际市场价格低于目标价格时，政府按照两者之间的差价补贴农产品生产者，保证其基本收益；若该农产品实际市场价格高于目标价格，则不需启动目标价格补贴政策。美国农产品价格支持政策的主要手段是将数量管理与财政补贴相结合，政府对主要农产品都确定了以生产成本为基础的目标价格，以便保证农场主获得比较稳定的、可以与其他行业相比拟的利润率，当市场价格低于目标价格时，政府向农场主补贴两者之间的差额。但政府的补贴是有条件的，凡是享受补贴的农场主必须参加政府减耕计划和水土保持计划，减耕比例在不同时期有不同规定，在1961年紧急饲料和谷物计划中，曾规定农场主至少停耕可耕地面积总数的20%方可获得好处。

元/吨，同时在全国范围内取消棉花、大豆临时收储政策。同年 11 月 4 日，国家发展改革委等部门确定内地棉花价格补贴政策，补贴范围为山东、湖北、湖南、河北、江苏、安徽、河南、江西和甘肃九省，2014~2015 年度定额补贴 2000 元/吨，以后年度每吨的补贴额将根据新疆目标价格补贴标准的 60% 测算，上限为 2000 元/吨。2015 年国家继续在新疆实施棉花目标价格改革试点，目标价格水平为 19100 元/吨。2016 年确定新疆棉花目标价格水平为 18600 元/吨。

专栏 7-1　新疆棉花目标价格改革试点工作实施方案

一、棉花目标价格改革试点的主要内容

棉花目标价格政策指在棉花价格主要由市场形成的基础上，国家有关部门制定能够保障农民获得一定收益的目标价格，当采价期内平均市场价格低于目标价格时，国家对棉花生产者给予补贴，当市场价格高于目标价格时，不发放补贴。

二、目标价格补贴的发放方法

根据中央财政拨付补贴资金时间，按照核实确认的棉花实际种植面积和籽棉交售量相结合的补贴方式，中央补贴资金的 60% 按面积补贴，40% 按实际籽棉交售量补贴。

（一）补贴对象

补贴对象为全区棉花实际种植者，主要包括：基本农户（含村集体机动土地承包户）和地方国有农场、司法农场、部队农场、非农公司、种植大户等各种所有制形式的棉花生产者（以下简称农业生产经营单位）。

（二）棉花种植面积的申报、审定

1. 棉花种植面积的申报、核实。棉花种植面积采取种植者申报制。6月初，基本农户向村委会申报棉花种植面积，村级全面核实公示，乡（镇）复核，县（市）、地（州）两级自查，自治区、地（州）联合抽查，核实认定。农业生产经营单位向所在县（市）的农业、财政、统计、国土部门申报棉花种植面积，同时出具土地利用现状图、土地权属证明等材料。县（市）人民政府组织农业、统计、国土、司法等部门全面核实公示，自治区、地（州）联合抽查，核实认定。棉花种植面积核实认定后，由乡（镇）农业部门、村委会向基本农户出具种植证明，县级农业部门向农业生产经营单位出具种植证明。种植证明由农业部门统一印制，财政、统计部门监制。

2. 棉花种植面积的审定。8月中旬，地（州）人民政府、行政公署将核实认定的本区域内的棉花种植面积报送自治区农业厅、财政厅、国土资源厅、统计局、国家统计局新疆调查总队（以下简称调查总队）。8月下旬，自治区农业厅会同发展改革委、财政、国土、统计、调查总队等部门对全区棉花种植面积进行汇总、会审后，经自治区棉花目标价格改革试点工作领导小组审议后，报自治区人民政府审定。

（三）补贴资金的拨付、兑付

12月底前，国家根据目标价格与市场价格的差价和国家统计局调查的新疆棉花产量，测算补贴资金总额，分别拨付新疆自治区和生产建设兵团。自治区财政按总额5%的额度预留，机动补差。次年1月上旬，自治区财政厅根据中央拨付自治区的补贴资金总额，扣除预留资金后的60%以及自治区人民政府审定的棉花种植面积，测算亩均补贴标准，并会同发展改革委、农业、国土、统计部门拟定各地（州、市）棉花目标价格面积补贴资金方案；按照剩余的40%以及自治区人民政府审定的棉花产量，测算每公斤籽棉平均补贴标准，并会同发展改革委、农业厅拟定各地（州、市）棉花目标价格产量补贴资金方案。补贴资金分配方案经新疆棉花目标价格改革试点工作领导小组审议，报自治区人民政府审定后，由自治区财政厅负责逐级拨付补贴资金。次年1月底前，乡（镇）财政部门和县（市、区）财政部门凭基本农户和农业生产经营单位的种植证明，按照《新疆棉花目标价格改革试点补贴资金使用管理暂行办法》，以"一卡通"或其他形式将面积补贴资金兑付至基本农户和农业生产经营单位。次年2月底前，乡（镇）财政部门和县（市、区）财政部门凭基本农户和农业生产经营单位的籽棉收购票据、种植证明，按照《新疆棉花目标价格改革试点补贴资金使用管理暂行办法》，以"一卡通"或其他形式将产量补贴资金兑付至基本农户和农业生产经营单位。兑付产量补贴资金时，原则上优先兑付农户和地方国有农场，其次兑付种植大户，最后兑付其他农业生产经营单位。补贴标准原则上向宜棉区和南疆倾斜。

专栏7-2　黑龙江省大豆目标价格改革试点工作实施方案

一、目标价格制定

目标价格由国家统一制定。大豆目标价格实行一年一定，于播种前公布。试点地区执行统一的大豆目标价格；市场价格确定。黑龙江省大豆市场价格为采价期内全省大豆平均收购价格，由国家统一监测确定。采价期为当年 10 月至次年 3 月。

二、补贴发放

当市场价格高于目标价格时，不启动补贴；当市场价格低于目标价格时，启动目标价格补贴。

（一）补贴标准

启动补贴时，根据国家拨付黑龙江省的补贴资金总额和统计部门统计的大豆合法实际种植面积，测算并确定黑龙江省每亩平均补贴额，补贴时依据合法实际种植面积进行拨付和发放。

（二）补贴对象

补贴对象为黑龙江省行政区划范围内大豆合法实际种植面积的实际种植者（包括农民、企事业单位等）。

大豆合法实际种植面积是指拥有同村集体、乡级以上政府或有关单位（林业局、地方农牧场等）签订的土地承包、承租或开发使用合同，且用途为非林地、非草原、非湿地的耕地上实际种植大豆的面积。

未经申报、公示、审核的大豆种植面积，在国家和省有明确退耕要求的土地上种植大豆的面积，在未经批准开垦的土地或者在禁止开垦的土地上种植大豆的面积不享受大豆目标价格补贴。对于在合法耕地上实施作物间种、套种大豆的，按照实际种植比例认定大豆种植面积。

（三）面积核实

市、县政府组织统计部门于每年 6 月至 10 月对大豆实际种植者申报的大豆种植面积开展入户调查和地块实地核实工作，并将调查核实的大豆合法实际种植面积、种植者姓名、流转地承包者和实际种植者姓名、身份证号码、地块等信息在行政村和屯进行公示，确保大豆合法实际种植面积数据真实准确。每年 12 月末前市、县统计部门将大豆合法实际种植面积调查核实数据报市、县政府审定后，将补贴对象姓名、身份证号码、大豆合法种植面积等信息函告同级财政部门，作为当年发放大豆目标价格补贴的依据。

（四）发放程序

省级财政在接到中央财政拨付的补贴资金后 15 日内，根据国家拨付本省的补贴资金总额和统计部门统计的各市（地）、县（市、区）、单位大豆合法实际种植面积测算分配补贴资金，并通过开设的补贴资金专户将补贴资金直接拨付给各市（地）、县（市、区）、单位；各市（地）、县（市、区）、单位在接到省级财政拨付的补贴资金后 15 日内，根据同级统计部门提供的补贴对象大豆合法实际种植面积和每亩平均补贴标准，通过粮食补贴"一折（卡）通"将补贴资金足额兑付给补贴对象，次年 5 月底前必须完成兑付工作。

（五）补贴监管

补贴资金专户实行封闭管理。建立补贴面积和补贴款公示、档案管理、监督检查制度，公布监督举报电话，接受群众监督。对于弄虚作假、挤占、截留、挪用和套取补贴资金等违规行为，依照《财政违法行为处分条例》和省纪委、监察厅《关于违反粮食补贴方式改革政策行为党纪政纪处分的暂行规定》有关规定依法惩处；对触犯刑律的，要依法移交司法机关追究刑事责任。对因工作不力造成不良影响和严重后果的单位和个人，要严肃问责。

专栏 7 -3　内蒙古自治区大豆目标价格改革试点
工作方案实施细则

一、试点地区

试点地区为内蒙古自治区大豆主产区的呼伦贝尔市、兴安盟、赤峰市、通辽市。

二、补贴对象

补贴对象为试点地区大豆实际种植者（包括农民、企事业单位等）。发生土地流转的，在土地流转合同中应明确载明如果种植大豆，目标价格补贴发放给种植者。

三、目标价格和市场价格

1. 目标价格的制定。目标价格一年一定，于播种前由国家统一制定并公布。

2. 市场价格的确定。内蒙古自治区大豆市场价格由国家发展改革委统一发布，为采价期内内蒙古试点地区大豆平均收购价格，采价期为当年 10 月至次年 3 月。

四、补贴发放

1. 启动补贴。当市场价格低于目标价格时，启动目标价格补贴；当市场价格高于目标价格时，不启动补贴。

2. 补贴标准。全区执行统一的补贴标准，补贴标准（元／亩）＝国家补贴总额（元）÷全区试点地区大豆种植总面积（亩）。

3. 发放程序。目标价格补贴资金纳入粮食风险基金专户管理，与专户内其他补贴资金分账核算，单独反映，不得互相混用。启动补贴后，由中央财政根据目标价格与市场价格的差价和国家统计局确定的试点地区大豆种植面积和产量计算补贴资金总额，一次性拨给内蒙古。自治区财政厅根据自治区统计部门提供的试点地区大豆种植面积，将国家补贴资金一次性拨付给试点地区盟（市）财政。试点地区盟（市）财政按照同级统计部门提供的各旗县、乡镇（苏木）大豆种植面积，将补贴资金发放至旗县、乡镇（苏木）财政部门。旗县、乡镇（苏木）财政部门根据每户大豆实际种植面积和补贴标准，将补贴资金直接发放给大豆实际种植者。

4. 发放时间。如启动价格补贴，则次年 5 月 10 日前，自治区财政厅将国家补贴资金拨付到试点盟（市）；次年 5 月底前，试点盟（市）将补贴资金一次性、足额兑付给实际种植者。

五、大豆种植面积统计

1. 申报、公示

从 2015 年开始，每年 5 月 15 日前，大豆种植者向村委会（嘎查委员会）上报大豆种植面积，村委会（嘎查委员会）负责核实并建立大豆种植户花名册。花名册应包括种植者姓名、身份证号、土地承包凭证（或土地流转合同）、大豆实际种植面积等内容。每年 5 月 18 日前，村委会（嘎查委员会）要将当地大豆种植户花名册对全体种植户公示，公示时间不少于 5 天。如种植户对花名册内容有异议，由村委会（嘎查委员会）及时核实，并对花名册再次公示，再次公示时间不少于 5 天。再次公示无异议后，村委会（嘎查委员会）于 5 月底前，向乡镇（苏木）人民政府上报当地大豆种植户花名册。

2. 审核、汇总

2015 年开始，乡镇（苏木）人民政府统一组织全面核查辖区内全部村（嘎查）大豆种植户花名册，发现问题及时纠正，并汇总编制本乡镇（苏木）大豆种植户花名册，于 6 月 15 日前，将乡镇（苏木）大豆种植户花名册上报旗县大豆目标价格改革试点工作领导小组。旗县大豆目标价格改革试点工作领导小组在旗县人民政府的统一领导下，负责调查核实辖区内各乡镇（苏木）大豆种植户花名册，并于 6 月 20 日前，将核实后汇总的本旗县大豆种植户花名册及大豆种植面积上报盟（市）大豆目标价格改革试点工作领导小组。

3. 统计、上报

试点地区盟（市）大豆目标价格改革试点工作领导小组在本级人民政府统一领导下，负责调查核实本盟（市）各级大豆种植户花名册，汇总统计本盟（市）大豆实际种植面积，于每年 6 月 25 日前，向自治区发展改革委、自治区财政厅、自治区农牧业厅、自治区统计局、国家统计局内蒙古调查总队、自治区粮食局上报当地大豆实际播种面积数据。国家统计局内蒙古调查总队根据系统调查数据和盟（市）级大豆目标价格改革试点工作领导小组提供的数据，按照国家统计报表制度做好大豆种植面积和产量的数据上报工作。

我国在实施大豆、棉花目标价格补贴的同时，继续实行稻谷、小麦最低收购价和玉米、油菜籽、食糖临时收储政策。临时收储和目标价格补贴的比较见表 7 - 3。

表 7 - 3　临时收储和目标价格补贴的比较

项　目	临时收储	目标价格补贴
价格制定主体	政府确定收储价格	政府制定目标价格
交易机制	农民按政府制定的临时收储价格，把农产品出售给政府所指定的收储企业，鼓励粮食增产，不鼓励优质优价	农民按市场价格随行就市销售给任意市场收购主体，目标价格仅具有价格信号，鼓励粮食优质优价

续表

方式	临时收储	目标价格补贴
政府是否需要支付补贴	农产品政策性库存，政府需要支付收储补贴，负担政策性销售费用和损失	政府不需要支付收储补贴
结果	价格形成机制，市场扭曲	市场形成价格

资料来源：程国强《农产品价格政策分析与展望》，《中国猪业》2015 年第 5 期，第 15 ~ 17 页。

政策实施效果分析：目标价格补贴的目标是政府不干预市场价格，价格由市场决定，生产者按市场价格出售棉花、大豆。2014 ~ 2016 年的棉花、大豆目标价格政策实施效果显示，目标价格政策在发挥市场形成价格的基础作用、保护农民利益、盘活产业链上下游产业等方面已有显著成效（黄季焜等，2015；詹琳等，2015；张杰等，2016）。棉花国内外差价缩小，国产棉消费保持平稳，棉花去库存出现积极成效，农业部预计 2016 ~ 2017 年棉花期末库存将降到 1000 万吨以下。

2016 年的大豆面积比上年增加了约 850 万亩，扭转了大豆种植多年来持续下滑的局面，农业部农情调度预计 2017 年大豆总产增幅会超过 10%。目前，由于国际大豆价格低迷，进口大豆价格优势明显，国产大豆的增产可能会带来大豆价格下行和销售不畅的压力，要在大豆目标价格改革的基础上，延长大豆产业链，提升产业链竞争力。

政策实施过后，目标价格在发挥积极作用的同时，也出现了一些新问题。一个问题是目标价格水平不尽合理。其中棉花价格设定较高，没有充分考虑棉花"减库存、调结构"的新要求。[1] 而

---

[1] 程国强：《棉花目标改革试点成效、问题与完善的思路》，http://cptc.webtex.cn/info/2016 - 3 - 19%40645106.htm，2016 年 3 月 17 日。

大豆目标价格相对偏低，不足以促进粮豆轮作（刘慧等，2016）；
与临时收储政策存在的问题一样，增加了财政负担，摊薄了补贴。

第二节 中国农产品贸易及政策

一 中国农产品贸易基本情况

（一）农产品进出口情况

入世以来，中国农产品贸易总额呈现逐年递增趋势，但自
2004年我国农产品贸易进入逆差阶段。2015年，我国农产品进出
口贸易总额达到1876亿美元，其中，进口农产品金额为7194.4亿
元人民币，出口金额为4360.8亿元人民币，农产品贸易逆差为
2833.6亿元。

以我国大宗农产品粮食为例，我们发现入世"过渡期"后，
我国粮食贸易由贸易顺差转为贸易逆差。2001年我国加入WTO，
2004年我国入世"过渡期"结束，较为巧合的是，同年我国粮食
贸易由净出口国逆转为粮食净进口国，粮食净进口量突破2000万
吨大关，且"过渡期"结束后，我国粮食贸易逆差呈现"跨越式"
提升，2008年、2009年、2010年、2012年、2013年净进口量分别
突破3000万吨、4000万吨、5000万吨、6000万吨、7000万吨，
2015年粮食贸易赤字创历史新高，达到9236万吨，是2004年贸易
赤字的3.9倍，且有持续扩大的趋势。1992～2015年中国粮食进
口、出口情况分别见图7-1、图7-2。

分阶段来看，入世前10年我国粮食进口量不高，且呈现一定
波动性。入世后，我国粮食进口呈现"爬坡式"上升态势，在过

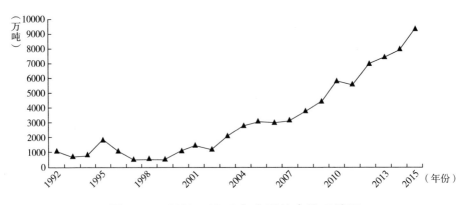

图 7 - 1　1992 ~ 2015 年中国粮食进口情况

资料来源：UN Comtrade Database，作者整理计算。

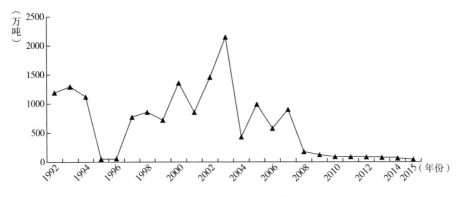

图 7 - 2　1992 ~ 2015 年中国粮食出口情况

资料来源：UN Comtrade Database，作者整理计算。

渡期内（2002 ~ 2004 年），粮食进口量年均增加 52. 3% [①]，"过渡期"结束后，2005 ~ 2015 年，粮食进口量年均增加 11. 7%。可见"过渡期"结束后我国粮食进口量并没有急剧增加，这也意味着所谓的保护期并没有如外界所预期的延缓了对中国粮食贸易的冲击，事实上，从配额上看，"过渡期"内我国进口粮食配额并没有全部使用，2002 ~ 2003 年，我国粮食关税配额（TRQ）实现率均不到

---

①　此数值为几何平均值。

5%，2004 年 TRQ 实现率不到 40%，3 年 TRQ 总量为 6042.6 万吨，实际进口粮食 1052.5 万吨，TRQ 实现率为 17.4%。

相比粮食稳定的进口状态，我国粮食出口波动较大，2003 年是我国粮食出口量最大的一年，粮食出口量为 2151 万吨。从图 7 - 2 可以明显看到入世前和"过渡期"后粮食出口都呈现很大的波动，但入世前波动相比更大，"过渡期"结束后，2007 年以来我国粮食出口呈现"拖尾式"持续下滑，2015 年我国粮食出口量最少，仅是 2003 年的 2%。

导致粮食贸易赤字的原因主要有两方面。一方面，大豆进口持续、稳定增加，大豆对粮食贸易赤字的贡献占绝对地位。以 2004 年为例，大豆对粮食贸易赤字贡献率达到 83.3%，其次是小麦，贸易赤字贡献率为 27%。另一方面，自 2004 年以来，小麦、玉米、大米的贸易净出口量盈余同期大幅下降，2003 年，三种粮食贸易净出口量为 2056 万吨，而 2005 年三种主要粮食贸易净出口量锐减到 551.5 万吨。2004～2015 年中国粮食贸易赤字结构见表 7 - 4。2009～2015 年，三大口粮贸易总量由顺差变为贸易逆差，进口大幅增加，2015 年，三种主要口粮贸易净进口量跃升至 1075 万吨。这两方面因素共同作用拉升了我国粮食净出口赤字，且贸易赤字呈现不断加大趋势。

表 7 - 4　2004～2015 年中国粮食贸易赤字结构

单位：万吨，%

年份	大　米		小　麦		玉　米		大　豆	
	净出口	赤字贡献率	净出口	赤字贡献率	净出口	赤字贡献率	净出口	赤字贡献率
2004	13.9	- 0.6	- 644.9	27.0	231.6	- 9.7	- 1989.5	83.3
2005	15.8	- 0.8	- 325.0	15.7	860.7	- 41.6	- 2619.4	126.7

续表

年份	大 米		小 麦		玉 米		大 豆	
	净出口	赤字贡献率	净出口	赤字贡献率	净出口	赤字贡献率	净出口	赤字贡献率
2006	51.8	-2.2	53.0	-2.2	300.5	-12.6	-2785.8	117.0
2007	85.3	-3.8	225.3	-10.1	488.1	-21.8	-3036.0	135.7
2008	67.4	-1.9	9.4	-0.3	20.3	-0.6	-3697.1	102.7
2009	44.6	-1.0	-88.5	2.1	4.6	-0.1	-4220.5	99.1
2010	25.3	-0.4	-121.9	2.1	-144.5	2.5	-5463.4	95.8
2011	-6.3	0.1	-120.9	2.2	-161.7	2.9	-5224.5	94.8
2012	-206.6	3.0	-368.9	5.4	-495.0	7.2	-5806.3	84.4
2013	-176.6	2.4	-550.4	7.5	-318.7	4.3	-6316.9	85.8
2014	-213.7	2.7	-297.0	3.8	-257.8	3.3	-7119.7	90.3
2015	-306.4	3.3	-296.7	3.2	-471.9	5.1	-8160.5	88.4

资料来源：UN Comtrade Database，作者计算整理。

而贸易赤字的大幅增加，与粮食配额管制关联不大。我国三种主要口粮①配额实际实现率均没有超过100%，2004年大米进口配额实现率甚至只有14.3%。

入世后我国粮食进口占世界粮食出口的比重持续提高，但三大主粮进口量占世界粮食出口量的比重低。在我们关注的时期内，我国粮食进口量呈现稳定的增加趋势，其中大豆是最主要的进口粮食，1992～1997年三大主粮进口量占粮食总进口量的比重为90%～99%，1997年之后大豆一跃成为最主要的进口粮食，大豆进口量占粮食总进口量的80%左右。早期宣扬中国粮食威胁论的布朗因提出了"谁来养活中国"，使其名声大噪。而我们的统计数

———————

① 大豆不受配额管制。

据显示，1992～2015 年我国进口粮食确实呈现急剧增加趋势，但是在入世前粮食进口占世界比重量并不大，维持个位数的比例，且呈现较大的波动，入世之后，2001～2015 年我国粮食进口量迅速增加，占世界粮食出口量的比重稳定增加，2015 年我国粮食进口量占世界粮食出口量的 19.2%（见表 7－5），但解构粮食进口结构我们发现，三大主粮进口量占世界三大主粮出口量的比重一直在 10% 以下，特别是 1997～2011 年，我国三大主粮进口量占世界三大主粮出口量比重大多在 3.5% 以内。

表 7－5　1992～2015 年中国粮食进口量及其占世界粮食出口量比重

单位：万吨,%

年份	粮　　食		大　　米		小　　麦		玉　　米		大　　豆	
	进口量	占世界出口量比重	进口量	占世界出口量比重	进口量	占世界出口量比重	进口量	占世界出口量比重	进口量	占世界出口量比重
1992	1080.6	6.2	10.4	1.0	1058.1	13.2	0.0	0.0	12.1	0.5
1993	661.9	3.6	9.6	0.8	642.4	7.7	0.0	0.0	9.9	0.3
1994	786.5	3.8	51.4	3.7	729.9	7.4	0.1	0.0	5.2	0.2
1995	1870.3	8.5	164.2	9.3	1158.6	12.4	518.1	6.8	29.4	0.9
1996	1055.6	5.1	76.1	5.1	824.6	9.4	44.1	0.6	110.8	3.2
1997	506.3	2.3	32.6	2.1	186.1	2.1	0.0	0.0	287.6	7.3
1998	517.7	2.3	24.4	1.0	148.9	1.6	25.1	0.3	319.2	9.0
1999	500.5	1.9	16.8	0.9	44.8	0.4	7.0	0.1	431.9	10.9
2000	1153.4	4.6	23.9	1.1	87.6	0.9	0.0	0.0	1041.9	22.1
2001	1493.5	5.3	26.9	1.3	69.0	0.6	3.6	0.0	1393.9	24.6
2002	1216.1	4.1	23.6	1.0	60.5	0.5	0.6	0.0	1131.4	20.9
2003	2142.2	7.3	25.7	1.0	42.4	0.4	0.0	0.0	2074.1	31.6
2004	2822.2	9.6	75.6	2.9	723.3	5.7	0.2	0.0	2023.0	35.2

续表

年份	粮 食 进口量	粮 食 占世界出口量比重	大 米 进口量	大 米 占世界出口量比重	小 麦 进口量	小 麦 占世界出口量比重	玉 米 进口量	玉 米 占世界出口量比重	大 豆 进口量	大 豆 占世界出口量比重
2005	3061.8	9.7	51.4	1.7	351.0	2.7	0.4	0.0	2659.0	40.3
2006	2960.5	9.0	71.9	2.3	58.4	0.4	6.5	0.1	2823.7	41.7
2007	3140.8	9.0	47.2	1.4	8.3	0.1	3.5	0.0	3081.7	41.6
2008	3781.3	10.1	29.6	0.9	3.2	0.0	4.9	0.0	3743.6	46.8
2009	4386.6	12.0	33.8	1.1	89.4	0.6	8.4	0.1	4255.2	52.4
2010	5795.5	15.0	36.6	1.0	121.9	0.8	157.2	1.4	5479.8	56.3
2011	5603.3	14.4	57.8	1.4	124.9	0.8	175.3	1.6	5245.3	57.9
2012	6962.3	16.8	234.5	7.0	368.9	2.2	520.7	4.3	5838.3	60.5
2013	7439.4	17.2	224.4	5.6	550.7	3.4	326.5	2.6	6337.8	59.5
2014	7953.0	17.6	255.7	5.9	297.1	1.7	259.8	2.0	7140.4	65.4
2015	9279.1	19.2	335.0	9.1	297.3	1.8	473.0	3.3	8173.9	62.2

资料来源：UN Comtrade Database，作者计算整理。

（二）农产品贸易格局的变化

我国农产品贸易格局也发生了重要的变化。2010 年，中国内地农产品形成的十大出口目的国或地区依次是：日本、美国、中国香港、韩国、印度尼西亚、德国、马来西亚、俄罗斯、越南和泰国。水产品、畜产品、园艺产品作为重要的农产品，2002～2010 年出口市场份额变化如表 7-6 所示。

总体来看，日本、美国、中国香港自入世以来一直是中国内地重要的农产品出口市场，但三大出口农产品市场由集中向多元化发展。

表7-6　2002～2010年中国内地农产品出口市场份额变化

单位:%

年份	园艺产品				水产品				畜产品			
	日本	美国	中国香港	合计	日本	美国	韩国	合计	日本	中国香港	美国	合计
2002	32.0	7.5	7.1	46.6	48.2	17.9	15.2	81.3	36.2	24.1	8.2	68.5
2003	29.3	9.0	6.4	44.7	40.3	19.1	14.4	73.8	33.0	24.3	9.1	66.4
2004	29.9	9.7	6.3	45.9	41.4	14.7	14.5	70.6	31.6	23.4	9.8	64.8
2005	27.2	9.5	5.7	42.4	37.6	17.0	13.0	67.6	33.1	22.7	9.0	64.8
2006	24.2	10.4	5.2[a]	34.6	33.1	19.6	12.5	65.2	34.0	22.5	7.9	64.4
2007	19.2	11.7	4.6[b]	30.9	30.7	19.1	12.1	61.9	31.6	25.0	7.8	64.4
2008	16.6	12.1	3.9[c]	28.7	26.5	20.2	10.7	57.4	24.4	27.9	7.2	59.5
2009	16.5	10.0	4.1[d]	26.5	25.2	20.0	9.8	55.0	26.4	30.1	6.5[f]	56.5
2010	15.8	9.4	4.3[e]	25.2	23.6	19.5	10.0	53.1	27.4	28.9	7.0	63.3

注:a.2006年朝鲜是中国内地园艺产品第三大出口市场,出口份额占5.8%;b.2007年中国香港是中国内地园艺产品第五大园艺产品出口市场,朝鲜、俄罗斯分别为第三、第四大出口市场,份额为5.5%、5.2%;c.2008年中国内地园艺产品出口市场排名第三、第四,第五位的市场分别为俄罗斯(5.0%)、德国(4.9%)、朝鲜(4.5%);d.2009年中国内地园艺产品出口市场排名第三、第四、第五位的市场分别为印度尼西亚(4.6%)、马来西亚(4.5%)、朝鲜(4.4%);e.2010年中国内地园艺产品出口市场排名第三、第四、第五位的市场分别为印度尼西亚(5.9%)、朝鲜(5.3%)、马来西亚(4.7%);f.2009年中国内地出口畜产品第三大市场为德国,出口比重占6.7%。

资料来源:联合国Comtrade数据库,经笔者整理计算。

　　日本、美国、中国香港历来是中国内地园艺产品重要的出口市场，2006 年以来朝鲜、俄罗斯、德国也成为中国内地重要的园艺产品出口市场。但入世前 10 年中国内地出口园艺产品市场单一依赖程度减弱，2002 年中国内地园艺产品三大出口市场占内地园艺产品总出口份额的比重为 46.6%，到 2010 年前三大出口市场占 31.1%①。以一直稳居中国内地园艺产品出口第一市场的日本为例，2002 年中国内地园艺产品出口日本市场占出口总额的比重为 32%，2010 年该指标下降到 15.8%。

　　日本、美国、韩国一直是中国内地水产品出口的前三大市场。2010 年中国内地水产品出口市场前五位分别是日本、美国、韩国、中国香港、其他亚洲国家，出口水产品总额分别为 31.28 亿美元、25.9 亿美元、13.22 亿美元、7.24 亿美元、5.91 亿美元，占中国内地出口水产品的比重分别为 23.59%，19.53%、9.97%、5.46%、4.46%。市场集中度缩小，三大主要出口市场占水产品出口总额的比重由 2002 年的 81.3%，减少到 2010 年的 53.1%。

　　2002~2007 年，日本、中国香港、美国一直是中国内地畜产品三大出口市场，2008 年以来中国内地畜产品出口中国香港的比重超过日本，跃居首位，成为中国内地畜产品重要出口市场。从时间序列数据显示，日本市场的重要性程度呈现下降趋势，美国市场份额在入世前 10 年出现小幅下滑，中国香港市场重要程度加强，就整体而言畜产品出口市场集中度减弱，呈现市场多元化。

　　同期粮食进口市场高度集中的风险并没有缓解，我国粮食进口长期以来呈现高度集中的特点。1992~2015 年中国粮食进口市

---

① 2010 年印度尼西亚是中国内地园艺产品第三大出口市场（5.9%）。

场结构见表 7 - 7。

（1）小麦进口市场分析。分阶段来看，入世前，加拿大、美国是我国重要的小麦进口国，2001 年从两国进口的小麦数量占我国小麦总进口量的 92%，两国的重要性在"过渡期"内得以保持，入世"过渡期"后，我国拓展了澳大利亚进口市场，进口澳大利亚的小麦挤占了大约 40% 原属美国和加拿大的市场，占我国进口小麦总量的 50% 左右①，从短期来看，澳大利亚市场的地位在短期难以撼动。从国别来看，我国从美国和加拿大市场进口小麦的比重呈现"此消彼长"的特点，并且波动幅度也是比较大的。

（2）大豆进口市场分析。美国、阿根廷、巴西几乎占据我国全部的大豆进口市场。其中美国是我国最主要的大豆进口国。入世以来，美国作为我国大豆进口市场的地位逐渐弱化，入世"过渡期"后，巴西与美国并列成为我国最主要的大豆进口国，2013年以后，我国从巴西进口大豆的数量超过从美国进口的数量，2015年我国从美国、巴西进口大豆的数量分别占总进口数量的 35%、49%，阿根廷市场紧随其后。事实上，入世之后，南美洲成为我国最大的大豆进口市场。

（3）大米进口市场分析。大米进口市场主要集中在东南亚地区。泰国是我国大米绝对的第一大进口国，1999 ~ 2001 年我国100% 的进口大米都来自泰国，入世"过渡期"，进口量的占比也为 92% ~ 100%，入世"过渡期"后，具体从 2010 年开始，我国增加了从越南的大米进口量，2012 ~ 2014 年越南取代泰国成为我国最大的大米进口市场。

---

① 2008 年我国进口澳大利亚小麦的数量占进口总量的 99%。

表7-7 1992~2015年中国粮食进口市场结构

单位:%

年份	玉米			大米			小麦				大豆			
	美国	缅甸	合计	泰国	越南	合计	美国	加拿大	澳大利亚	合计	美国	阿根廷	巴西	合计
1992	13	11	24	93	1	93	32	54	2	87	59	24	8	91
1993	27	65	92	96	1	97	40	48	10	98	92	0	0	92
1994	75	18	93	70	28	97	31	49	20	100	67	0	0	67
1995	96	0	96	71	27	98	33	42	4	79	49	32	2	83
1996	77	0	77	79	16	95	26	44	27	97	78	11	5	93
1997	95	0	95	99	0	99	10	72	13	95	82	0	15	98
1998	75	0	75	99	0	99	21	65	14	100	55	12	30	97
1999	71	0	71	100	0	100	40	28	25	93	57	22	20	99
2000	45	0	45	100	0	100	18	71	11	100	52	27	20	99
2001	0	3	3	100	0	100	33	59	7	99	41	36	23	100
2002	1	4	5	98	0	98	27	62	12	100	41	25	35	100
2003	28	19	47	100	0	100	50	48	2	100	40	29	31	100
2004	23	0	23	96	4	100	39	35	25	99	50	22	28	100
2005	17	8	25	92	8	100	14	41	29	84	42	28	30	99
2006	91	1	92	94	5	99	32	16	52	100	35	22	41	98

续表

年份	玉　米			大　米			小　麦				大　豆			
	美国	缅甸	合计	泰国	越南	合计	美国	加拿大	澳大利亚	合计	美国	阿根廷	巴西	合计
2007	10	43	53	93	6	99	19	53	28	100	38	27	34	99
2008	10	50	60	97	0	97	1	0	99	100	41	26	31	99
2009	7	32	39	94	1	95	44	14	36	94	51	9	38	98
2010	96	1	97	82	15	97	11	23	62	96	43	20	34	97
2011	96	2	98	56	40	97	35	14	51	100	42	15	39	97
2012	98	0	98	7	66	73	17	11	66	94	45	10	41	96
2013	91	1	92	13	66	79	69	16	11	96	35	10	50	95
2014	40	2	42	28	53	81	29	14	47	90	42	8	45	95
2015	10	1	11	54	28	92	20	33	42	95	35	12	49	96

注：1996 年我国从阿廷进口玉米占进口总量的 23%；2001 年我国玉米主要进口国为泰国，占 37.3%；2002 年我国玉米进口国为越南，占 37.9%；2014 年玉米第一，第二进口市场为乌克兰，美国，分别占 37.1%、39.5%；2015 年玉米第一，第二进口市场为乌克兰，美国，分别占 81.4%、9.8%。

资料来源：UN Comtrade Database。

（4）玉米进口市场分析。我国玉米进口市场也比较集中，主要为美国和缅甸。入世前，美国是我国玉米稳定的进口市场，入世后，我国从美国进口玉米的数量所占比重波动非常大，2001 年我国从美国进口玉米数量为 0，2010～2013 年，我国进口美国玉米数量占进口总量的 91%～98%，2015 年这一比例下降到 9.8%，却是我国第二大玉米进口市场，第一大玉米进口市场为乌克兰，我国进口其玉米的数量占进口总量的 81.4%。

二　中国农产品贸易的政策演变

与世界其他国家一样，我国对农产品进出口实行必要的政府调控干预，在农产品市场准入方面，中国对水果、肉类及食品加工等的进口采取关税保护，对棉、粮、糖、油等重要农产品的进口采取进口关税配额、进口许可证、农业生物技术安全规定、食品卫生检疫、SPS 等非关税措施对本国农产品进行保护。伴随着入世，我国根据入世协议正逐渐降低或取消关税、增加配额、提高配额管理透明度、实现部分农产品非关税措施关税化[1]，促进农产品贸易自由化。

（一）农产品进口政策

1. 进口关税

自 1992 年起，我国政府对农产品进口关税税率进行了多次降低调整。1992 年我国农产品关税平均水平为 44.6%，自 2001 年 1

---

[1]　非关税措施关税化是指各成员方在其承诺范围内，将采取的非关税措施转换成同等保护程度的关税措施，再加上产品原有的正常关税税率构成混合关税，然后再逐步降低混合进口税率。

月 1 日起，我国农产品进口平均关税减至 19%，中国加入 WTO 的谈判中，在关税减让方面已争取到 5 年的减让过渡期[①]，逐年降低关税。"过渡期"内中国主要农产品关税减让承诺见表 7-8。中国承诺到 2004 年将农产品关税平均税率降到 14.5%。一些重要农产品的降税情况如下。对实行关税配额管理的农产品，配额内税率一般在 1%~3%，配额外的约束税率一般为 65%。其中，大宗农产品实行关税配额，其配额内关税在 3% 以下，配额外约束性关税将由 74% 削减到 65%；大豆关税在加入 WTO 后，立即降低到 3% 的水平，并且不能再提高。肉类关税承诺：冷冻牛肉块关税将由现行的 45% 降到 12%；冻牛肉门腔及头尾下水关税将由 20% 削减到 12%；冻猪肉和下水关税将由目前的 20% 下降到 12%；冷冻鸡肉及火鸡块关税将由 20% 削减到 10%。酒类关税承诺：啤酒关税由现行的 70% 削减到零关税；美国蒸馏酒（威士忌、朗姆酒、伏特加及利口酒）关税将由 65% 降到 10%；葡萄酒关税将由 65% 降到 20%。鱼类关税将从现行平均 53% 削减到 1%。我国农产品关税削减虽也遵从约束关税削减规则，但削减幅度明显高于发展中国家 24% 的要求。与国外相比，削减后，我国除实行关税配额的大宗农产品配额外约束性关税仍较高外，整体约束性关税水平已经较低，并且不存在明显的关税峰值。关税最高的是其他水基饮

---

① 所谓"过渡期"，包括"入世"之前的"各项准备期"（1999~2001 年）和"入世"后的"调整磨合期"（2002~2004 年），而目前明显处于"各项准备期"。农产品准入是"入世"的重要条件之一。鉴于农产品种类繁多，且市场开放度各有不同，很难一概而论，迫切需要具体考察。本文选取大米、小麦、玉米三类主要口粮为例进行市场分析和对策分析。过渡期是中国作为入世新成员的适应期，这同时也是其他贸易伙伴对中国贸易的一个适应过程。

料和香烟，其约束性关税分别为 35% 和 25%。其余产品关税主要集中在 10% ~ 20%，相互间差异很小。平均关税 17% 的水平将低于日本 58% 和欧盟 30% 的关税水平。

表 7 - 8　"过渡期"内中国主要农产品关税减让承诺

粮食类别	入世前约束税率（%）	最终约束税率（%）	实施期（年）
小　麦	74	65	2004
水　稻	74	65	2004
玉　米	74	65	2004
大　豆	3	—	—
牛　肉	45	12	—
猪　肉	20	12	—
家　禽	20	10	—
柑　橘	40	12	2004
葡　萄	40	13	2004
苹　果	30	10	2004
杏　仁	30	10	2004
葡萄酒	65	20	2004
奶　酪	50	12	2004
冰淇淋	45	19	2004

资料来源：隋福爱根据《中国加入世界贸易组织法律文件解读》第 210 ~ 211 页整理得到，转引自隋福爱《入世前后我国主要农产品贸易竞争力比较分析》，硕士学位论文，对外经济贸易大学，2006，第 2 ~ 10 页。

过渡期结束以后（2005 ~ 2015 年），2013 年，中国继续对小麦、玉米、羊毛、糖、稻谷、大米、棉花七种农产品的进口实施关税配额管理，平均税率保持在 13.6%。其中，种植产品进口关税水平约为 15.3%，进口关税范围比较广，为 0 ~ 65%；畜牧产品进口关税水平相对种植产品较低，为 12.9%，进口关税范围为 0 ~ 38%；水产品进口关税水平为 9.7%，进口关税范围为 0 ~ 17.5%；

林产品进口关税水平为 10.9%，进口关税范围为 0% ~23%。

2. **农产品进口非关税措施**[①]

中国目前实行的农产品贸易非关税措施主要包括重要农产品进口关税配额、农业生物技术安全规定、农产品进口许可证、食品卫生检疫、动植物卫生检疫等。

（1）农产品进口许可证。1992 年以前，由于我国经济受到资金、技术短缺的制约，以及外汇不足等困难影响，对进口配额和许可证实行严格的管理制度。实行进口许可证的农产品包括牛肉、猪肉及副产品、羊肉、肉鸡、鲜奶、奶粉、大豆、油菜籽、植物油、豆粕、烟草。中国对数量限制及其他限制的进口货物，在全国范围内实行统一的进口许可证管理。外经贸部负责中国进口许可证管理的相关规章制度的制定，许可证局则负责进口许可证的签发及相关工作。申请进口许可证的企业应该具有进口经营资格的证明文件。但存在的问题是，像中粮公司、中国棉麻进出口公司等国有企业才可以较为便利地从商务部取得，对于其他企业来说要拿到进口许可证难度相对比较大（胡瑞涛，2014）。1984 年国务院发布《进口货物许可制度暂行条例》，旨在保证有限外汇资源用于国民经济发展最急需的进口。对外贸易经济合作部则根据外汇、国内生产和市场供需情况的变化决定申请许可证的进口商品种类。1980 年，我国发布《出口许可证制度暂行办法》。出口许可证由对外贸易经济合作部特派员办事处签发，大多数商品由地方各省签发。列入限制性出口许可证管理的商品是考虑到双边、多边协议

[①] 刘键洋、陶红军、黄巧明：《中国农产品贸易政策的研究述评》，《山东科技大学学报》2013 年第 12 期，第 75 页。

规定的配额义务、国家市场的容量和防止盲目出口的需要而确定的。还有一些是关系国计民生的重要物资。

（2）进口关税配额①。中国从 1996 年 4 月 1 日起对小麦、玉米和大米采用关税配额制，从而给予一定农产品最低市场准入机会。关税配额量的确定实行就高不就低的原则，即最近 3 年的平均进口量和国内最低 3 年平均消费量的 3%，两者之间选择较大的，作为关税配额的基期水平，并在实施期内承诺一定幅度的增量，到实施期末必须达到国内消费量的 5%。关税配额的合理利用，能减轻进口农产品对我国同类产品生产的冲击。中国实行进口关税配额的农产品主要有：小麦、大米、玉米、豆油、棉花、棕榈油、食糖、菜籽油、羊毛以及毛条。中国进口关税配额为全球关税配额，由国家计委统一管理，配额内关税税率一般为 1%~3%，配额外的约束税率一般为 65%。谷物进口配额和许可证由国务院决定，然后由中国粮油食品进出口公司具体执行。对出口的管理则适用许可证制度，同样由国务院授权，中国粮油食品进出口公司实施（Josef Sehmihduber，2001）。

根据中国入世议定书的规定，入世之后，中国要按照世贸组织农业规则的要求取消数量限制，但在一段时间内可以对小麦、大米、玉米等重要农产品实行关税配额管理。② 其中，对小麦、玉米、大米

---

① 《农业协议》规定一些进口国可以制定最低市场准入机会，以扩大农产品的进口量，促进农产品贸易自由化，我国以配额的形式保证规定的农产品最低市场准入机会。

② 即对配额内的农产品进口采用较低的税率，对配额外的农产品进口采用较高的税率。中国实行关税配额管理的农产品有三大类（7 种农产品），①重要谷物，包括小麦、玉米、稻谷及大米；②糖；③棉花、羊毛和毛条。

实行关税配额管理的最后期限为 2004 年。在关税配额制度下，小麦、玉米配额内关税率为 1% ~ 10%，配额外关税率为 65% ~ 71%，大米配额内关税率为 1%，配额外关税率为 65% ~ 71%（见表 7 - 9）。

表 7 - 9　中国入世过渡期粮食关税配额数量

单位：万吨, %

品　种	配额数量及关税	2002 年	2003 年	2004 年
小麦	配额量	846.8	905.2	963.6
	实际进口	60	43	723
	配额实现率	7.1	4.8	75.1
	配额内关税	1 ~ 10	1 ~ 10	1 ~ 10
	配额外关税	71	68	65
玉米	配额量	585	625.5	720
	实际进口	0.8	0.1	
	配额实现率	0.14	0.02	
	配额内关税	1 ~ 10	1 ~ 10	1 ~ 10
	配额外关税	71	68	65
大米	配额量	399	465.5	532
	实际进口	24	37	76.2
	配额实现率	6.0	7.9	14.3
	配额内关税	1	1	1
	配额外关税	71	68	65
植物油（豆油、棕榈油、菜籽油）	配额量	579.69		709.8
	配额内关税 9%			
	配额外关税 9% ~ 63%			

注：虽然某些农产品个别年份实际进口量超出配额量，实际上并没有完全按照配额外关税执行，如棉花、大豆的实际进口量超出配额数量一倍还多。超出配额数量部分如果按配额外高关税执行，配额外的数量是无法进口的，这表明中国主动扩大了配额。因此，对于使用关税配额制度的农产品，本文一律视配额内关税为最终进口关税。

资料来源：隋福爱根据《中国加入世界贸易组织法律文件解读》第 210 ~ 211 页整理得到，转引自隋福爱《入世前后我国主要农产品贸易竞争力比较分析》，硕士学位论文，对外经济贸易大学，2006，第 2 ~ 10 页。

但是，在世贸组织成员中，我国农产品的进口配额管理方式依然比较严格，我国尚未制定专门的贸易制度和法规，对关税配额进行管理，其配额数量的确定和分配方法对于国内外的最终用户来说都不透明（胡瑞涛，2014）。

（3）农业生物技术安全规定。目前，中国转基因植物共有7种农业转基因生物安全证书。截至2011年末，农业部共颁发安全证书1110份，国家农业转基因生物委员会共批准转基因生物中间试验974项，生产性试验228项，环境释放试验369项（范云天等，2012），有效促进了中国农业生物技术安全及其健康发展。中国《农业转基因生物安全管理条例》适用于在中国境内从事农业转基因生物的研究、试验、生产、加工、经营和进口、出口活动。从国外引进农业转基因生物的境内单位在符合相关条件下，引进单位应该凭相关文件，向口岸出入境报检机构报检。

（4）动植物卫生检疫（SPS）。根据《中华人民共和国食品国境卫生检疫法》的相关规定，我国政府对食品卫生、食品添加剂的卫生、食品容器、包装材料和食品用工具、设备的卫生、食品卫生管理、食品卫生监督及法律责任进行了规定。食品生产过程中，应保持应有的生产环境卫生，如应当有相应的消毒、盥洗、更衣、通风、采光、照明、防腐、防尘、防鼠、防蝇、洗涤、污水排放、存放垃圾和废弃物的设施，储藏、运输及装卸食品的包装、工具等需安全、卫生。禁止生产有毒、腐败变质等不符合食品卫生要求且会对人体健康造成伤害的食品。食品添加剂的使用必须符合添加剂的使用卫生标准及管理规定。根据《中华人民共和国进出境动植物检验法》的规定，对出入境的动植物、动植物产品和其他检疫物的装载容器、包装物，以及来自动植物疫区的运输工具，依法实施检疫。法定商品检验是指由国家进出口商品检验局根据《中华人民共和国商检法》，负责对大宗进出口商品，发生质量问题较多的商品，涉及安全、卫生等问题的商品，与国计民生有关系的商品施行的强制性检验。法定检验商品的名单由国家进出口商品检验局制订公布。法定检验以外的商品，均由收货、用货部门自行检验，但如发现质量有问题，收货或用货部门应立即向当地商检局申请进行商品检验。商检局检验结果可作为贸易双方索赔谈判的依据。但是，在进口商品检验制度方面，无论是标准，还是透明度，我国都存在一定的不足，且国内外产品的检验不统一（胡瑞涛，2014）。检验检疫为保护国内农业生产和人体健康，中国禁止动植物病原体（包括菌种、毒种等）、害虫及其他有害生物、动植物疫情流行的国家和地区的有关动植物、动植物产品和其他检疫物，动物尸体和土壤的进口，违规者将作遣返或者销毁处理。繁殖材料如植物种子、动物产品等的进口，应提前提交申请，办理检疫手续。其他动植物产品的输入应在合同中表明符合中国法定检疫要求，并需附有输出国或输出地政府动植物检疫机关出具的检疫证书。

（二）农产品出口政策

1. 出口补贴

出口补贴①是政府为了保证或扩大本国农产品的出口进而实施

---

① 《农业协议》规定，除符合协议和减让表列明的承诺外，每一个成员国保证不以其他方式提供出口补贴，并且要求各成员国逐步削减其补贴农产品出口数量和预算开支。

的直接支付、出口奖励以及为降低营销成本提供的农业补贴，主要对农业生产、流通、贸易进行的转移支付。出口补贴又被称为保护性补贴。通常被认为这类政策会对产出结构和农产品市场造成直接明显的扭曲影响。1991年我国取消了直接的出口补贴①，除了直接补贴，国营贸易公司还享受间接补贴，因为它们可以通过国内收购部门低价购买定购粮，然后以低于国内市场水平的价格在世界市场上出售（Josef Sehmihduber，2001）。入世前，由于农产品出口补贴具有特殊的重要性，在这种情况下，国务院在2001年7月发布的粮食流通体制改革文件中明文规定："节余的粮食风险基金，要用于陈化粮价差亏损补贴、粮食出口补贴和消化粮食财务挂账等方面的开支，不得挪作他用。"入世后，在世界贸易组织第五次中国工作组会议上，中国代表团宣布加入WTO以后取消农产品出口补贴，包括价格补贴、实物补贴，以及对出口产品加工、仓储、运输的补贴。

2. 出口退税

我国于1985年正式实施出口退税政策。包括给予出口企业退税以及对用于出口的进口投入品免关税、进口资本品减关税的优惠待遇。对于农产品出口我国实行的是"5%为主、13%为辅"的两档退税率，在出口总额中，实行13%退税率的农产品所占比重比较小，实行出口退税率为5%的农产品占绝大部分，在大部分农产品出口价格中，由于含有尚未退还的间接税，在一定程度上增

---

① 出口补贴主要是在国内价格改革还没有到位，国内价格与国际价格脱节的情况下，为弥补外贸企业的亏损而提供给企业的财政补贴。随着贸易体制改革的深化，为了让企业逐步成为真正独立自主、自负盈亏的企业，从1991年起，国家取消了对外贸企业的财政补贴。

加了农产品出口成本，农产品出口的价格竞争力大大降低。

　　事实上，2001 年，中共中央、国务院在《关于农业和农村工作的意见》中就提出，要积极实施农业"走出去"战略，鼓励和引导企业到境外投资办厂，发展农产品加工贸易，合作开发土地、林业以及渔业等资源；2014 年中央一号文件进一步明确，要加快实施农业走出去战略，支持到境外特别是与周边国家开展互利共赢的农业生产和进出口合作。

参考文献

[1] 蔡昉、王美艳：《从穷人经济到规模经济——发展阶段变化对中国农业提出的挑战》，《经济研究》2016 年第 5 期。

[2] 陈在余：《中国农村留守儿童营养与健康状况分析》，《中国人口科学》2009 年第 5 期。

[3] 陈志钢、樊胜根、聂凤英等：《营养导向的粮食案例政策框架》，《清华大学中国农村研究院"三农"决策参考》2016 年第 25 期。

[4] 程国强：《农产品价格政策分析与展望》，《中国猪业》2015 年第 5 期。

[5] 邓大才：《粮食经济安全与粮食自给率》，《岭南学刊》2003 年第 1 期。

[6] 刁琳琳、赵俊超：《各国儿童早期发展经验及对中国的建议》，《中国发展研究基金会研究参考》2011 年第 120 期。

[7] 范云六、黄大昉、彭于发：《我国转基因生物安全战略研究》，《中国农业科技导刊》2012 年第 2 期。

[8] 费佐兰、余志刚：《中国粮食储备制度的历史变迁和发展趋势》，《世界农业》2015 年第 3 期。

[9] 丰雷、蒋妍、叶建平：《诱致性制度变迁还是强制性制度变

迁？——中国农村土地调整的制度演进及地区差异研究》，
《经济研究》2013 年第 6 期。

[10] 高鸣、宋洪远：《粮食生产技术效率的空间收敛及功能区差异——兼论技术扩散的空间涟漪效应》，《管理世界》2014年第 7 期。

[11] 国际食物政策研究所：《2016 全球饥饿指数》，2016。

[12] 国家统计局：《〈中国儿童发展纲要（2011～2020 年）〉实施情况统计报告》，2015。

[13] 国土资源部土地整治中心：《中国土地整治发展研究报告》，社会科学文献出版社，2016。

[14]《国务院关于进一步深化粮食流通体制改革的意见》（国发〔2004〕17 号）。

[15] 国务院：《国家贫困地区儿童发展规划（2014～2020 年）》，2014。

[16] 国务院：《中国儿童发展纲要（2011～2020 年）》，2011。

[17] 国务院：《中国食物与营养发展纲要（2014～2020 年）》，2014。

[18] 韩长赋：《"十二五"以来农业农村发展成就》，《农村工作通讯》2015 年第 10 期。

[19] 胡瑞涛：《我国农产品贸易政策对粮食安全的影响》，《中小企业管理与科技（上旬刊)》2014 年第 12 期。

[20] 黄季焜等：《制度变迁和可持续发展》，格致出版社、上海人民出版社，2008。

[21] 黄季焜、王丹、胡继亮：《对实施农产品目标价格政策的思考——基于新疆棉花目标价格改革试点的分析》，《中国农村经济》2015 年第 5 期。

[22] 黄金波、周先波：《中国粮食生产的技术效率与全要素生产率

增长：1978～2008》，《南方经济》2010 年第 9 期。

[23] 季成叶：《中国青少年生长与营养状况变化和改善策略》，《北京大学学报（医学版）》2002 第 5 期。

[24] 瞿剑：《我国农业科技进步贡献率 56% 意味着啥》，《科技日报》2016 年 8 月 6 日。

[25] 亢霞、刘秀梅：《我国粮食生产的技术效率分析——基于随机前沿分析方法》，《中国农村观察》2005 年第 4 期。

[26] 联合国粮农组织、农发基金和世粮署：《世界粮食不安全状况：实现 2015 年饥饿相关国际目标：进展不一》，罗马：粮农组织，2015。

[27] 联合国粮农组织：《战胜饥饿计划减少饥饿的双轨方法：国家和国际行动重点》，罗马：联合国粮农组织，2003。

[28] 联合国粮农组织、农发基金和世粮署：《实现零饥饿：社会保护和农业投资的关键作用》，罗马：联合国粮农组织，2016。

[29] 林毅夫：《制度、技术与中国农业发展》，上海三联书店，1992。

[30] 刘慧、秦富、陈秋分、朱宁：《大豆目标价格改革试点进展情况的个案研究》，《经济纵横》2016 年第 2 期。

[31] 刘键洋、陶红军、黄巧明：《中国农产品贸易政策的研究述评》，《山东科技大学学报》2013 年第 12 期。

[32] 刘守英：《中国农地权属与经营方式的变化》，《中国经济时报》2016 年 2 月 19 日。

[33] 卢凌霄、刘慧、秦富、赵一夫：《我国农产品目标价格补贴试点研究》，《农业经济问题》2015 年第 7 期。

[34] 吕新业、冀县卿：《关于中国粮食安全问题的再思考》，《农业经济问题》2013 年第 9 期。

［35］马九杰：《农村土地承包经营权抵押贷款的现状、问题及对策》，《"三农"决策要参》2014 年 10 月 30 日。

［36］毛雪峰、刘靖、朱信凯：《中国粮食结构与粮食安全：基于粮食流通贸易的视角》，《管理世界》2015 年第 3 期。

［37］梅建：《青少年儿童 1985～2005 年体质健康发展状况和对策研究》，《中国青年研究》2007 年第 11 期。

［38］农业部等：《全国农业可持续发展规划（2015～2030 年）》，2015。

［39］农业部经管司、经管总站课题组：《构建新型农业社会化服务体系初探》，《毛泽东邓小平理论初探》2012 年第 4 期。

［40］庞英、李树超、周蕾、孙巍：《中国粮食生产资源配置效率及其区域差异——基于动态 Malmquist 指数的经验》，《经济地理》2008 年第 1 期。

［41］齐良书、赵俊超：《营养干预与贫困地区寄宿生人力资本发展——基于对照实验项目的研究》，《管理世界》2012 年第 2 期。

［42］《全国现代农作物种业发展规划（2012～2020 年）》国办发〔2012〕59 号。

［43］"'十三五'粮食安全、农业发展和农民增收若干问题研究"课题组：《家庭农场成长条件与政策支持调查分析——基于河南的典型调查》，《调研世界》2015 年第 1 期。

［44］宋月萍、谭琳：《男孩偏好与儿童健康的性别差异：基于农村计划生育政策环境的考察》，《人口研究》2008 年第 3 期。

［45］宋月萍：《中国农村儿童健康的性别差异：历史、现状及对策》，中国工人出版社，2011。

［46］汪三贵等：《西部贫困地区小学生健康与教育性别差异研

究》，《农业技术经济》2012 年第 6 期。

[47] 王德章：《论我国农产品价格政策取向的转变》，《中国物价》1992 年第 8 期。

[48] 王放、丁文斌、王雅鹏：《粮食主产区农民增收与粮食安全耦合分析——基于河南省 18 市农业生产效率的 DEA 实证分析》，《西北农林科技大学学报》（社会科学版）2007 年第 7 卷第 5 期。

[49] 王曙光：《"草根金融"勃兴拥抱各种资本》，《新财经》2006 年第 5 期。

[50] 王燕青、刘建垒、武拉平：《我国农产品市场的"十二五"回顾及"十三五"展望》，《中国食物与营养》2016 年第 4 期。

[51] 王兆阳：《WTO 规则与我国农产品价格政策调整》，《中国物价》2002 年第 7 期。

[52] 卫生部：《中国 0~6 岁儿童营养状况报告（2012）》，2012。

[53] 魏后凯等主编《中国农村经济形势分析与预测（2015~2016）》，社会科学文献出版社，2016。

[54] 肖洪波、王济民：《新世纪以来我国粮食综合技术效率和全要素生产率分析》，《农业技术经济》2012 年第 1 期。

[55] 薛龙、刘旗：《基于 DEA-Tobit 模型的河南省粮食生产效率分析》，《河南农业大学学报》2012 年第 46 卷第 6 期。

[56] 杨锦英、韩晓娜、方行明：《中国粮食生产效率实证研究》，《经济学动态》2013 年第 6 期。

[57] 杨锦英、韩晓娜、方行明：《中国粮食生产效率实证研究》，《经济学动态》2013 年第 6 期。

［58］ 杨丽君：《我国粮食进口国际定价权问题分析》，《改革与战略》2012 年第 4 期。

［59］ 曾福生、高鸣：《我国粮食生产效率核算及其影响因素分析——基于 SBM – Tobit 模型二步法的实证研究》，《农业技术经济》2012 年第 7 期。

［60］ 詹琳、蒋和平：《粮食目标价格制度改革的困局与突破》，《农业经济问题》2015 年第 2 期。

［61］ 张杰、杜珉：《新疆棉花目标价格补贴实施效果调查研究》，《农业经济问题》2015 年第 2 期。

［62］ 张晓山、李周：《中国农村发展道路》，经济管理出版社，2013。

［63］ 张元红、刘长全、国鲁来：《中国粮食安全状况评价与战略思考》，《中国农村观察》2015 年第 1 期。

［64］ 赵发生主编《当代中国的粮食工作》，中国社会科学出版社，1988。

［65］ Josef Sehmihduber：《中国农产品贸易政策体系的变化：对农业生产、消费、价格和贸易的影响》，《南京农业大学学报》（社会科学版）2001 年第 1 期。

［66］ 中国人民银行：《中国农村金融服务报告（2014）》，中国金融出版社，2014。

［67］ 中国社会科学院农发所、国家统计局农村社会经济调查司：《中国农村经济形势分析与预测（2014～2015）》，社会科学文献出版社，2015。

［68］ 中国社会科学院农发所、国家统计局农村社会经济调查司：《中国农村经济形势分析与预测（2014 – 2015）》，社会科学文献出版社，2015。

［69］ 中华人民共和国国家卫生和计划生育委员会：《中国居民营养与慢性病状况报告（2015 年）》，人民卫生出版社，2015。

［70］ 中华人民共和国卫生部：《中国妇幼卫生事业发展报告2011》，2011。

［71］ 中华人民共和国卫生与计划生育委员会：《中华人民共和国卫生行业标准 WS/T476—2015：营养名词术语》，2015。

［72］ 周永：《略论我国农产品价格政策的演进》，《上海大学学报》（社会科学版）2000 年第 1 期。

［73］ International Food Policy Research Institute, *Global Nutrition Report* 2016: *From Promise to Impact*: *Ending Malnutrition by* 2030 (Washington, DC: International Food Policy Research Institute, 2016).

［74］ R. D. Banker, A. Charnes, W. W. Cooper, "Some Models for Estimating Technical and Scale Inefficiencies in Data Envelopment Analysis," *Management Science* 30 (1984).

［75］ Wang Y., et al., "Under – 5 Mortality in 2851 Chinese Counties, 1996 – 2012: A Subnational Assessment of Achieving MDG 4 Goals in China," The Lancet 387 (2016).

［76］ Sen Chakravarty, "Poverty and Famines: An Essay on Entitlement and Deprivation," *Journal of Comparative Economics* 7 (1983).

［77］ A. Charnes, W. W. Cooper, "Preface to Topics in Data Envelopment Analysis," *Annals of Operations Research* 2 (1985).

［78］ A. Charnes, W. W. Cooper, E. Rhodes, "Evaluating Program and Managerial Efficiency: an Application of Data Envelopment Analysis to Program Follow Through," *Management Science* 27

（1981）．

［79］ 程国强：《棉花目标改革试点成效、问题与完善的思路》，ht-tp：//cptc. webtex. cn/info/2016 - 3 - 19% 40645106. htm，2016 年 3 月 17 日。

［80］《国家人权行动计划（2016～2020 年）》，中央人民政府网站，ht-tp：//www. gov. cn/xinwen/2016 - 09/29/content_ 5113376. htm，2016 年 9 月 29 日。

［81］《国家人权行动计划（2012～2015 年）》，中央人民政府网站，ht-tp：//www. gov. cn/jrzg/2012 - 06/11/content _ 2158166. htm，2012 年 6 月 11 日。

［82］《教育部关于 2010 年全国学生体质与健康调研结果公告》，教育部网站，http：//www. moe. gov. cn/srcsite/A17/moe_ 943/moe_ 947/201108/t20110829_ 124202. html，2011 年 8 月 29 日。

［83］《聚焦联合国 2015 年后发展议程》，新华网，http：//news. xinhuanet. com/world/2015 - 06/03/c _ 127871985. htm，2015 年 6 月 3 日。

［84］ 康敬锋：《袁隆平：谷贱伤农 中国粮食产量连续四年下降》，人民网，http：//www. people. com. cn/GB/shizheng/1026/2373 704. html，2004 年 3 月 4 日。

［85］《科技部召开"十二五"农业农村科技发展成就新闻发布会》，国家科学技术部网站，http：//www. most. gov. cn/tpxw/201603/t20160301_ 124305. htm，2016 年 3 月 1 日。

［86］ 卢迈：《共同努力，保障儿童营养》，http：//wenku. baidu. com/link？url = P6oYdrQnTxmhs4Sx01Ue3L6mX7HCIMnOsfKzwubK XypPwQHqQuu9aii8MdnSYj6mazWXQwOEfT7F9lHWE8dgdI7

YlQWOzpmvVTEqQqix0g6tPaa5yh0Ec – yTJh010DO2###，2015 年 11 月 20 日。

[87] 农业部农村经济体制与经营管理司：《新形势下农业产业化发展亮点纷呈全国农业产业化组织总数达 38.6 万个》，新华网，http：// news. xinhuanet. com/politics/2016 – 07/20/c _129163509. htm，2016 年 7 月 20 日。

[88]《千年发展目标报告 2015 年》，联合国开发计划署网站，http：//www. cn. undp. org/content/china/zh/home/library/mdg/ mdg – report – 2015/，2015 年 7 月 26 日。

[89]《4000 万贫困地区儿童待干预 政策须与窗口期赛跑》，财新网，http：//m. china. caixin. com/m/201610 – 29/101001871. html，2016 年 10 月 29 日。

[90] 杨霞等：《2015 年 34 万户家庭农场统计分析》，http：// www. crnews. net/29/32633 _ 20160620100604. html，2016 年 6 月 20 日。

[91] 张春：《千年发展目标与 2015 年后的议程》，北京周报网，http：//www. beijingreview. com. cn/2009news/tegao/2015 – 01/ 07/content_ 662928. htm，2015 年 1 月 7 日。

[92] 张红宇：发挥好新型经营主体和适度规模经营的引领作用》，中国农业新闻网，http：//www. farmer. com. cn/wszb06/nzh/ rrr/201602/t20160227_ 1184200. htm，2016 年 2 月 27 日。

[93] 中国发展研究基金会：《贫困地区儿童早期发展项目》，ht- tp：//www. cdrf. org. cn/plus/view. php？aid = 531#。

[94]《中国农村专业技术协会简介》，中国农村专业技术协会网站，http：//www. nongjixie. com/cms/contentmanager. do？method =

view&pageid = about&id = cms039cf446c8b3e。

[95]《中国实施千年发展目标报告（2000~2015 年）》，联合国开
    发 计 划 署 网 站， http：//www. cn. undp. org/content/china/
    zh/home/library/mdg/mdgs – report – 2015 – . html，2015 年 7
    月 24 日。

[96]《中国实施千年发展目标进展情况报告》，联合国网站，http：//
    www. un. org/chinese/millenniumgoals/china08/preface. html。

[97] 中 国 外 交 部：《中 国 实 施 千 年 发 展 目 标 报 告（2000~2015
    年）》，中 国 发 展 门 户 网， http：//cn. chinagate. cn/reports/
    2015 –07/28/content_ 36164105. htm，2015 年 7 月 28 日。

[98]《中国银行股份有限公司 2014 年度社会责任报告》，http：//
    quotes. money. 163. com/f10/ggmx _ 601988 _ 1671325. html，
    2015 年 3 月。

索 引

图书在版编目（CIP）数据

中国农业可持续发展：基于粮食安全、消除饥饿和
改善营养／郜亮亮等著.--北京：社会科学文献出版
社，2017.12
（2030年可持续发展议程研究书系）
ISBN 978 – 7 – 5201 – 1314 – 4

Ⅰ.①中…　Ⅱ.①郜…　Ⅲ.①农业可持续发展 – 研究
– 中国　Ⅳ.①F323

中国版本图书馆 CIP 数据核字（2017）第 209473 号

·2030 年可持续发展议程研究书系·

中国农业可持续发展：基于粮食安全、消除饥饿和改善营养

著　　者／郜亮亮　马翠萍　曾俊霞　王　宾　李　越

出 版 人／谢寿光
项目统筹／恽　薇　陈凤玲
责任编辑／关少华

出　　版／社会科学文献出版社·经济与管理分社（010）59367226
　　　　　地址：北京市北三环中路甲 29 号院华龙大厦　邮编：100029
　　　　　网址：www. ssap. com. cn
发　　行／市场营销中心（010）59367081　59367018
印　　装／北京季蜂印刷有限公司

规　　格／开本：787mm × 1092mm　1/16
　　　　　印张：18.5　字数：214 千字
版　　次／2017 年 12 月第 1 版　2017 年 12 月第 1 次印刷
书　　号／ISBN 978 – 7 – 5201 – 1314 – 4
定　　价／98.00 元